U0729384

学校课程方案编制

XUEXIAO KECHENG FANGAN BIANZHI

重庆市南川区教育委员会 主编

上海三联书店

《学校课程方案编制》项目组

组　长：崔志有

副组长：李　洪　罗　程　骆永杰　董静萍　陆清华

成　员：（按姓氏笔画排序）

　　　　王颜欣　韦会强　刘乾友　杨　波　时　斗

　　　　陈建华　卓　野　罗晓敏　周　伟　郑　勇

　　　　赵太云　夏　川　唐晓红　唐道全　谈安静

　　　　梁　川　梁正理　梁光华　韩福凤　程在君

　　　　曾令锡　蒲晓丽　鲜文玉　谭　洁　潘远菊

顾　问：田慧生　刘月霞　张国华　胡惠闵　朱伟强

永在路上,是最好的姿态和追求

田慧生

在深化教育领域综合改革的今天,抓住课程建设这个核心,从课程入手提升区域教育实力是一个明智的选择。重庆市南川区作出了这样的选择。

南川,不仅拥有世界自然遗产、国家 5A 级风景区金佛山,而且饱含教育改革的激情和勇气。

在教育部基础教育课程教材发展中心组织的课改实验区遴选答辩会上,"我们把爱与责任扛在肩上,用爱心培育爱心,用人格塑造人格,得到社会高度认可。""将爱与责任的最终落脚点,定位于全体学生的全面发展。这一目标的实现必须依靠课改。""校园文化建设、课堂教学改革、专项课题研究……南川教育有了可喜的变化,但如何进一步提升,我们遇到了瓶颈。""教育的梦想是最大限度地激发孩子的潜能,培育具有社会主义核心价值体系的一代新人,我们充满渴望与期待"……

南川答辩团队对教育的情怀和梦想,打动了现场所有评委。

2014 年 4 月,重庆市南川区成为了教育部课程教材发展中心全国实验区的一份子,与全国各个实验区一起携手课改,并肩前行。

2014 年 10 月,南川实验区提出了"推进全区学校内涵发展、均衡发展、特色发展"的工作目标,将基础教育课程改革工作聚焦于"课程领导力建设",以学校课程方案编制和校本课程开发工作为突破口,开始他们课改的探索之旅。

《教育规划纲要》要求"把促进学生健康成长作为学校一切工作的出发点和落脚点,为每个学生提供适合的教育"。《教育部关于全面深化课程改革落实立德树人根本任务的意见》提出"要从实际情况和学生特点出发,把核心素养和学业质量要求落实到各学科教学中"。落实这一新的教育价值取向,探索如何从全面实施国家课程方案到将国家课程融入学校课程体系,全国很多地区也在进行着相关的实践研究。而以"学校课程方案编制"为突破口来带动整个课程改革,无疑是一次有意义的尝试。

我见证了他们的编制历程。基于"生态教育自主发展"课程体系的建构,南川区出台了《关于进一步加强课程建设推进课堂改革实施意见》,教育行政加强统筹整合,教研机构加强业务指导,基层学校自主建构实施。南川区教委牵头成立了包括教育部基础教育课程教材发展中心驻南川区专家、本地专家、教委领导和教科所教研员为成员的区域课程改革领导力建设团队,以学习为基础,实践为手段,合力解决区域课程领导力建设的理论和现实问题。10 批次的域外挂职研修,15 批次外聘专家在区域内的集中培训,数十次的专题交流展示……高强度、多层面的培训研讨,他们形成了这样的认识:"学校课程方案是学校课程的宪法,是课程的顶层设计,他是推进课程领导力内涵发展的基础。"他们从选点试验到整体推进,从种子学校到非种子学校,从"集中诊断"到"进校指导",边培训边编制,边研讨边解决,边实施边修订,边修订边完善。他们认为:"编制课程方案,必须深度挖掘和研究本校的历史底蕴、教育底蕴、教育哲学等,找准优势与不足,解读国家和地方课程政策,充分考虑学生需求,回答'培养什么样的人''用什么课程来培养人''怎样通过课程来培养人'的重大问题"。

我看到了一份份可圈可点的课程方案。从整体上看,这些学校课程方案定位准确、要件完整、内容匹配、整体一致。在课程目标上,他们首先尊重国家课程,同时将学校的学生需求与办学文化和办学特色充分地融入其中,具有各自的校本特色。在课程结构上,基于目标、以生为本、逻辑严密、分类清楚,有效纠正了"泛课程化现象"。课程实施上,制定了国家课程校本化和校本课程特色化的相关策略,拓宽了课程资源,增加了社会实践活动,涌现出板凳龙舞、黏贴画、陶笛等一系列在重庆乃至全国都具有影响力的特色校本课程。

我感动于他们在课程方案编制实践中的执着追求。虽然曾经

"迷茫"，但最终"幸福"；即使"我很累"我也"不能退"；从"一万个不愿意"向"青草更青处漫溯"；从"多个葫芦拼出的瓢"到"播种葫芦未来的瓢"……他们的奋斗与坚持、辛勤与智慧、争辩与协作反映着深深的教育情怀。我坚信他们的成长，那个团队的成长，校长与学校管理干部乃至教师课程领导力的整体提升。重庆市南川区，一个西部欠发达城市，在基础教育课程改革的路上走得如此坚定和执着。也许与国内发达城市相比，他们的探究显得不足够高大上，但是他们立足本土，以区域教育现状为起点，进行着扎实而有效的教育探索，更让人感动和敬佩。

　　每一次探索都是一次有意义的旅行。这本凝聚着汗水与心血的《学校课程方案编制》为我们提供了经验和范例，无论在理论意义，还是实践价值上，都会引发我们很多的思考。课程改革没有穷期，课程建设没有句号，我们的教育探索之旅不会停止——永在路上，是最好的姿态和追求。

　　（作者田慧生先生现任教育部基础教育课程教材发展中心主任、中国教育科学研究院院长）

前　言

为落实教育部基础教育课程教材发展中心(以下简称"课程教材中心")、重庆市南川区教育委员会(以下简称"区教委")共建"基础教育课程改革实验区"的精神,全面深化教育领域综合改革,加快重庆市南川区基础教育发展,2014年4月以来,教育部基础教育课程改革南川实验区(以下简称"南川实验区")在课程教材中心及专家团队的专业指导、引领下,以学校课程领导力项目为主要抓手,转变了全区校长、教师以及教研机构教研员的课程领导观,提升了其在课程规划、开发、实施、管理、评价等方面的能力。经过一年多的努力,南川实验区课程领导力项目取得了阶段性成果。

一　以课程方案编制为突破口,促进学校课程规划

课程领导力建设的重要突破口在于编制学校课程方案。课程方案是学校课程的顶层设计,是学校课程的"宪法",回答了"课程培养什么样的人""用什么课程来培养人""怎样通过课程培养人"的重大问题,它是推进南川实验区内涵发展的基础。其主要做法是:一是能力储备。区教委下发了课程方案编制的理论指导读物《学校课程计划编制实践指南》。通过专家培训、个人自学、互动研讨、撰写心得等形式强化理论基础,举办以方案编制为主题的学校论坛、校长论道、教师论战、专家论著的"四论"活动。校长、教学管理干部、本土专家等根据实验区建设,结合岗位工作纷纷发表自己的看法和观点,畅议课改,在思想碰撞、相互砥砺中内化、积淀,检验学习效果。选派优秀校长、中层干部、骨干教师、教研员10批次70人赴"全国课程改革骨干教师研修基地"研修,进一步提升能力。二是确立重点。通过学校自愿申报、教研机构评审、区教委认

定的程序,按照中小幼统筹、城区与农村并重、优质学校与薄弱学校兼顾、公办与民办结合的四个原则,19所学校成为方案编制种子校,作为全区课程方案编制指导的重点。三是"集中诊断"。种子学校集中展示课程方案,华东师范大学的专家团队,从方案的要素、方案确立的依据、课程目标的确定、课程结构与目标的匹配、课程管理制度、课程实施和课程评价等方面予以会诊,每次各有侧重,提出改进思路和方法。学校修改后,再次集中展示改进结果,这样循环往复了五六次。在此阶段,教研员和学校一样都是学习者,和学校一起跟着专家学、跟着专家做,其对话方式就是专家与学校、教研员一起对话。四是所校共研。即教研机构与种子学校共同研讨交流。组建以教研员为组长,学校骨干为成员的共研团队,7次下校按照"集中诊断"的方式,结合专家意见、建议与学校一起进行针对性讨论,研究课程方案的修订和改进。五是引领学校。教研员在跟着专家做、带着学校互动做的过程中迅速成长,成为一支本土可依赖的智慧元素。面对区域整体推进,以教研机构教研员为主,以种子学校为示范,对非种子学校的课程方案反复进行"诊断"、指导,非种子学校反复修改、完善。现在,南川实验区校校均有课程方案,20余所学校的课程方案达到了较高水准。

二　以课程建设为抓手,促进学校课程开发

一是上好基础型课程。教研机构与区教委基础教育科一起,以检查、走访的形式督促学校开齐开足上好基础型课程。南川实验区把落实课标要求作为先决条件,组建了以教研员、学科教学精英力量为核心的课标攻坚团队,通过中小学教师全员培训,课标的专题学习、解读、研讨、考试,新教材培训等途径和形式把课标要求分解落实到具体的年级、学期、单元和篇目,明晰教材编写意图,让学科教学凸显目标意识,课堂做到有的放矢,培养学生的基础性学力。二是共建校本课程。南川实验区以22个学科联盟作支撑,由教研员担任召集人,涵盖全区中小学。以学校教研组、备课组为主体,研发学科拓展课程,照顾学有余力或有个性的学生,较好体现课程的差异。南川一中的科技、隆化三小的书法等优秀课程崭露头角。通过指导和自身实践,一些教师不但能上好基础课程,也能

开发新的课程,而且能上好拓展课程,成长为适应新一轮课改的新型教师,成为课程建设的重要生力军。三是共育特色课程。充分利用专题培训、进校指导、检查督导等形式,帮助学校打造特色课程。发现问题,教研员就立即"蹲下来",同学校一起研究分析,找出解决的方法,在实践中不断改进,在改进中不断提升。目前,全区已有10余所农村学校近70门质量较高的精品特色课程脱颖而出,深受学生喜欢。学校办学有特色,学生发展有特长,教师教学有特点的良性局面正在全区形成。

三　以课堂改革为途径,促进学校课程实施

一是重塑课堂文化。结合重庆市"卓越课堂"五年行动计划,构建了具有区域特色的"生长式卓越课堂"教学理论和实践体系。倡导"进步即生长,发展即卓越"的课堂理念和开放、包容、多元的课堂文化。二是指导课模构建。依据区域课堂教学的理念和文化,结合学校的校情、学情、师资状况等,指导全区60多所学校构建了适合本校、具有特色的课堂教学模式,规范部分教师教学行为,突显少讲、互助、合作的教学理念。三是举办赛课活动。2015年,先后组织小学语文"生长式卓越课堂"暨首届微课大赛,初中数学、高中化学、中小学体育等赛课,引领课堂方向。四是关注课堂教学。从观课入手,教研员紧紧围绕目标,从传统的评课转向观课、议课,看目标是否准确,围绕目标有哪些途径或方法,目标的达成度怎么样。五是提高看课能力。对校长、分管领导等教学管理干部分别提出了学期看课(特别是随堂课)的任务和目标。教研机构组织了全区的校长评课大赛、教学管理干部评课大赛等,敦促其走进课堂、研究课堂,增强课堂教学改革的话语权。六是验收合格课堂。向课堂要质量,要效益,对三批课改实验学校进行了合格课验收,合格率为100%,在验收中还涌现出了不少的高效课、精品课,树立了学校课堂教学的榜样,增强了学校课堂改革的信心。

四　以过程管理为手段,促进学校课程评价

一是指导课程制度构建。教研机构指导和帮助全区学校建立和完善了课程申报、审议、评审等课程管理制度,确保课程的合法

性、规范性和可操作性等。二是建立常规基本要求。把中小学教师教学常规基本要求,作为课程实施各环节的重要评价依据。三是举办学生素质展示。组织中小学生参加学科素质能力大赛、创新作文大赛、"三独"书画赛等,搭建学生展示特长和个性的平台。四是搞好质量监测。基础教育质量监测部门与南川区人民政府教育督导室等合作,学年末,通过抽签的形式,确定各个学段的部分质量监测学科,准确诊断、反馈课程的落实情况。五是做好现场抽测。对小学的体育、音乐、美术、思品、科学、综合实践等,初中的物理、化学、生物的实验进行现场抽测,确保中小学各门课程的实施落到实处,收到实效。六是完善素质报告册。不唯分数论,从身体状况、行为表现、综合素质、学业水平等不同方面客观、公正评价学生。

五 以教研转型为契机,提升教研员课程指导力

一是做实常规教研。以教研机构为主体,组建了区、片、校的教研网络,明确分工,各尽其责,教研员引导学校认真做好课标解读、教材研究、教学视导等常规教研活动。二是打造品牌教研。小学侧重"送教下乡""磨课研讨",采用"课堂＋理论、反思＋引领、互动＋讲座"的形式,把优秀课堂送到乡镇学校,特别是边远山区学校,充分发挥辐射、引领、帮扶的作用。中学以"教学视导""复习研究"为主加强中高考的具有指向性、针对性的策略与途径研究。三是创新教研形式。"互联网＋教研",相关教师加入QQ群、微信群、网络论坛、博客等进行在线研讨,经验分享,资源共享。主导问题教研,依靠不同学校、不同的骨干力量对课程实施中的问题反复进行研讨、碰撞,寻找到解决问题的策略或方法。四是构建新型教研关系。充分发挥教育机构教研员的业务优势,深入课堂,与一线骨干教师集体备课、同课异构、交流研讨,共同推进学科研究,建立"教研员—教师"平等、互助的新型关系。在教研转型中,有力地促进了课程的实施、课堂的转变、教师的专业发展。

在本书出版之际,非常感谢南川实验区各学校的积极参与和努力工作,没有他们的艰辛劳动,实验区工作就无法推进;非常感

谢课程教材中心的田慧生主任、刘月霞副主任、张国华副主任及其教学处的莫景祺处长、张咏副处长和办公室的刘辰宇老师等对南川实验区工作的关心和指导;特别感谢华东师范大学胡惠闵教授、朱伟强教授、吴刚平教授,他们在南川实验区课程领导力项目中的悉心指导和为之付出的智慧与心血。

愿本书的出版,能与更多的同仁分享。

编 者
2016 年 2 月

目　录

1 南川实验区学校课程方案
编制的实践与思考

重庆市南川区位于重庆南部,地处渝黔渝湘经济带交汇点,属重庆城市发展新区,是一个历史悠久、资源富集、交通便捷、生态优越、开明开放的秀美隽永城市。所辖金佛山是世界自然遗产、国家5A级风景区,素有"北有峨眉、南有金佛,东朝普陀、西拜金佛"之说。全区现有人口68万,中小学、幼儿园共计125所,曾先后被评为全国文化先进区、中国楹联文化之乡、民间歌舞之乡、笙歌苗舞之乡、板凳龙舞之乡。长期以来,南川区委、区政府一直高度重视教育工作,在全面推进教育领域综合改革,全力促进义务教育优质均衡发展的基础上,把推进课程建设课堂改革作为重中之重,积极争取各级领导及专家的大力支持,并力求从整体设计、课程改革、模式创新等方面不断探索,努力寻求一条适合南川区教育发展的特色之路。2014年4月南川成为教育部基础教育课程改革实验区以来,先后开展了课程领导力项目实践与研究、学校发展性评估项目实践与研究和"深度学习"教学改进项目研究等。本组文章针对以学校课程方案编制为抓手的课程领导力项目,介绍一些在实践过程中的具体做法与思考。

1.1 学校课程方案编制的背景

一 区域基础教育课程改革的历史阶段以及所存在的问题

课程改革是教育发展的不竭动力,更是我国教育领域的一场广泛深入的教育创新。回顾2000—2013年南川区基础教育课程改革历程,主要经历了以下三个阶段。

　　阶段一:2000 年至 2010 年,学校以学习《基础教育课程改革纲要(试行)》及《全日制义务教育学科课程标准(实验稿)》为主,以新课标、新教材、新教法为重点,开展了目标教学法、尝试教学法的教师赛课以及南川区中小学"百星"教师评选系列活动,并认真实施改进了教学。

　　阶段二:2011 至 2012 年春期,学校以课堂教学改革为中心,以提高教师课堂教学能力和提升学校课堂教学质量为重点,开展了系列的课堂教学改革活动。全区提出了要构建体现新课程理念,具有区域特色的"乐学善导,自主发展"的课堂教学模式。部分学校构建并实施了学校特点的课堂教学模式,课堂教学质量也明显提升。

　　阶段三:2012 年秋期至 2013 年秋期,学校以课程建设课堂改革(简称"两课"行动)为中心,以教师课程建设能力和课堂教学能力,培养学生的学习能力和实践能力为重点,严格执行国家课程,规范实施地方课程,有效开发校本课程,建设了具有区域特色的"生长式卓越课堂",提出了"进步即生长,发展即卓越"的课堂理念,完善了"乐学善导,自主发展"区域课堂教学基本模式。学校认真开发了校本课程,尤其是德育课程和活动课程,加强了课程建设的力度,课堂教学改革深入推进,全区 100% 的学校分批构建了适合本校实际的课堂教学模式。

　　但是南川区基础教育课程改革也存在一些问题,主要表现在三个方面:一是改革是局部的、零散的,缺乏整体设计;二是教师从教学层面进行了改革,但仍停留在"改好课,上好课"的认识层面上,缺乏课程意识;三是均为由上至下被动地进行,教学管理者及教师都缺乏主动思考的意识和主动工作的热情。

　　为解决这些问题,2014 年 4 月,教育部基础教育课程教材发展中心(以下简称"课程教材中心")与重庆市南川区教育委员会(以下简称"区教委")特签署合作协议,共同加快南川区基础教育发展与深化教育领域综合改革,全面提高教育教学质量。至此,南川区正式成为教育部基础教育课程改革第二批实验区之一(以下简称"南川实验区"),这一协议也标志着南川区基础教育课程改革进入了新的阶段。

二 基于调研的区域基础教育课程改革的实践思考

2014年5月12—14日,课程教材中心及来自全国各地的8位领导、专家,历时3天,分小学、中学两个调研组,深入一线,专题调研南川实验区基础教育课程改革现状。调研实地考察了12所中小学,听取了考察学校的情况介绍,召开了20多场校长、教师、学生、家长代表的座谈会,观摩了10多节常态课。

调研显示,近年来,南川区委、区政府高度重视课程改革工作,教育投入逐年增长,办学条件不断改善,建立了教育工作目标责任制,重视教育工作中的热点、重点,解决教育工作中的疑点和难点。教育主管部门采取切实措施,积极推动课程改革,关注学生全面发展。从实地调研与座谈中,调研组明显感到,南川区主管部门通过制定一系列政策文件,通过听评课、组织外出学习、建立名师(校长)工作室、课题研究等措施,积极提升了校长和教师的专业素质。调查数据显示,家长们对南川区的教育,学生对学校办学,总体上是满意的,校长、教师渴求发展的愿望也十分强烈,这为南川基础教育未来的发展提供了很好的外部环境。总体而言,调研组认为,南川区的优势在于政府重视,政策、制度到位,校长、教师、家长们普遍关注学校的发展,且近年来教育经费有了较大投入保障,学校的课程建设、课程实施正在发生积极的变化,这也为南川区基础教育课程改革和发展奠定了坚实基础。

根据调研现状,调研组提出了以下建议:一要进一步贯彻落实国家课程方案和课程标准。从调研来看,一些学校对教学模式改革很重视,但是对课程建设却存在不同程度的问题。因此在区域、学校和教师等三个层面,要进一步加强课程管理、增强课程意识、完善课程制度,创造性地实施国家课程,推动国家课程校本化实施。加强同一学科不同学段以及同一学段不同学科的整合。区域层面要进一步加强统筹,科学指导;学校、教师层面要提升课程的领导力、执行力。要进一步完善教研制度,加强对学校教育工作的指导,推动国家课程方案和课程标准的贯彻落实,推进课程制度建设。二要坚持均衡发展和课程改革同步推进,协同发展。从实验区的整体推进来看,要树立均衡发展与课程改革同步推进,协同发展这个指导思想。均衡发展是推进课改的前提和保障,推进课改又是均衡发展的延续和深化。均衡发展为课改奠定基础,提供保证;课改促进均衡发展,提高质量:两者互相促进,互为依托。专家们建议南川区在学校布局、体制机制、相关政策、教师校长队伍建设等方面推进均衡发展,为深化课程改革创造良好的环境。否则,单纯推进课改,就可能遇到难以预想的困难。只有统筹考虑、整体规划,实验区建设才能更好推进。

最后,专家们达成共识:只有重点抓课程领导力建设并以此为突破口,才能充分带动其他工作。调研组认为:提升课程领导力,不但能落实国家课程方案和课程标准,增强校长和教师的课程意识,提高校长和教师对课程的设计和实施能力,而且能改进教学方式方法,提升教师课程建设能力和课堂教学能力,培养学生的学习能力和发展能力。而编制学校课程方案是提升课程领导力的一个重要抓手,是对学校课程的整体规划与设计,它是在学校现实条件分析的基础上,对学校所有课程的整体考虑,使国家课程、地方课程与校本课程和谐共存、互补互促、共同促进学生的健康成长的一个重要手段。正如华东师范大学课程与教学研究所胡惠闵教授在《学校课程领导力的实践路径》一文中所言:"学校课程规划是学校阐释国家课程和地方课程方案的具体体现,也是学校实现教育价值观和培养目标的有力保障。它将学校对课程价值、课程制度及课程文化等问题的思考与设想以课程方案的方式呈现出来。编制与实施课程方案有利于学校成员对课程目标产生更深刻的认识,有利于成员共同体的合作,而课程方案的编制与改善的过程也正是积淀学校文化底蕴的过程。"[1]

经过实地察看、问卷调查、师生座谈、随堂听课,专家们发掘出了南川基础教育发展潜力,指出了南川基础教育课程改革和发展的方向。由此,在综合调研的基础上,编制一个结合学校办学实际、适合学生个体需求、促进学生健康成长的课程方案对于南川实验区中小学(幼儿园)而言显得迫在眉睫,势在必行。

(执笔:骆永杰 唐道全)

---

[1] 胡惠闵:《学校课程领导力的实践路径》,载《基础教育课程》,2014(2),第26页。

1.2　学校课程方案编制的历程

学校课程方案编制大约经历了以下四个阶段。

一　全面全员培训，形成了对课程领导力及课程方案的基本认知

南川实验区聚焦以课程方案编制为抓手的课程领导力项目，促进基础教育课程改革。由于校长、教师对课程领导力的内涵、外延认识不到位，对编制课程方案的要素、原则、操作方法掌握不清楚，实施全面全员培训可以提高认知，加深理解，掌握要领。

培训采用"请进来、走出去"以及域内互动研修的方式进行。培训专家既有行政领导，又有课程理论工作者、大学教授，还有从事一线管理的校长。培训内容包括教学管理干部及骨干教师的基础教育课程改革通识培训，针对学校具体负责课程领导力项目教师的专项培训，还有针对性的研修交流，更有以学习《学校课程计划编制实践指南》为主的"四论"活动。具体如下。

（一）通识培训

2014 年 8 月，南川区中小学（幼儿园）课程领导力建设工作正式启动。启动会上，借助课程教材中心平台，邀请了课程教材中心副主任刘月霞、原北京市海淀区教委副主任胡新懿、江苏省锡山高级中学校长唐江澎、北京师范大学教授边玉芳、华东师范大学教授吴刚平、北京市光明小学校长廖文胜、山东省潍坊广文中学校长赵桂霞等 7 位基础教育课程改革知名专家分别作了《国家基础教育课程改革政策与实践》《基础教育教学改革探索与实践》《学校课程建设与教学改革》《学校教学评价改革》《基础教育课程建设与实施》《学校管理与学校文化建设》《学校课程建设与教学改革》等报告，为全区 600 余名教学管理者及骨干教师进行了基础教育课程改革专题培训和通识培训。培训围绕国家课程政策、基础教育课程改革实践、课程领导力的内涵等展开，通过培训，教学管理者及骨干教师对课程领导力有了初步感知。

（二）专项培训

2014年11月,南川实验区邀请了华东师范大学胡惠闵教授、朱伟强教授,上海市打虎山路第一小学卞松泉校长,上海市育才初级中学朱立宏校长等专家团队核心人员先后作了《学校课程领导与课程规划》《学校课程目标的确立和评价》《在课程建设与管理中促进师生发展》《育人育才,彰显特色》等报告,为全区400余名负责课程领导力项目的教师进行专项培训。培训从课程理念到课程领导力的内涵,将课程、课程改革、课程建设、课程方案等概念由表及里,由点到面逐层点拨引领,将"课程方案"这个名词植入参训教师的脑海。

（三）骨干研修

2014年5月至今,选派部分骨干校长、教师参加"全国课程改革骨干教师研修基地"挂职研修和参与"深度学习"教学改进项目研究。共选派10批次70余名骨干校长、教师赴北京师范大学附属小学、北京海淀区、浙江杭州等地学习。组织教研员、学校校长、骨干教师100余名分别参加课程教材中心在广州、四川、山东等实验区举行的各种工作交流会等。学习回来后开展汇报交流和互动研讨。比如:赴东北师大附属小学、清华大学附属中学等参加"全国课程改革骨干教师研修基地"的13名校长、骨干教师和教研员研修心得分别以"PPT＋文字,视频＋案例"等方式作了多角度的、详细的汇报,并与参会者进行了强震撼、扣心扉的互动。参加杭州市萧山第二高级中学、北京市第八十中学、北京市第一师范附属小学、北京市光明小学等五批次近60名研修人员和与会人员就"南川实验区建设、中小学(幼儿园)基础教育课程改革工作存在的问题、建议及下一步工作的打算与思考"进行了深入的讨论,有效提升教学管理干部及教师基础教育课程改革的领导力和执行力,发挥了辐射、示范、带动作用。

（四）"四论"活动

2014年12以来,全区学校及教研员以《学校课程计划编制实践指南》读物为蓝本,开展个人自学、互动研讨、撰写心得等形式强化理论基础。实验区举办以方案编制为主题的"学校论坛""校长论道""教师论战""专家论著"的"四论"活动。将编制课程方案的重要性深入人心。比如在"校长论道"中,全区 65 名中小学校长(园长)按学段分成四组分别在四个地方同时进行"沙龙"式研讨,每位校长(园长)以学校课程方案的编制为抓手,以"现场陈述＋PPT 演示"相结合的方式论述学校在基础教育课程改革方面的所思、所想、所悟,道明了进行基础教育课程改革要从"课程、课堂、评价"三方面入手,解决学生学什么、怎么学、学得怎么样的问题。分组研讨后,分别推荐一所学校参加集中展示。课改办就研讨情况做分组综述,推荐学校分别汇报学校基础教育课程改革情况,阐释了国家课程校本化实施的有效途径,学校课程方案编制的深入思考及实践路径,言明了学校基础教育课程改革走特色、内涵发展之路的合理策略等,进一步明确了推进基础教育课程改革要从"有道"到"精道"再到"大道至简"的行走轨迹。

全面全员培训的有效开展,学校初步认识到,提升中小学(幼儿园)课程领导力是深化课程改革的必然要求,是学校内涵发展的客观需要,是促进团队专业发展的现实需求;学校课程方案是学校课程的"宪法",是学校课程改革的"全景"蓝图,也是推进课程领导力内涵发展的基础,更是提升学校课程领导力的重要抓手,课程领导力项目必须从编制学校课程方案入手。编制课程方案,必须深度挖掘和研究本校的历史积淀、教育底蕴、教育哲学等,找准优势与不足,解读国家和地方课程政策,充分考虑学生需求,回答"培养什么样的人""用什么课程来培养人""怎样通过课程培养人"的重大问题。通过培训,一些校长和教学管理者认为,抓好课程方案编制就是做好了学校课程的顶层设计,也就是找到了提升课程领导力的有效路径。

二 学校尝试、专家指导,形成了学校课程方案的基本框架

全区中小学(幼儿园)对课程领导力及课程方案的重要性有了认知,但究竟怎样分析学校已有的课程,应结合学校哪些方面来分析,怎样分析学生和教师已有的课程需求和课程水平,怎样分析学校的课程历史,一个完整的课程方案应包括哪些要素,怎样才能形成课程方案的基本框架等这些问题需要进行调查分析和专家培训

指导。

学校根据学情、教情、校情及课程资源尝试分析学校已有课程基础,初步建构方案框架,并作现场陈述与汇报,邀请专家团队指导,开展互动交流,专家团队提出修改意见,学校根据修改意见形成了课程方案的基本框架。

（一）分析学校已有的课程基础

从学情、校情、教情和课程资源等方面的进行自我剖析,采取学生座谈会、教师座谈会、家长座谈会、问卷调查等方式进行调研,形成报告。学情分析包括学生的家庭背景、兴趣爱好、学习情况等内容。校情分析包括队伍建设、办学哲学、办学文化以及办学愿景。教情方面主要分析教师的整体结构、专业能力、兴趣特长。在课程资源方面,主要分析校内可以再用好的资源和校外可利用的资源。校内可再用好的资源主要指校医、各大功能室、可利用的空间(廊道、墙壁、食堂等)以及实践基地;校外可利用的资源主要指家长、校外学科专家、学术团体、上级教研部门和公共图书馆、科技馆、教育实践基地、研究机构,有关政府部门、野外、工厂、农村、商场、企业、公司、科技活动中心、乡村少年宫等等。

（二）初次搭建框架,编制"课程方案"

根据分析的课程基础,学校初次搭建的基本框架包括理论、实施以及保障三大部分。理论部分包括学校的办学目标,办学理念,校风、学风、教风,办学宗旨,办学口号等。实施部分有课程表,教研安排、活动安排等内容,课程表上的课程包括了国家课程、地方课程、课程辅助活动和校本课程;教研安排主要是教师赛课安排、常规要求和常规活动安排及教师备课要求;活动安排主要是学生德育活动安排。保障部分主要有组织保障、制度保障及经费保障。

（三）现场陈述汇报

学校搭建初步的课程方案框架,南川区教研机构经过初选,并借助兄弟实验区(教育部首批基础教育课程改革实验区之一)的支持,评选出初具规模的 27 所学校的课程方案。但是,总体来讲问题较多,单从题目上看,有的是课程领导力建设陈述材料,有的是课程领导力建设实施方案,有的是课程改革规划陈述报告,有的是课程建设规划,有的是课程建设体系……27 所学校 27 个题目。

为了规范课程方案框架,2014 年 11 月 3 日—5 日,华东师范大学专家团队,对全区中小学(幼儿园)负责课程领导力项目的校长、教师进行学校课程方案编制的首次现场培训。培训分校长现场陈述和专家指导两部分。27 所中小学(幼儿园)采取"现场陈述+PPT演示"相结合的方式全面陈述,全区其余中小学(幼儿园)按要求相应参与不同组别跟踪培训。在现场陈述时,学校的课程方案命名五花八门,有的叫《×××学校牛人课程体系》,有的叫《×××学校笋竹课程规划》,有的叫《×××学校"小彩七"课程方案》,且内容上单一,有的甚至是学校全面工作的安排。

(四) 互动交流与专家指导

在学校陈述后,陈述者与专家团队进行互动交流。校长们充分说明了"牛人课程、笋竹课程、亮旗课程、五彩课程……"都是结合学校办学特色、地方文化、学生特点等方面提出来的,专家团队指出特色学校的构建与学校的课程方案是两码事,有些学校校长似懂非懂,有些甚至不愿意接受。接下来,华东师范大学胡惠闵教授、朱伟强教授、吴刚平教授分别结合学校陈述情况作了深入培训和一一指导。专家团队对学校课程方案的框架作了梳理。题目应是《×××学校课程方案》。内容上,学校课程方案编制的基本要素应包括课程依据(背景)、课程目标、课程结构、课程实施、课程评价以及课程保障等六个方面,并且还指出每一部分应包括的具体内容。课程依据应从国家及地方政策、办学理念以及学生需求着手分析。课程目标一定是指向学生的,与办学目标和培养目标是有区别的。课程结构要充分尊重国家课程,一定要有逻辑性;课程的划分标准要一致,可以分为:国家课程(地方课程)与校本课程,必修课程与选修课程,基础课课程与拓展课课程,学科类课程与活动类课程,分科类课程与综合类课程。课程实施讲清楚两个问题:国家课程的校本化如何实施,校本课程怎么实施。课程评价回答两个问题:一是如何评价课程与学生;二是用什么方法来评。课程保障应包括课程管理机构,课程运作机制,课程制度保障经费保障以及方案修订机制等几个方面。原则上,学校课程方案定位要准确,基本要素要完整,内容要匹配,整体要一致——目标是否与背景相关,结构是否指向目标,怎么实施,评价能否达成目标。各部分环环紧扣,相互照应。

全区各中小学(幼儿园)结合专家团队的指导培训和修改意见,初步形成了学校课程方案框架。

三 问题变项目,专题研讨课程方案的构成要素

全区各中小学(幼儿园)通过自主尝试、专家指导,弄清了学校课程方案的基本框架,编制出了初步的课程方案。但仅限于有框架,而对课程方案的各个构成要素以及要素之间的关系还尚未弄清。

于是,在学校编制的方案里表现出一些问题,诸如背景分析不切实际,导致课程的提出无依据;课程目标泛化、笼统,普遍高大上;课程结构逻辑不清,课程实施单一。有的只是校本课程的实施。有的存在课时随意增减,课程评价也指向学校全面工作,制度更是缺乏针对性等等。结合具体存在的问题寻求突破,通过问题引导,变问题为专题。根据实际主要分成 7 个专题(见表1),每个专题通过申报评审的方式确定具体的项目学校。采用专家团队"集中诊断"、共研团队进校指导和学校自主研究的方式,对各个专题进行了针对性研讨。

表 1   南川实验区学校课程方案相关专题研讨

序号	专题研讨项目	项目学校
1	学校课程方案编制	19 所种子学校(联动全区其余学校)
2	基于目标的课程体系构建	隆化七小、隆化五小、大有镇中心校
3	国家课程的校本化实施	隆化一小、南川中学、书院中学、鸣玉中学
4	基于目标的检测题设计	南川中学、道南中学、南川一中、南川三中、水江中学
5	校本课程特色化实施研究	民主中心校、金山小学、隆化三小、南川一中、石溪中心校、冷水中心校
6	课程管理制度研究	隆化二小、大有中学、示范幼儿园
7	《学生综合素质评价手册》的研究	隆化一小、隆化八小

学校课程方案编制专题,通过学校自愿申报、区教研机构评

审、区教委认定的程序,按照中小幼统筹、城区与农村并重、优质学校与薄弱学校兼顾、公办与民办结合的 4 个原则,确立了 19 所课程方案编制种子学校,全区其他中小学(幼儿园)为非种子学校,种子学校研讨、修订课程方案时,联动非种子学校参与研讨、修订。专家团队对种子学校进行"集中诊断"。种子学校展示课程方案,专家会诊,提出改进思路和方法。学校修改后,再次集中展示改进结果,这样循环往复修订五六次。专家团队从方案的要素、方案确立的依据、课程目标的确定、课程结构与目标的匹配、课程管理制度、课程实施和课程评价等方面予以诊断,每次每校各有侧重(见表 2)。非种子学校根据联动安排跟踪种子学校"集中诊断"。

表 2 专家团队"集中诊断"种子学校课程方案

序号	时间	地点	会诊专家	诊断内容	诊断学校
1	2015 年 12 月 19—21 日	隆化一小 隆化七小	莫景祺 胡惠闵 朱伟强	课程依据	南川中学、道南中学、南川一中、南川三中、书院中学、隆化中学、鸣玉中学、隆化一小、隆化七小、隆化三小、隆化六小、金山小学、鸣玉镇中心校、大有镇中心校、隆化五小、木凉镇中心校、示范幼儿园
2	2015 年 5 月 5—6 日	隆化一小 书院中学 区政府四楼会议室	莫景祺 胡惠闵 朱伟强	1. 课程目标的确定 2. 课程结构与目标的匹配	书院中学、隆化中学、隆化一小、隆化七小、示范幼儿园、大有镇中心校、木凉镇中心校、金山小学、鸣玉镇中心校、示范幼儿园
3	2015 年 6 月 25—26 日	隆化一小 隆化七小	莫景祺 胡惠闵 朱伟强	课程管理制度	书院中学、隆化中学、隆化一小、隆化七小、示范幼儿园、鸣玉小学、大有镇中心校、木凉镇中心校、金山小学、鸣玉镇中心校
4	2015 年 10 月 8—9 日	区教科所 隆化七小	胡惠闵 朱伟强	课程实施 课程评价	书院中学、南川一中、木凉镇中心校、大有镇中心校

　　课程依据是学校课程方案的基础。在依据分析的实践中,出现了对国家政策认识不到位,学生课程需求模糊、无针对性,有的学校课程愿景无规划,部分学校有愿景也不适合学校实际等现象。专家"集中诊断",帮助厘清国家政策依据应包括从国家到地方的相关文件,例如《教育部关于全面深化课程改革落实立德树人根本任务的意见》(教基二〔2014〕4号)以及《重庆市教育委员会关于调整普通中小学课程计划的通知》(渝教基〔2012〕21号)等。背景分析中要删去如校舍面积、教师有多少等与课程无关的内容,只要说明是一个什么样性质的学校就可以了。要与后面的规划、实施、评价、管理有密切联系的内容写出来就行,至于不适合学生、学校实际,这需要分析学校课程历史,调查学生实际,通过问卷、座谈等方式了解学生需求。

　　课程目标是重要组成部分。科学、合理的课程目标对课程结构、课程实施以及课程评价起着导向作用,在课程方案中处于核心位置。但在课程目标制定的实践中,出现了两大问题:一是课程目标泛化;二是课程目标笼统化。专家"集中诊断",造成前一问题的原因有三:其一,重视国家课程目标,但忽视结合国家课程、地方课程的要求具体制定学校课程目标。其二,学校课程目标的校本特色体现不够,制定起来很难。其三,目标制定的科学性、可测性、可操作性等方面有待继续优化。后一问题主要原因是目标建构的意识不强,不够序列化、逻辑化。诊断后强调,学校要进一步认识价值观、培养目标、课程目标、学科课程目标、学年(学期)课程目标、单元(课时)教学目标的概念。进一步认识各概念间相互关系以及处理各类课程之间的关系,如国家课程、地方课程与校本课程,必修课与选修课,学科类与活动类,分科与综合等不同类型课程之间的关系。这就涉及到课程结构的建构要基于课程目标。课程结构的建构风趣地讲,可以根据中国"族谱图"来帮助理解,弄清各课程层级、门类、学科等辈分。课程实施、课程评价、课程结构与课程目标更要保持整体一致性,课程方案定位要实在,要回归学校本身,回到实际来做;各部分要有线索,它们是珍珠与项链的关系;背景分析是用来确定目标的重要依据之一;目标不要太大,要符合各个学段(高中、初中、小学、幼儿)的要求,守住自己学段的边界,不要太过全、太过高,高大上不行;不要把课程目标与课程结构一一对应;应制定与课程类型相匹配的课程实施方式;课程实施不是课程方案的实施;课程的名称不要太具象,要挖掘内涵;学校文化要注意理念下内涵的提炼,朴实无华才是美。这六个构成要素之间要注意:背景分析下的课程目标的确立,基于目标的课程结构,与课程相匹配的课程实施方式,评价结果能反应目标的达成,所制定的制度能确保课程方案的落实,真正做到环环相扣,紧密相连。

基于目标的课程体系构建、国家课程的校本化实施研究、基于目标的检测题设计、校本课程特色化实施研究、课程管理制度研究及《学生综合素质评价手册》的研究这 6 个专题项目,是与课程方案一脉相承的,更与课程目标紧密联系。其中国家课程校本化实施、基于目标的检测题设计以及校本课程特色化实施研究这三个项目看起来属于课程实施,其实是基于目标的课程实施;基于目标的课程体系构建是属课程目标与课程结构如何匹配的研究;《学生综合素质评价手册》研究属于课程评价,但也要基于课程目标的评价,基于实施的评价;课程管理制度属于课程保障。以上项目的研讨与课程方案息息相关。主要采用专家团队"集中诊断"。诊断后,学校自主研究,并结合专家会诊的方式,建立以教研员和中小学(幼儿园)教学管理干部为主的共研团队,开展进校指导活动。重点研讨课程依据的有用性,课程目标的合理性、课程结构的逻辑性、课程实施的适合性、课程评价的操作性以及课程保障的可行性。利用同一学校同个方案再构,初方案+磨方案,展示+点评,互动研讨+专题分析等形式将方案编制中的各因素作一一共研,建立教研员—种子学校—非种子学校的联动机制,以教研员为主体,每月指导学校课程方案。

四 交流、评比,推进课程方案的实施

全区各中小学(幼儿园)的课程方案经过专家团队 6 次"集中会诊",共研团队 7 次进校指导,学校多次修改,课程方案文本趋于规范。但是,是否真正适合学校实际,满足学生需求,还需要检验和评判。

结合课程方案编制,全区首先通过参加上级相关学术会议及

集中时段分片区组织学校课程方案编制研讨会等,接着采用竞赛以及评审的方式进行了评比,以此推进课程方案的实施。

(一) 交流

2015 年 4 月 28 日,在山东诸城 2015 年度实验区联席工作会上,南川实验区以《课改实验重实效,教育发展谋新篇》为题,介绍了用学校课程方案编制来抓好课程领导力项目的有效机制与策略,得到课程教材中心主任田慧生及与会代表的高度评价。2015 年 10 月 16 日,在全国第二届基础教育课程教学改革研讨会上,南川区教研机构以《教研机构在区域推进课程领导力建设中的作用》为题做重要交流发言,得到与会代表及领导的高度赞誉,甚至有多个区县已提出了来学习交流的想法。2015 年 12 月 1 日,南川区隆化五小、隆化六小等五所学校参加重庆市小学卓越课堂现场暨九龙坡区域推进学校课程体系建设展示交流会,分别对课程体系的研究项目、校本课程特色化实施项目、学生全科阅读培养、学生核心素养培养以及学校课程方案编制作了交流,反响很好。

(二) 研讨

2015 年 10 月 21—31 日,结合课程编制中的相关问题,针对 9 个不同片区(组)开展学校课程方案编制研讨会。研讨会分四段:首先由一所非种子学校陈述学校课程方案,参会学校分别发表意见和建议;其次种子学校或经验较为丰富的学校谈课程方案是如何编制的;再次是教研员做指导培训与交流;最后由片区教管中心谈具体工作要求。

(三) 竞赛

2015 年 12 月,全区组织了学校课程方案编制的专项竞赛。竞赛分初赛和决赛两个阶段,均采用笔试的方式进行。初赛各校自行命题,自行决定竞赛时间、形式,组织竞赛和阅卷。决赛采取闭卷形式,各中小学按专任教师 5%的名额确定决赛人选;专任教师少于 100 人的学校至少派 5 人参加决赛。区教研机构负责邀请专家命题,区教师进修学校统一组织考试并阅卷。内容分必学与选学。必学内容主要包括教育部《关于全面深化课程改革,落实立德树人根本任务的意见》(教基二〔2014〕4 号)《重庆市教育委员会关于调整普通中小学课程计划的通知》(渝教基〔2012〕21

号)《重庆市普通高中课程改革实施方案》(渝教基〔2012〕42号)《3—6岁儿童学习与发展指南》《幼儿园教育指导纲要》《教育部基础教育课程改革重庆市南川实验区三年工作规划(2014—2016年)》(南川教发〔2014〕40号)《学校课程计划编制实践指南》《南川实验区学校课程领导力建设实施方案》以及各校的课程方案;选学内容主要是《基础教育课程》杂志2014年5月—2015年6月的指定篇目。

(四) 评审

2016年1月,兄弟实验区专家团队与本土专家团队组成评审组,对全区学校课程方案按照学校性质对方案文本进行初评。内容要求做到"定位准确、要件完整、内容匹配、整体一致",格式上严格按照纲领性文件格式。采用100分制,其中课程依据、课程目标、课程保障、课程评价各10分,课程结构、课程实施各20分,文本格式和内容整体一致各10分。评审组对每个方案作标注,勾画出好的地方,对不合理或需改进的地方批注意见与建议。初评后,将评审结果提交华东师范大学专家团队最终审核。最后,专家团队一致认为20余所学校的课程方案达到了较高水准。各校仍需结合意见与建议做进一步修改。

(执笔:陆清华　唐晓红　赵太云)

1.3 学校课程方案编制的做法

在编制学校课程方案的过程中,不断总结经验。主要探索出三条基本路径、三个重要保障的"3+3"做法。

一 学校课程方案编制的基本路径

(一) 启动课程方案的编写,边培训边尝试编制

认知的规律告诉我们:人们获取知识有直接经验和间接经验两种途径。对于课程编制这一新事物,通过培训获取大量的间接经验,同时以尝试编制的实践行为去验证、内化间接经验,从而产生新的认识和理解。因此边培训边尝试较之"先培训、后实践"或"先尝试、后学习"更能取得事半功倍的效果。

培训方面,注重"整体感知—重点分析—交流学习—活动助推",形成"学校、教研员课改通识培训—课程领导力项目专项培训—课改基地校研修—校长、教师、教研员研讨"研训机制。尝试编制时,注重"自主分析—自主尝试—现场交流—专家指导—初步建构",形成"自主分析课程基础—初步建构方案框架—现场陈述与汇报—专家团队指导、互动交流—专家团队提出修改意见"工作流程。根据培训内容,确定尝试编制的方向、任务和过程,反过来根据尝试的问题与效果安排培训的内容和方式。两者相辅相成,互相促进,形成了由专家带着学校、教研员跟着做的模式。

由于只按照专家指导的要素依葫芦画瓢形成各校课程方案,只有大体框架结构是对的。内容上出现了课程目标上定位高大上,理解不到位,课程结构与课程内容不匹配,课程实施单一等问题。如何将这些问题根本性解决?如何让学校理解得更清楚?这些都是不得不面对的新问题,不得不去再深入实践。

(二) 深入实践课程方案的编写,在问题研究中编制

实践出真知,研讨是关键。问题变课题、变项目,在问题中研究,在研究中编制。

问题变专题,注重"问题分析—专题汇总—项目研究",形成学校课程方案编制、国家课程的校本化实施研究、基于目标的课程体系构建、基于目标的检测题设计、校本课程特色化实施研究、课程管理制度研究、《学生综合素质评价手册》研究等 7 个专题项目,每个专题通过申报评审的方式确定项目学校,运用专家团队"集中诊断"、共研团队进校指导和学校自主研究的方式,对专题进行针对性地研讨的推进机制。

在深入编制课程方案时,形成了两种方式一种机制。一是建立多元对话方式。学校、教研员跟着专家做的过程中,教研员的能力提升很快。其对话方式由最初单一的专家与学校、教研员一起对话逐渐转变为"专家与教研员,教研员与教研员,学校与专家,教研员与学校"等多元对话方式。对话,对话。在这过程中,教研员由学着专家做逐步转向带着学校做,这为区域推进课程领导力项目提供了本土智力支持。二是形成了"实践—发现问题—解决问题—再实践"的指导方式。教研员在带着学校做的过程中,一旦发

现了问题,教研员就"蹲下来"和学校一起解决问题,解决了问题之后,再往下实践。三是形成了"教研员—种子学校—非种子学校"的联动机制。主要从三个方面进行:其一,教研员指导种子学校的课程方案,非种子学校参会学习。专家离开的日子,由教研员根据专家指导意见和学校一起讨论、研究课程方案的修订和完善。其二,建立了种子学校与非种子学校联动机制,种子学校研讨、修订课程方案时,其联动学校参与研讨、修订;联动学校研讨、修订课程方案时,教研员到场指导,种子学校给予帮助。其三,非种子学校主动邀请教研员指导课程方案编制,或者将方案传给教研员,网上指导。

学校的课程方案经过将问题变为专题,专家"集中诊断"、进校指导以及多次修改,全区学校的课程方案水平均有大幅度提升。但是否真正适合学校实际,是否能真正满足学生需求,还需要在实施中验证。

(三) 深化课程方案的实践研究,在问题与实施中再修改

课程方案编制的最终落脚点是实施。在实施中检验其科学性、适合性与可操作性。

实施过程中,注重"学习交流—竞赛评比",形成"片区研讨—全区展示—外出交流"的方式。竞赛注重理论与实际结合,评比注重文本与实际结合。通过迁移"实践—发现问题—解决问题—再实践"的指导方式,对课程方案比较成熟的学校,进行了下一步的研究与实践;迁移多元对话方式,带出一批教研骨干力量;迁移联动机制,做好国家课程校本化、校本课程特色化等项目研究。通过学习交流、竞赛评比,初步实施,找出相关问题与建议,在基于实施、基于问题中对方案内容进行充实,并作进一步修订。

以上三条基本路径对学校课程方案进行了编制与修订,但在其具体操作过程中不是单靠学校就能完成的,还需加强保障。

二　重视主管部门统筹、机制护航和智力支持

主管部门统筹整合力量是关键。结合课程方案编制等相关工作,建立了南川实验区政府分管副区长为组长,区教委主要负责人、各相关局负责人为副组长的领导小组,确保人、财、物到位。成

立了区基础教育课程改革中心、区基础教育课程改革办公室、基础教育课程改革重点工作组、课程领导力建设项目学段组、学科联盟、片区教育管理中心等区、片、校的组织机构,分工明确,各司其责;落实区级至少每月两次课改动态,学校每月上报一次课改信息,营造良好课改氛围的信息报送制度;建立区政府教育督导室定期课改信息报送制度、经常性督导与课改实验项目专项督导相结合的督导检查等制度。

机制护航是保证。在课程方案编制的过程中主要建立了课程教材中心及专家团队每期两次集中指导;建立了以教研员和中小学(幼儿园)教学管理干部为主的共研团队,定期组织课程方案编制研讨,开展相关活动的共研制度;组织挂职研修、专家讲坛、交流展示、各类竞赛、多层次培训等系列活动,定期组织、开展学校课程领导力建设的现场活动助推机制;建立"种子学校—非种子学校—联动学校"协同发展的联动制度。

智力支持奠定方案编制的理论与专业基础。单靠学校自己的力量来编制学校课程方案,缺乏理论高度,专业深度,需要智力支持。南川实验区用好五支力量:一是课程教材中心;二是华东师范大学专家团队;三是先进地区经验;四是上级主管部门;五是本土教研员。五支力量同时发力,无论是理论问题还是实践问题,都能尽快得到解决。

(执笔:董静萍　杨　波　潘远菊)

1.4　学校课程方案编制取得的成效

编制学校课程方案,充分调动了校长、教师的积极性,有效发挥了教研机构的职能作用,强化了学校队伍建设,提高了学校课程规划的能力,有效实施国家课程、地方课程和开发校本课程,很好地提升了课程领导力。

一　编制学校课程方案的初步成果

到目前为止,全区66所中小学均有了课程方案,文本上做到了规范、简洁,20余所学校的课程方案达到了较高水准;撰写了20

余个课程方案编制故事,设计了近30门校本课程纲要及活动方案;编辑了《南川课改》之"学校课程方案",共3册,见证了学校课程方案编制从懵懂、了解、模糊、领会的行走轨迹;举办以方案编制为主题的"学校论坛""校长论道""教师论战""专家论著"的"四论"活动,撰写论文800余篇,在市级获奖近500篇;编辑了《南川课改》专辑之"校长论道"、"基地校研修心得";结合课程方案编制组织了5次30余节公开课研讨,2015年撰写相关论文1000余篇参加"重庆市第十二届基础教育课程改革论文大赛""重庆市基础教育课程改革成果大赛""重庆市家庭教育论文大赛"等。

成熟了一批教学管理者,带动了教研员的专业成长。教师及教学管理者通过编制方案、阅读方案、实施方案,理论水平提升较快。如一些校长通过亲自编制学校课程方案、与教师们研讨方案,有效提升了学校的凝聚力与办学活力,学校教师获奖较多,学生参与活动得奖率高,学校教学质量名列同类学校前茅,提振了学校的精气神。教研员从原来的教学实践示范者、教学研究指导者、教学管理督导者转向课程改革促进者、课程研究指导者、教师专业发展引领者,在实践中互利、双赢。2015年,南川区教研机构1名教研员被评为重庆市特级教师,教研员在国家级刊物上发表论文10余篇。

二 学校寻求与教研机构合作的主动性增强

区级教研机构真正实现了实践、研究、培训合而为一,建立了多元对话方式,形成了"实践—发现问题—解决问题—再实践"的指导方式,形成了"教研员—种子学校—非种子学校"的联动机制。创新教研形式,做实了各级各类教研活动。组建了中小学学科联盟,打造了"送教下乡""磨课研讨""复习研究"等区级品牌活动,引进"互联网+教研"等形式,构建"教研员—教师"的平等、互助等新型关系,一线教师自觉加入QQ群、微信群、网络论坛、博客部落等进行网上教研,多维互动。

学校主动与教研员对接,开展课程、课堂研究。就上期而言,全区绝大多数学校主动邀请教研员进校指导教师课标解读、学校校本课程纲要及活动方案设计、课程领导力建设专题讲解、课程方案编制以及课题研究等。其中一所乡镇学校与教研员主动、长期结对,教研员定期指导教师课堂,教师积极主动交流课堂中的问题和困惑,教师驾驭课堂的能力提升很快,多名青年教师在市级优质课竞赛、微课大赛中获一等奖;书院中学、南川中学就"深度学习"教学改进项目与教研员建立了友好的合作机制,在全国交流会上,教研员与书院中学初中英语学科教师共同构思的初中英语学科的"一起走进运动的殿堂"单元设计受到课程教材中心领导、专家的高度评价。如今,学校主动邀请教研员进校指导的意愿更强烈了。

三 课程方案得以深化研究

在编制学校课程方案的过程中,构建了 22 个学科联盟作支撑,以教研员为召集人,以学校教研组、备课组为主体,研发学科拓展课程,共建校本课程 300 余门。对校长有激情、学校有基础的校本课程,教研员"蹲下来"与学校一起作进一步的挖掘、总结、提炼,提升其品质,特色课程初具规模。目前,全区已有近 70 门特色课程,10 余所农村学校脱颖而出,满足了学生的个性化发展。南川三中的美术特色课程效果明显,很多学生的专业成绩超过了清华大学录取线,其中 1 名学生被清华大学录取,石溪镇中心校的板凳龙舞舞出了重庆、舞上了中央电视台,民主乡中心校的黏贴画校本课程载于《中国教师报》,金山小学的陶笛课程"奏出"重庆一等奖。同时,部分学校对国家课程的校本化实施项目已展开了深入研究。

南川实验区下一步将遵循学校自身实际与自愿申报的原则,以课程方案为基础,着手开展国家课程的校本化实施、基于目标的课程体系构建等 9 个研究项目。从学校到教师,从编制到实施,从课程到课堂,增强教师课标意识,有效提高教育教学质量。

四 教学管理者和教师的观念迅速转变

在课程方案编制中,教学管理者与教师形成合力,积极性很高。队伍素质得到较高提升,尤其是城区一些小学、单设初中在课程方案的编制中更是找到了良方。通过课程方案编制,对方案本身的认识非常深刻,尤其是对课程评价的认识。他们认为课程评价是基于课程培养目标对课程计划执行情况和实施效果的考核和评价,这是课程方案编制的难点。评价必须包括三个方面:一是必须基于培养目标的针对性;二是必须基于培养对象的发展性;三是必须遵从评价的可操作性和简洁性。

转变了校长、教师的理念,课改总体呈现良好态势。课程资源不断丰富,课堂实效不断增强。各校初步建立系统完整的课程体系,校长、教师在教学中由侧重关注"教"转变为侧重关注"学";学校既重视课堂教学研究,又重视课程研究,部分学校具备了一定的课程观,针对性、实效性、可行性明显增强。

在课程方案编制中,南川实验区作了不少工作,也取得了阶段性成果。但也还算新兵,没有任何理由停下前行的脚步。

(执笔:郑　勇　周　伟)

1.5　学校课程方案编制的再认识

一　课程依据是方案编制的重要基础

课程依据是学校课程所依存的"土壤",体现课程的价值。它是课程的基础,也是课程方案的基础。编制学校的课程方案是为了解决当前课程存在的问题,分析国家相关政策有利于明晰思路,为学校的课程规划提供方向。而学校的办学理念的分析是为了找到学校课程哲学的基础,能更清晰地了解本校的课程价值追求。国家课程政策的分析,学校办学理念的阐述,学生发展的需求都为学校课程提供有力依据,尤其为课程内容的选择提供方向。如一所乡镇小学在写课程依据时,应综合考虑国家及地方政策、学校的办学哲学以及学生需求,学校结合留守儿童较多的情况,隔代教育现象严重,习惯较差这些问题,为开设"习惯养成课程"找到了充足的理由。

二　课程目标是课程定位的重要前提

课程目标是特定阶段学校通过课程实施所要达到的预期结果,一定是指向学生的。它与办学目标和培养目标是有区别的。课程目标的确立必须考虑学校特点、年段特征、个性需求,具有适合性与可评价性。如:一所乡镇小学根据学校办学目标和理念把原来的课程目标"学会学习、学会创新、学会生活"调整为"健康快乐、基础扎实、兴趣广泛、学会学习"。学校从主观臆造到调查了解，客观分析，有理有据，从虚到实，前前后后就经过了 15 次修改。这样，目标不会显得空泛，也适合本校实际。

三 课程结构必须基于课程目标

课程结构是课程体系建设中至关重要的，是课程体系的骨架。课程结构的设计要与课程目标保持一致，用于支撑课程目标。课程类别上不能有逻辑错误。构建以学生发展为核心的课程结构，可以围绕三步来做：首先，将课程目标的内涵具体化，行为化；其次，根据表现性目标设置与之匹配的课程结构；再次，设置相应的课程科目和内容。如：如一所乡镇初中的课程结构，开始时，分为基础型课程、拓展型课程以及探究型课程，接着又将探究型课程分为学科类课程和综合性课程，这样在分类上就出现了逻辑错误，而且国家、地方及校本三类课程体现也不明显，课时上也不好安排。后来，结合专家培训，多次研讨，将其课程结构进行大手术，直接分为基础型和拓展型两大类。

四 课程实施必须落到实处

在制定方案时，必须提前思考课程的实施。怎样将国家课程计划保量、保质实施，怎样合理安排课时总量和活动总量，怎样根据课程目标和课程内容对教师的教学提出要求，怎样利用社区、家长等丰富的课程资源服务于课程，这些都是需要提前考量的。如：课程目标定位为"健康快乐、基础扎实、兴趣广泛、学会学习"的一所乡镇小学。通过课标解读、目标分解、教材分析、课堂模式、课堂实践、课例研究以及课题研究来探索国家课程校本化实施的途径和方法，现已取得了显著成效。

五 课程评价与保障应具有可操作性

管理与制度保障了学校课程方案有效地实施。科学制定课程开发、审议、教师培训等课程管理制度是前提，因此必须具有可操作性、实效性。课程评价是持续的过程，评价不仅用来验证实施后的课程质量，而且应该贯穿在实施过程中。从这个意义上来看，实施和评价是相伴共生的,同时必须建立系列制度予以保证。

六　课程方案需要不断更新与修订

课程方案不是一经定稿就一成不变的,而是随着国家及地方课程政策的调整、学生需求的变化等,在课程实施中不断调整和改进的。因此,学校要形成基于实情的学年更新机制,这样,学校课程方案才具有了生命力。在完善与更新学校课程方案中,提升学校的课程领导力,为学生发展提供更好的课程,推进学校内涵发展。

南川实验区的学校课程方案编制前后历时 13 个月。整个编制经历了"加强学习—实践探索—专家引领—再实践—反思提升"的循环往复的过程,虽也曾经历过"山重水尽疑无路"的困境,但南川实验区的校长和教师们也更多地收获了"柳暗花明又一村"的喜悦。并且还将以更坚实的步伐沿着这条课改之路一直向前!

(执笔:梁　川　程在君)

2 学校课程方案

2.1 南川区隆化第一小学校课程方案

重庆市南川区隆化第一小学校前身是光绪 9 年(1883 年)建立的专经书院,是南川区教委唯一的直属小学。学校现占地面积 2 万平方米,绿化面积 3 千平方米。学校常年办学规模 50 个教学班,学生 3000 余名。有教职工 140 余名,专任教师 134 名,专科及以上学历教师占 91.7%。2000 年以来,学校全面实施素质教育,初步形成了学校办学思想体系,为了打造"361 阳光教育"办学特色,深入开展"五彩课程",培养自信、健康、快乐的五彩小孩,特制定本课程方案。

一 编制依据

以《基础教育课程改革纲要(试行)》中关于"加强课程内容与学生生活以及现代社会和科技发展的联系,关注学生的学习兴趣和经验,精选终身学习必备的基础知识和技能。"《国家中长期教育改革和发展规划纲要》(2010—2020)中要求"关心每个学生,促进每个学生主动地、生动活泼的发展,尊重教育规律和学生身心发展规律,为每一个学生提供适合的教育。"以及党"十八大"提出的"立德树人"中要求"明确学生应具备的适应终身发展和社会发展需要的必备品格和关键能力""五个统筹"等相关要求为指导思想编制学校课程方案。

我校创办于 1883 年,在传承百年老校的优良传统基础上,2000 年以来,以"阳光文化"为出发点,初步确立阳光教育特色,努力探索与实践确立了"品学兼优,情趣尚美"的培养目标,"五彩阳光,金色童年"的办学理念,"挺胸、抬头、走路"的校训,已形成初步的课程哲学,以"阳光课堂"为核心,在落实基础型课程的前提下,对拓展课程与探究型课程等作了大量尝试,并取得了一定的实践经验。在探索过程中,教师对学校的课程已有了初步的理解能力。

通过多年的课程实践和问卷调查我们发现,学生渴望课程学习能与他们的生活经历和经验相联系,帮助他们掌握好的学习方法,使他们享受到更多学习的快乐,他们也希望有更多走向生活、走向操场、走进大自然、走到阳光下的机会,积极参加各种社会实践活动等亲身体验活动,丰富学习经历,过上有趣的阳光生活。

二　课程目标

(一)总体目标

在五彩阳光的沐浴下,全面、自信、健康、快乐地成长为最可爱的五彩小孩。

(二)具体目标

1. 养成良好的社会公德,言行文明,真诚友善,尊敬师长,诚实守信,做一名美德小孩。

2. 养成良好的学习习惯,勤于思考,乐于表达,善于学习,爱好阅读,做一名智慧小孩。

3. 养成良好的卫生、生活习惯,积极参加各项体育活动,学会一项以上运动技能,做一名阳光小孩。

4. 具备良好的审美情操,能歌善舞,琴棋书画,吹拉弹唱,做一名优雅小孩。

5. 养成乐于探索、不怕失败的习惯,充满好奇心,善于发现问题,解决问题,做一名创新小孩。

三　课程结构

学校课程总体分三部分:基础型课程、拓展型课程和探究型课程。基础型课程与拓展型课程、探究型课程是有机的统一体,它们均指向培养五彩小孩所具有的各种特质和最本质的需要,而且相互渗透、相互作用、互补递进,全力形成一个整体。(见图 1)

基础型课程主要指学科基础课程即国家课程和地方课程中相

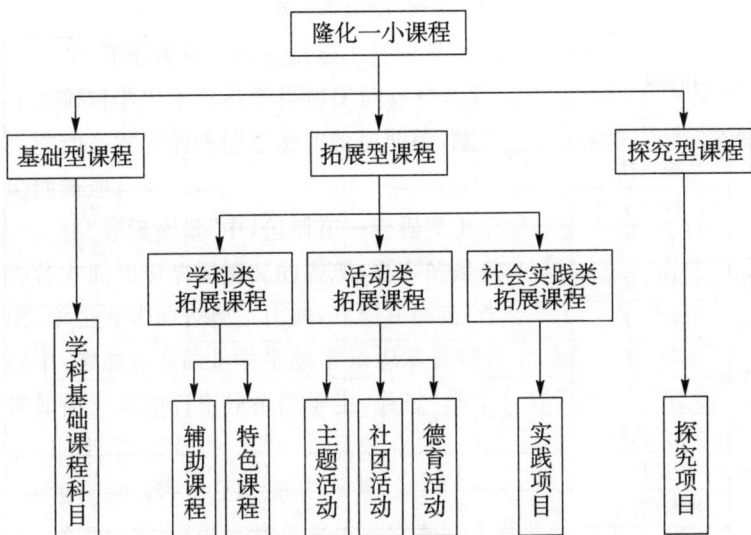

```
                        ┌──────────────┐
                        │  隆化一小课程  │
                        └──────┬───────┘
         ┌─────────────────────┼─────────────────────┐
   ┌──────────┐          ┌──────────┐          ┌──────────┐
   │ 基础型课程 │          │ 拓展型课程 │          │ 探究型课程 │
   └─────┬────┘          └─────┬────┘          └─────┬────┘
         │        ┌────────────┼────────────┐        │
         │   ┌────────┐   ┌────────┐   ┌──────────┐  │
         │   │ 学科类  │   │ 活动类  │   │ 社会实践类 │  │
         │   │拓展课程 │   │拓展课程 │   │  拓展课程  │  │
         │   └───┬────┘   └───┬────┘   └────┬─────┘  │
         │     ┌──┴──┐   ┌────┼────┐        │        │
   ┌────────┐┌────┐┌────┐┌────┐┌────┐┌────┐┌────────┐┌────────┐
   │学科基础 ││辅助││特色││主题││社团││德育││ 实践项目 ││ 探究项目 │
   │课程科目 ││课程││课程││活动││活动││活动││        ││        │
   └────────┘└────┘└────┘└────┘└────┘└────┘└────────┘└────────┘
```

图 1　学校课程

应的学科科目;拓展型课程主要分三类,即学科类拓展课程、活动类拓展课程和社会实践类拓展课程;探究型课程主要指学生开展的相应探究课题或项目。

　　基础型课程的学习是拓展型、探究型课程的学习基础,着眼于让每一个孩子公平地获得优质教育资源。该类课程根据学生的身心发展规律,在学习中注重学生的学习兴趣、学习习惯和行为的养成。同时也着重培养五彩小孩学习的基本素质和基础学力,但也注意发展性学力和创造性学力的基础培养。

　　拓展型、探究型课程是为了创设适合学生发展的教育,让学生自觉快乐的学习,并且用精心设置的课程内容、不同的授课方式满足学生的求知欲和探究欲,让一小学子更加活泼与灵动。

　　拓展型、探究型课程的学习,着重培养学生的发展性学力和创造性学力,对基础型课程的教与学两方面都起着至关重要的增益促效的基础作用。

　　基础型课程是全体学生必修的课程,主要开设的课程项目有语文、数学等 12 个课程项目,每周在体育课中安排 0.5 课时健康教育;每 3 周在地方课程中安排 1 课时环境教育。其余相应课程课时及所使用课程见表 1。

表1 课程设置与课时分配

课程 / 科目 (周课时)	年级	一二年级	三四年级	五六年级
基础型课程	品德与社会	3	2	2
	科学		2	2
	语文	5	5	5
	书法	2	1	1
	数学	4	4	5
	英语		3	3
	体育	3	3	3
	综合实践		1	1
	信息技术	1	1	1
	艺术(音乐)	2	2	2
	艺术(美术)	1	1	1
	体育活动	1	1	1

拓展型课程			
学科类拓展课程	特色课程2	课外阅读读经典润人生	间周1节
		思维启蒙、数学阅读	间周1节
		绳彩飞扬	每天上午30分钟的大课间活动
		电子琴	一二年级
		竖笛	三四年级 |（每2周用一节艺术(音乐)）
		口风琴	五六年级
	辅助课程2	每周三、四下午分1—3年级、4—6年级分别开展。	
活动类拓展课程	主题活动	三月文明礼貌月、四月科普活动月、五月艺术节、九月尊师爱生月、十月"三爱"活动、十一月体育节、十二月感恩活动。分散安排。相对应学月集中用2节基础型课程中的"综合实践"课程开展。	
	兴趣活动	每天早上7:00—8:00和下午4:50—5:30进行。	
	日常活动	班级风采展示	由学校统一安排,周一早上时间为30分钟。
		节假日课程	中秋等传统学校统一活动,班级实施、评价;利用对应节日的"体育活动"课程开展。
		阳光魅力展示	每周五下午用"体育活动"课程第二节各年级轮流开展,每期全校集中展示一次。

（续表）

课程　　科目	周课时　　年级		一二年级	三四年级	五六年级
拓展型课程	社会实践类拓展课程	花山领巾别样红	一二年级		每月用1节基础型课程中的"体育活动"课程开展。
		走进特校	三年级		
		走进茶园	四年级		
		走进科技馆	五年级		
		走进敬老院	六年级		
	探究型课程	小发现	一二年级		每3周用1节基础型课程中的"综合实践"课程开展，每期用2课时集中展示。
		生活小探秘	三四年级		
		小小实验家	五六年级		
		小课题研究			
	晨诵	每天10分钟			
	大课间活动	每天1小时，上下午各30分钟			
	眼保健操	每天5分钟			
	周课时总量	一二年级26课时，三至六年级30课时。			每课时按40分钟计。

　　拓展型课程主要分三类，即学科类拓展课程、活动类拓展课程和社会实践类拓展课程。其中学科类拓展课程主要指特色课程和辅助课程，特色课程学生一至六年级分别开展学习，六年结束实现所有的特色课程人人必修；辅助课程主要分经典与人文、思维与智慧等五类，学生选修开展。活动类拓展课程主要指主题活动、兴趣活动和日常活动三类。（见表2）

表2　拓展型课程项目及说明

学科类拓展课程	特色课程	读经典润人生、课外阅读、绳彩飞扬、数学阅读、电子琴、竖笛、口风琴		必修
	辅助课程	经典与人文	节目主持、演讲、礼宾、文学社、儿歌朗诵、绘本阅读、绘本创作、手工作文	选修
		思维与智慧	思维启蒙、思维训练、儿童棋、益智游戏、趣味数学、头脑风暴、绣曲线	

(续表)

学科类拓展课程	辅助课程	运动与健康	篮球、乒乓、足球、武术、呼啦操、艺术体操、象棋、围棋、形体训练、跳绳	选修
		艺术与审美	萨克斯、小提琴、电子琴、弦乐、管乐、民乐、合唱、舞蹈、国画、油画、素描、摄影、泥塑、书法、手工、茶趣	
		科技与实践	机器人、生活中的化学、电脑创作、赛车、航模、科技小制作	
活动类拓展课程	主题活动		三月文明礼貌月、四月科普活动月、五月艺术节、九月尊师爱生月、十月"三爱"、十一月体育节、十二月"感恩教育"	必修
	兴趣活动		器乐队、合唱队、舞蹈队、乒乓球队、篮球队、田径队	选修
	日常活动		班级风采展示、节假日系列化课程、阳光魅力展示	必修
社会实践类拓展课程			走进科技馆、走进敬老院、走进香炉寺茶园、花山领巾别样红、走进特校	必修

探究型课程主要指在基础型课程中的科学、综合实践活动等课程学习的基础上,开设的小发现、小探秘、小小实验家、小课题等课程项目。(见图2)

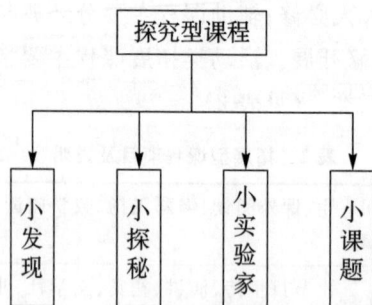

图2 探究型课程项目

四　课程实施

（一）基础型课程的实施

1. 灵活运用"361快乐体验课堂教学模式"

以"361快乐体验课堂教学模式"的核心价值理念"学生快乐体验，享受成功与幸福"为出发点实现学生的阳光成长。对三环"尝试体验—快乐体验—深化体验"灵活把握，在课堂中紧扣"体验"，开展激趣、自学、合作、点拨、巩固、拓展，引导每位学生在阳光课堂里积极参与，思维活跃，主动体验，乐于分享，享受学习的成功幸福感，让阳光的种子从阳光课堂上生根、发芽。

2. 积极探索基础型课程校本化实施

围绕《基础型课程校本化实施指南》《南川区隆化第一小学校基础型课程校本化实验方案》，从分解国家课程标准开始，开展基于课程标准的教学。语文学科重点在课外阅读、表达等方面实施；数学学科重点在思维训练、数学阅读等方面实施；其余学科结合相应学科标准和学校课程目标开发与实施。

3. 坚持学科渗透，提高学习能力和自身综合素质

将五彩小孩成长所必备的各种素质培养融入各学科之间，依托相应学科标准促进学科素养的提升，各学科之间相互联系，相互补充，相互渗透，全力形成一个整体，促进五彩小孩的全面发展。

（二）拓展型课程的实施

1. 特色课程的实施

"课外阅读"间周上一节，由语文教师引导学生开展课外阅读交流与探究活动，"读经典润人生"间周上一节，由语文教师引导学生开展校本教材《五彩群文》的学习交流活动；数学阅读、思维启蒙间周上一节，由数学教师引导学生开展《数学报》、校本教材《思维训练》等的学习与交流活动；绳彩飞扬在每天上午30分钟的大课间活动中开展；电子琴、竖笛、口风琴每2周用一节艺术（音乐）分别在一二年级，三四年级，五六年级中开展学习。

2. 辅助课程的实施

全校实行走班制学习。每期在调研了解学生的兴趣爱好的基础上，结合课程目标等因素为学生提供选修项目，学生填写申报

表,根据学生申报情况开设相应的课程项目及班数。每周三下午半天1—3年级开展辅助课程,其中每个学生选修两个课程项目,第一节课开展其中一个类别课程项目的学习,第二节课开展另一个类别中课程项目的学习;4—6年级开展课外阅读与书法。每周四下午半天4—6年级开展辅助课程(选修方式同1—3年级),1—3年级开展课外阅读。每个课程项目在拟定课程纲要,完善活动设计的基础上开发相应课程项目的校本教材。

3. 主题活动的实施

每年在相应月份依次开展以下主题活动:三月文明礼貌月、四月科普活动月、五月艺术节、九月尊师爱生月、十月"三爱"活动、十一月体育节、十二月感恩活动。以相应的主题活动为主,采取分散活动与集中展示结合的形式,相对应学月集中用2节基础型课程中的"综合实践"课程开展。

4. 日常活动的实施

班级风采展示每学期从3年级开始轮流由一个年级进行展示,展示主题紧紧围绕学校课程目标、主题活动月及节气等确定,展示形式不限,但每个班级必须实现全员参与,每周第一节校会课中进行。节假日课程主要指根据中秋等传统节日,学校统一活动,班级实施、评价;在对应节日周次中的地方课程时开展。阳光魅力展示在每周星期五的从1至6年级轮流开展,一个班级中展示学生也实行轮流,六年保证每个学生至少有两次展示的机会。

(三) 探究型课程的实施

结合学生年龄特点分别在1至6年级开展小发现、生活小探秘、小小实验家、小课题研究的课程学习。每3周用1节基础型课程中的"综合实践"课程开展,以引导学生走向生活、走向自然,培养学生动手能力和探究精神为主,均以活动的形式开展课程教学,每期用2课时集中展示。

五 课程评价

以促进"五彩小孩"的成长为评价导向,尊重学生生命成长的自然规律,为不同学生在不同年龄段的发展提供可选择的课程,使课程评价服务并激活学生成长的每一步。

（一）基础型课程评价

1.评价内容

主要包含动态评价与总结性评价。动态评价主要指学习在课堂学习的主动参与度、潜能释放、学习效果等多个维度,主要关注学习过程;总结性评价主要指期末学科检测性测验等,主要关注学习结果。在均关注动态评价的基础上,语文、数学、英语等人文学科期末的总结性评价以相应学科期末测试题测试为主;音乐、体育、美术等艺体学科期末主要对学生相应学科的学习能力进行评价。

2.评价方式

课堂观察、学生自我评价、纸笔测验。

3.评价工具

《阳光课堂学生评价量表》《阳光课堂学生观察量表》《南川区期末学科测试题》、相应学科《学习能力评价表》。

（二）拓展型课程评价

1.评价内容

主要对学生学习表现、学习能力和实践能力三方面进行评价。学习表现主要从对课程项目兴趣、投入、合作、表达和沟通等维度展开;学习能力主要从专注、自信、思维、等维度展开;实践能力主要从相应课程项目的特点出发,评价学生相应课程项目特有的实践能力,例如合唱着重评价学生的音乐实践能力,包括对乐曲、旋律、节奏等的敏感力等,篮球着重评价学生身体运动能力,包括动作灵巧、敏捷,身体平衡、协调等方面。

2.评价方式

学生自评互评、教师评、家长现场评、社会评、校评等形式。

3.评价工具

各课程项目《课程纲要》中拟定的评价工具、《问卷调查表》《汇报表演评价表》《拓展型课程课堂观察表》。

（三）探究型课程评价

1.评价内容

计划阶段中的资料准备、计划制定等能力;探究过程中的参与程度、合作精神、观察能力和思维能力,社会交往能力、发现问题和提出问题等多种能力;总结阶段中对探究成果修改完善、探究学习方式的改变等角度。

2.评价方式

学生自评、互评;教师评;家长评;社会评;校评。

3.评价工具

《南川区隆化第一小学校探究型课程学生学习评价表》。

(四) 综合性评价

1.评价内容

主要评价学生综合素质,包含美德、智慧、阳光、优雅、创新五个方面 15 个维度。

2.评价方式

自评、学生互评、家长评、社会评、教师评。

3.评价工具

《南川区隆化第一小校五彩小孩评选标准》《"三好""六能"评价手册》《南川区隆化第一小学校学生综合素质发展评价报告册》、课外阅读五星级评价标准、各学科课程标准等。

六　课程保障

(一) 组织保障

成立专门的课程改革办公室,统筹学校整体课程方案的执行,制定学校《拓展课程开发审议与管理制度》,保障课程开发、审议与评价等工作的实施。教科室重点负责基础型课程的课堂教学和校本化实施,以及拓展型课程中的学科类拓展课程与辅助课程的研发与审核;德育处重点负责拓展型课程中活动类拓展课程与探究型课程的研发与审核;督导室负责各类课程的常规管理。各教研组共同参与各类课程的开发、实施与研讨。各学科教师不仅对独立承担的基础型课程的科目开展实施,而且对拓展型课程与探究型课程结合自身特点与学生实际开展实施与评价。

(二) 机制保障

1.建立阳光教师培养制度。

(1) 推行系列课堂制度:巡课制度、教师间随堂听课学习制度、视导组听课制度等。

(2) 开展系列阳光课堂竞赛活动:挂牌课(新教师)、朝霞杯(30

岁以下)、阳光杯(30 以上至 40 岁以下)、成功杯(40 以上至 50 岁以下)、成就杯(50 以上至 60 岁以下)等全员参与的课堂教学竞赛。

（3）开展系列阳光课堂教学研讨活动：每期以年级为单位开展一次全校性的教研会；每期开展同课异构等课堂教学研讨活动；每周二下午语数教师以教研组为单位集中开展一次教学研讨活动；每周三下午全校集中开展如何使用"阳光用语"和"阳光评价"等阳光课堂教学培训活动。

（4）开展教师阅读工程活动：每期组织教师阅读专业书籍 2 本以上；制定每天坚持课外阅读 1 小时以上的读书计划；并定期开展读书心得交流活动。

（5）依照《教师每天锻炼一小时方案》，在紧张工作之余，积极参加体育锻炼，缓解工作压力，把锻炼当成一种习惯，增进教师身心健康，提高工作效率，以教师的阳光风貌潜移默化地影响五彩小孩的成长。每期定期举办教师体育节和走向大自然的系列活动。

（6）依照《南川区隆化第一小学校阳光教师标准》和《南川区隆化第一小学阳光教研组评选办法》。每期开展"阳光教师"和"阳光教研组"评选与表彰活动。

2. 建立拓展型和探究型课程运作机制。

依照《南川区隆化第一小学校课程审核制度》，教师结合自身特点与学生实际确立可开设的课程，并向学校课程改革办公室申报，课程改革办公室审议，并通报结果（可开展或提出修改建议）；制定《南川区隆化第一小学校学生选课制度》教师向所任教学生宣讲自己开设的课程，并组织学生选课申报；制定《南川区隆化第一小学校课程督导制度》，对各类课程实施加强督导。

3. 依照《南川区隆化第一小学校教学研究制度》，加强各类课程的教学研究。

4. 依照《南川区隆化第一小学校教师绩效考核制度》，对教师执行各类课程情况开展考核。

5. 建立外聘教师制度和管理制度。聘请在某领域有一定特长，可为人师的社会人士或家长担任学校拓展型课程和探究型课程任课教师，并加强管理和指导。

（三）经费保障

1. 加大教师学习培训的经费。首先是保障外出培训学习的经费,其次是保障为教师购买关于课程建设方面学习书籍的经费。

2.加大课程建设与课堂改革研究经费的投入,鼓励教师主动开发五大领域的课程,只要申报获得审批,就保障相应开发经费的投入。

3.结合《南川区隆化第一小学校教师绩效考核制度》,加大对课程建设与课堂改革方面奖励的经费投入。

（负责人:何家书　成员:赵　琪　蒋明权　任晓玲）

附录

1.南川区隆化第一小学校"361快乐体验课堂教学模式"

2.《南川区隆化第一小学校基础型课程校本化实施指南》

3.《南川区隆化第一小学校基础型课程校本化实验方案》

4.《阳光课堂学生评价量表》

5.《阳光课堂学生观察量表》

6.《南川区隆化第一小学校探究型课程学生学习评价表》

7.《南川区隆化第一小校五彩小孩评选标准》

8.《"三好""六能"评价手册》

9.《南川区隆化第一小学校学生综合素质发展评价报告册》

10.《南川区隆化第一小学校课外阅读五星级评价标准》

11.《拓展课程开发、审议与管理制度》

12.《南川区隆化第一小学校巡课制度》

13.《教师间随堂听课学习制度》

14.《南川区隆化第一小学校阳光教师标准》

15.《南川区隆化第一小学阳光教研组评选办法》

16.《南川区隆化第一小学校课程审核制度》

17.《南川区隆化第一小学校学生选课制度》

18.《南川区隆化第一小学校教学研究制度》

19.《南川区隆化第一小学校教师绩效考核制度》

20.《南川区隆化第一小学校外聘教师制度和管理制度》

2.2　南川区隆化第四小学校课程方案

南川区隆化第四小学校创建于 1987 年,至今已有 29 年。现有教学班 31 个,学生 1918 人,有专任教师 80 人,其中大专学历 50 人、本科学历 28 人、中专 2 人,市级骨干教师 1 人、区级骨干教师 5 人,是一所以家长学校、绿色学校、书香校园、足球校园为特色的城区小学。为了深化课程改革,推进学校的持续发展,提高教育教学质量,提升办学水平,促进学生全面发展,特编制本课程方案。

一 编制依据

《教育部关于全面深化课程改革落实立德树人根本任务的意见》(教基二〔2014〕4 号)要把立德树人的要求落到实处,充分发挥课程在人才培养中的核心作用,进一步提升育人水平,更好促进学生全面发展、健康成长。《国家中长期教育改革和发展规划纲要》(2010—2020)中要求"关心每个学生,促进每个学生主动地、生动活泼的发展,尊重教育规律和学生身心发展规律,为每一个学生提供适合的教育。"以及《重庆市教育委员会关于调整普通中小学课程计划的通知》(渝教基〔2012〕21 号)对各年级课时总数、国家课程、地方、辅助活动课程作了具体的安排,对开发校本课程、开展实践活动以及课程育德等方面作了明确的指导。

学校在实践中探索,在探索中发展,经过几十年发展,初步形成了"品行奠基,铸就自信快乐人生"的办学理念,坚持"品行良好、基础扎实、自信快乐"的培养目标。

近几年来,学校在课程建设和课堂改革中取得显著成绩,但我校地处城郊结合部,大班额比较突出,人员结构复杂,有少数城区儿童、留守儿童、进城及外出务工、返乡农民工子女等,学生接受的家庭教育、社会教育参差不齐,部分学生行为习惯较差,未能养成良好的文明礼仪习惯,学习习惯较差,学生阅读量不足,课外活动比较单一,学生缺乏自我展示的自信心。通过问卷调查,我们发现学生都有积极向上的学习态度,渴望获得全方位的发展,向往在获得知识的过程中享受更多乐趣,有更多的机会展示自我,体验成功。如今,学校硬件设施齐全,教师队伍不断充实,整体素质不断提高,办学水平得到较大提升,能够满足学生多元化的发展需求。

二 课程目标

（一）总目标

养成良好品行，习得扎实基础，获得自信快乐。

（二）具体目标

1. 养成良好品行

养成热爱祖国，热爱家乡，热爱家庭，诚实守信，关心他人，懂得感恩，珍爱生命，勤于思考，善于学习，乐于锻炼等良好品行。

2. 习得扎实基础

掌握课程要求的科学、文化、艺术、审美等基础知识。学会听、说、读、写、算、书、唱、画等基本技能。在学习和生活中能运用所学体现创新。

3. 获得自信快乐

能在交流活动中学会尊重和包容，正确评价自己，赏识自我，大胆展示，体验快乐。

三 课程结构

（一）整体结构

分国家课程和地方及校本课程两个大类。

国家课程包括品德与生活（社会）、语文、数学、外语、科学、综合实践、音乐、美术、体育，约占课时总量的 80%。地方及校本课程分品行养成、基础拓展、自信快乐三类，约占课时总量的 20%。（见图 1）

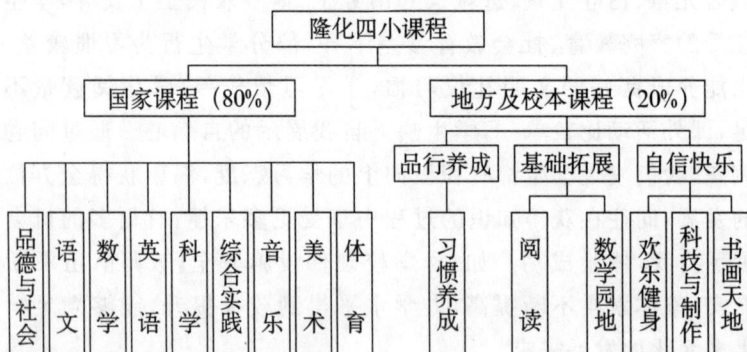

图 1　学校课程

（二）课程安排表

表1 课程安排

课程＼年级		一二年级	三四年级	五六年级
国家课程	品德与生活（社会）	3	2	2
	语文/书法	5＋1	5	5
	数学	4	4	5
	科学		2	2
	英语		3	3
	体育	3	3	3
	艺术 音乐	2	1	2
	艺术 美术	1	2	1
	综合实践活动		2	2
地方及校本课程	品行养成类 习惯养成	1	1	1
	基础拓展类 阅读	0.5	0.5	0.5
	基础拓展类 数学园地	0.5	0.5	0.5
	自信快乐类 科技与手工	2	1	
	自信快乐类 欢乐健身	1.5	1.5	1.5
	自信快乐类 书画天地	1.5	1.5	1.5
周课时数		26	30	30

健康教育每周在体育课中安排0.5课时；环境教育每3周在地方课程中安排1课时；安全与法制教育每周在地方课程或品德与生活（社会）课中安排0.5课时。书法课程辅助活动每周在地方课程书画天地中安排1课时。体育课程辅助活动每周在地方课程欢乐健身中安排1课时。艺术课程辅助活动每周在地方课程书画天地和欢乐健身中各安排0.5课时。

综合实践内容主要包括信息技术教育、研究性学习、社区服务与社会实践以及劳动与技术教育。

（三）具体设置

1. 国家课程的设置

严格按照《重庆市教育委员会关于调整普通中小学课程计划

的通知》(渝教基〔2012〕21 号)规定设置。一二年级设置 19 节,三四年级设置 24 节,五六年级设置 25 节。

2.地方及校本课程的设置

按照《重庆市教育委员会关于调整普通中小学课程计划的通知》(渝教基〔2012〕21 号)要求,地方校本课程(辅助活动类课程)一二年级 7 课时,三四年级 6 课时,五六年级 5 课时。

(1) 品行养成类

设置"习惯养成"课程,必修校本课程《养成教育三字经》,约占总课时的 4%,1—6 年级各 1 课时。(见图 2)

品行养成类

习惯养成

养成教育三字经

图 2　品行养成类课程

(2) 基础拓展类

设置"阅读、数学园地"两门课程。这类课程 1—2 年级 1 课时,约占 3.8% 总课时量,3—6 年级 1 课时,约占 3.3% 总课时量。其中"阅读"课程 1—2 年级必修《阅读从四小开始—稚子萌芽》,3—4 年级必修《阅读从四小开始—沐雨春风》,5—6 年级必修《阅读从四小开始—青翠满园》,1—6 年级选修"识字擂台";"数学园地"课程必修《趣味数学》,选修"奥数"。(见图 3)

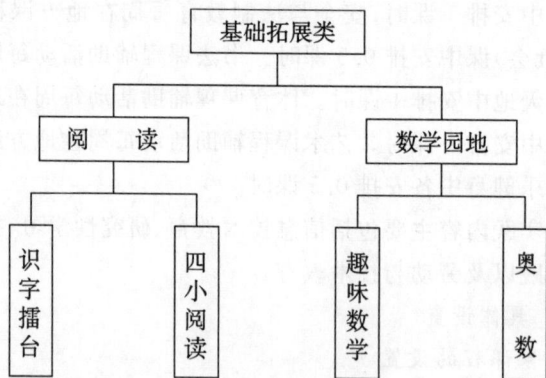

基础拓展类

阅读　　　数学园地

识字擂台　四小阅读　趣味数学　奥数

图 3　基础拓展类课程

（3）自信快乐类

设置"科技与制作、欢乐健身、书画天地"三门课程。这类课程1—2年级5课时，占总课时量的19.2%，3—4年级4课时，占总课时量的13.3%，5—6年级3课时，占总课时量的10%。"科技与制作"课程选修"航模"、必修"手工"。"欢乐健身"课程设"足球、跳绳、葫芦丝、口风琴"为必修内容，"篮球"为选修内容。"书画天地"课程设"书法"为必修内容，"国画"为选修内容。（见图4）

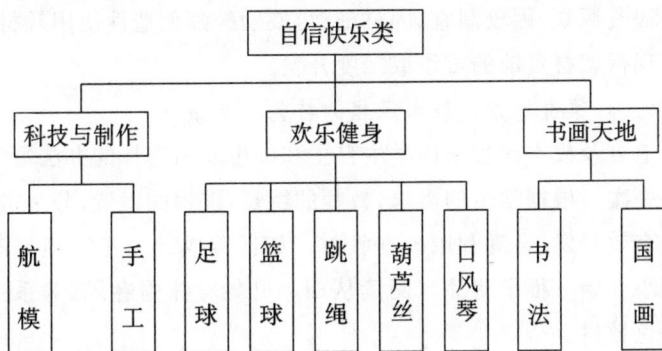

图4 自信快乐类课程

四 课程实施

（一）课程实施总体要求

1. 营造氛围

围绕"品行奠基，铸就自信快乐人生"的办学理念，打造"品行养成、风采展示、自信成长"的校园文化。

2. 落实师资

采用引进和培养专业教师、"一师一课程一拓展"布局现有教师、主讲教师带动辅助教师三种模式缓解师资问题。

3. 落实课程

采用错时、错位，年段相对集中的办法来安排课表；建成"数字校园"落实全校大课、年级同课；执行周通报督查制度。

（二）推进国家课程校本化实施

1. 细化学科课程标准，使课程目标具体化

组织教师研读各学科课程标准，着力构建基于学情的课程

目标。

2. 转变教学方式,着力提高课堂教学的质量

按学校"定向—自学—探究—答疑—训练—小结"六步教学模式备课上课,增强学生主体意识、参与意识、问题意识、合作意识,让学生养成良好习惯,习得扎实基础,获得自信快乐。

3. 优化课程资源,满足学生多元需求

通过"请进来、走出去"及校本培训的方式,引导教师树立正确的课程资源观,因校制宜、因材施教,鼓励教师创造性使用教材,做好对现行教材资源的重组或二度开发。

（三）推进地方及校本课程的特色化实施

地方及校本课程采用学生自主和师生双向选择的办法每学年申报一次。根据学生的需求,教师的特长,课程的设置,分组进行。

有效开发、合理利用校本教材。如:《养成教育三字经》《阅读从四小开始—稚子萌芽》《阅读从四小开始—沐雨春风》等系列校本特色教材。

打造以球润德、以球健身、以球启智、以球育美的足球特色学校,编制校本教材《隆化四小校园魅力足球》《校园魅力足球课程纲要》和《活动方案》。每周在 3—6 年级中开设一节足球课程,每期举办 3—6 年级足球啦啦操比赛、4—6 年级班级足球联赛,每年参加区级小学生足球比赛。

五　课程评价

（一）紧扣各门学科课程标准进行对国家课程的评价

配合区教科所教学质量监测工作,选好用好基于达成学科课程基本知识和基本技能目标的《学业水平阶段性测试卷》。

（二）重视过程性评价

定期开展《学生成长记录袋》的自我整理和同伴互评,丰实学生课程目标达成的过程。《学生成长记录袋》收集学生最优秀或最满意的作品或相关的反思记录等,具体内容包括:获奖材料及个人成功事件的记录;自我介绍;制订学习计划;每学科一份最好的作业;一篇最好的作文或日记、随笔;老师写的操行评语。

（三）采取"评语＋等级"相结合评价方式

在"评语衡量"中，包括班主任对学生的综合评价，以及每个科任老师对学生学习该学科情况的评价。评语要求增加事实依据、注重动态发展的热情鼓励和殷切期待，减少千篇一律的、空洞的结论性概述。

在"等级衡量"中，包括在一定程度上反映学生在德、智、体、美等各方面知识掌握情况的表现，更多的是反映学生道德、情感与态度、学习方式的表现。比如，我们在制定《学生综合素质评价表》过程中，考虑更多的是学生除了知识掌握情况之外的其他方面的表现如何。老师们充分相信学生，通过"学生自评"引导学生的自觉性、自控力，从而从心理上推动学生的进步；通过"学生互评"引导学生学会喝彩，相互欣赏。

（四）用好《学生综合素质评价表》，全面评价学生

每学年 12 月份和 6 月份利用《学生综合素质评价表》对学生的品行、基础知识、特长等课程目标的达成情况作阶段性评价。

根据学生的实际情况，以激励学生为出发点，结合《学生综合素质评价表》，由班主任总负责，各学科老师及学生个人、家长、班委会参与实施评价。每月小评，每学期的期中和期末进行两次总评，评价结果计入学生成长记录袋。

每一项评价内容的"等级分值""学生互评""总评"等结果要力求容易操作，避免繁琐。比如，在"学生互评"中，依据以下办法执行：

按照五个维度评星：守纪之星、清洁之星、诚信之星、礼貌之星、尊师之星、助人之星、勤奋之星、进步之星（学习、纪律等方面）、运动之星、友爱之星、特长之星、塑美之星（外表美、语言美、行为美）

赋分：获得 3 颗星得 3 分；获得 2 颗星得 2 分；获得 1 颗星得 1 分。每学期的评价结果先以分数计算，再转换为 A、B、C、D 四个等级的方式呈现和公布。

六　课程保障

（一）组织保障

学校成立基础教育课程改革办公室，由校长任课改办主任，主

管学校课程建设工作。由分管教学的同志任课改办副主任,具体抓学校课程的管理和实施工作。下设学科中心组负责课程的审议、督导、培训、评价、归档等工作。

（二）运作机制

1. 保障机制

课程改革办公室编制《课程方案》,学科中心组审核《学科课程纲要》,学科教师按"六步教学"模式备课上课,学科中心组按课程评价要求进行评价。

2. 建立校本课程运作机制

首先是课程申报,教师依据学校课程目标,结合自身特点与学生实际确立可开设的课程,并向学校课程改革办公室申报,课程改革办公室审议,并通报结果(可开展或提出修改建议);其次是课程开展,教师向所任教学生宣讲自己开设的课程,并组织学生选课申报;最后是课程评价,加强过程评价的指导与学期末的检测。

3. 建立外聘教师制度

聘请在某领域有一定特长的校外人士,担任学校特色课程的管理和指导。

4. 强化教育科研意识,提升教育科研水平

（1）建立"教科室—教研组—专任教师"三级教研网络。制定教研计划,建立教研制度、领导推门听课制度、集体备课制度,将此项工作序列化、常规化、规范化。

（2）以课题研究为载体,普及课题研究的意识、方法。教科室负责加强对课题研究工作的管理、指导,培养教师反思教学的习惯,依靠课题研究解决教学实践中的困惑。

（3）定期开展各种形式的教研活动,力促教师专业成长。如:开展新教师的献课活动、骨干教师示范课展示活动、教师基本功竞赛、合格高效课堂的验收或精品课堂展示等活动,提升教师素质。

（三）制度保障

1. 完善课程管理制度

建立课程计划实施周督查通报制度,学年一次学科群体表彰和先进个人表彰制度,学期一次学科课程实施经验交流和展示汇报制度。

2. 学校在人、财、物等资源方面给予保障

一是整合优化师资队伍,通过学习、培训、反思,提升其业务水平,适时聘请专业教师,优化课程改革骨干师资力量,培养高素质的教师团队;二是调适学校的支出结构,确保课程研发、管理和实施的必备经费;三是确保课程建设的场地、设施、设备、网络资源及物资需求。

(四) 修订机制

建立每期至少一次对课程方案的研究、调整、修订和完善制度。

建立每期至少一次对特色课程的研究、修订制度。

(负责人:王纯友   成员:唐向阳   冯在易   罗双喜)

2.3 南川区隆化第五小学校课程方案

我校诞生于 1906 年,地处东城花山居委,是一所普通城区完全小学。学校占地 15500 平方米,教室、功能室等设施设备齐全。目前学校有 49 个教学班,学生近 3000 人,专职教师 126 人,大专以上学历 118 人,高中级教师 62 人,市级骨干教师 5 名,区级骨干教师 27 名。为了深化课程改革,推进学校持续发展,提高教育教学质量,培养德智体美劳全面发展的学生,特编制我校课程方案。

一   课程背景

《国家中长期教育改革和发展规划纲要(2010—2020 年)》指出"解决好培养什么人、怎样培养人的重大问题,重点是面向全体学生、促进学生全面发展,着力提高学生服务国家服务人民的社会责任感、勇于探索的创新精神和善于解决问题的实践能力"。同时,我校根据"立德树人,把社会主义核心价值体系融入国民教育全过程"和《重庆市教育委员会关于调整普通中小学课程计划的通知》(渝教基〔2012〕21 号)"为全面贯彻教育方针,深入推进素质教育,进一步减轻义务教育阶段学生过重课业负担"精神来落实课程计划、开发校本课程和开展社会实践活动。

我校地处城郊花盆山脚下,依附花盆山成长。花盆山孕育了

一代代蓬勃向上、拼搏进取的花山人。在传承花山文化的基础上,在陶行知"千教万教教人求真,千学万学学做真人"思想影响下,坚持"教人求真,学做真人"的办学理念,努力实现"办人民满意的教育"的办学目标。全校教职员工在落实国家课程的前提下,深化课程改革,探索校本课程特色化实施,促进学校内涵发展,立德树人,培养德智体美劳全面发展的社会主义建设者和接班人,为学校课程结构的进一步优化、突出特色积累经验,奠定基础。

我校通过问卷、走访发现,学生在掌握基础知识和形成基本技能的同时,更渴望根据自己的兴趣,发挥自己的特长,更渴望走向大自然,体验生活,适应社会,希望做一个求真务实、善学善会、体健尚美的花山人。

二　课程目标

（一）总体目标

学做真人

（二）具体目标

1. 学会做人,人格健全

初步具有爱祖国、爱人民、爱劳动、爱科学、爱社会主义的思想感情;具有集体意识、遵守社会公德等文明行为习惯;具有坚强的意志良好的品格、开朗的性格以及自我管理、分辨是非的能力。

2. 学会学习,头脑灵活

养成良好学习习惯,具有一定的学习能力,初步具有动手操作、合作交流、自主探究等能力,能在实践活动中增强创新意识与能力。具有阅读、书写、表达、计算的基本知识和基本技能,了解一些生活、自然和社会常识,具有较广泛的兴趣和健康的爱美情趣。

3. 学会生活,身体健康

能科学合理锻炼身体,学习养护身体的方法,养成良好的卫生习惯,具有健康的体魄和初步的环境适应能力。在教师的指导下尝试运用所学的探究方法,完成相关的探究专题任务,具有较浓厚的兴趣。

三　课程结构

（一）课程结构

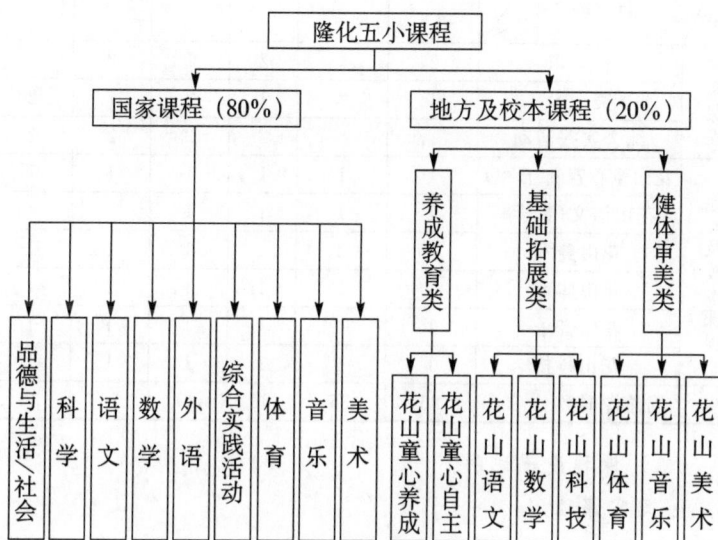

图 1　学校课程

学校全面贯彻落实国家课程（占总课时 80%），积极探索和开发地方及校本课程（占总课时 20%），不断丰富学校课程门类与内容，分级细化，综合实施，以实现"学做真人"的目标。

表 1　课程设置与课时安排

课程	科目＼周年课时级	一	二	三	四	五	六
国家课程	品德与生活/社会	3	3	2	2	2	2
	科学			2	2	2	2
	语文/书法	5＋1	5＋1	5	5	5	5
	数学	4	4	4	4	5	5
	外语			3	3	3	3
	体育	3	3	3	3	3	3

（续表）

课程	科目	一	二	三	四	五	六
国家课程	音乐	2	1	2	1	2	1
	美术	1	2	1	2	1	2
	综合实践活动			2	2	2	2
地方及校本课程	花山童心养成（自主）	1	1	1	1	1	1
	花山语文（数学）	1	1	1	1	1	1
	花山美术	2	2	1	1	1	1
	花山体育	1	1	1	1	1	1
	花山音乐	1	1	1	1	1	1
	花山科技	1	1	1	1	1	1
周总课时数		26	26	30	30	30	30

（二）课程设置说明

1. 国家课程

一二年级设置 19 节,三四年级设置 24 节,五六年级设置 25 节。其中,"品德与生活（社会）"每周用 0.5 节上法制安全课（以法制为重点）。"综合实践活动"课每周利用《综合实践活动》资源包及根据我校实际上 1 节"综合实践活动"课,另 1 节上"信息技术"课。

2. 地方及校本课程

是我校开发课程的重点和核心,结合学校和学生实际开发了以下三类 8 门课程:

表 2　地方及校本课程设置

养成教育类				基础拓展类					健体审美类								
花山童心养成		花山童心自主		花山语文		花山数学		花山科技		花山体育				花山音乐		花山美术	
行为习惯	健康心理	法制安全	班队管理	社会实践	雏鹰争章	魅力汉字	成语拾趣	经典诵读	趣味习作	趣味数学	思维训练	拼图魔方	电脑制作	记者摄影	体操	跳绳	篮球	乒乓球	足球	合唱	葫芦丝	手工剪纸	书法	线描画
必修	必修	必修	必修	必修	必修	必修	必修	必修	必修	必修	必修	选修	选修	必修	必修	必修	必修	必修	必修	必修	必修	必修	必修	必修

养成教育类:设置"花山童心养成"和"花山童心自主"两门课程,一至六年级每周各 0.5 课时,其中"花山童心养成"课程包括行为习惯、健康心理、环境教育、法制安全(安全为重点)等内容;以《花山养成教育》为教材蓝本,在一至六年级由浅到深全面实施;"花山童心自主"课程包括班队管理、社会实践、雏鹰争章等内容。

基础拓展类:设置"花山语文""花山数学""花山科技"等三门课程,其中"花山语文"和"花山数学"一至四年级每间周 1 课时:编写学科辅助校本教材《花山语文》——以魅力汉字、拾趣成语、经典诵读和趣味习作等为内容;《花山数学》——以趣味数学和思维训练为内容编撰,同时整合国家课程校本化实施;"花山科技"一至六年级每周一课时:一二三年级以拼图魔方为内容,四五六年级从记者摄影和电脑制作中选学一方面内容。

健体审美类:设置"花山体育""花山音乐""花山美术"三门课程。"花山体育"一至六年级每周各 1 课时,其中,一二年级以体操、跳绳为内容,三至六年级以乒乓球、篮球、足球等为内容;"花山音乐"一至六年级每周 1 课时,其中一至六年级以合唱校本教材《花开的声音》为内容,三四年级另开设"花山吹响葫芦丝"课程(其中,合唱和葫芦丝各间周 1 课时);"花山美术"一二年级每周 2 课时,其中,一年级手工剪纸 1 课时,铅笔书法 1 课时;二年级线描画 1 课时,铅笔书法 1 课时;三四年级钢笔书法每周 1 课时,五六年级软笔书法每周 1 课时。

四 课程实施

(一) 国家课程校本化实施

1. 科学设置,全面落实课程

把"花山童心养成""花山童心自主""花山语文""花山数学""花山科技""花山体育""花山音乐""花山美术"8 门地方及校本课程,融入到《重庆市教育委员会关于调整普通中小学课程计划的通知》(渝教基〔2012〕21 号)文件精神规定的各年级的地方课程和辅助课程中去。结合本校实际和课程目标,合理安排课程,开齐上足各类课程,合理分配课时,努力实现"学做真人"的目标。同时,依据《国家课程标准》和《学校课程方案》做好基于目标下的课程体系构建,包括各学科具体拟定年段目标、学期目标、单元目标和课时目标,教师围绕目标,通过年级集体备课、年级教研撰写学科电子教案来落实课程。

2. 改革课堂,提高教学质量

实施"自主学习,合作探究,反馈升华"的"121 主体参与课堂教学模式"(即"定向示标,自学指导;质疑解难,互动点拨;训练检测,矫正提升"的自主学习与指导过程),提高课堂教学效率。

(二) 校本课程特色化落实

1. 拟订方案,编撰教材

开发校本课程,促进学校办学特色化。拟定学校校本教材课程开发方案,以典型带动群体,全校教师参加校本课程研讨开发活动,共同参与地方及校本教材纲要的制定。促进校本课程工作从点到面,再从面到点,全面深入展开。编制出自下而上、遍地生根、适合师生的、以学校现有课程资源为保障的校本教材,并在实践中进行教材改编和课程整合。

2. 加强研修,打造特色

根据教师特长安排地方课程,开齐课程,上足课时。组织教师加强自我学习,研究提高,做到提前备课,写好教案设计。加强地方及校本课程教学的常规管理,将每月教师备课和教研情况纳入每学月教学常规考核。在地方及校本课程中,三四年级开始打造"市级葫芦丝特色学校"。开设葫芦丝特长班,培养具有特色技能的学生。

3. 定期展示,激发兴趣

学校每年通过体育节、艺术节和科技活动月等活动,对学生在地方及校本课程中的学习成果进行展示,让篮球、乒乓球等传统优势体育项目一直沿袭的同时,也让葫芦丝、板画等项目的打造更具特色,进一步提高学生的学习兴趣。

五 课程评价

学校课程管理办公室从课程目标、课程内容、课程实施几个方面以"科学性、趣味性、启发性、实践性、完整性"为原则。由课程管理办公室进行调研评价,教师评价,学生评价,家长评价等多元主体参与。

（一）国家课程的评价

1. 督导评价

上级相关部门的检查视导、督导督查;学校课程管理的周期性评估;各级的质量监测情况对学生进行评价。

2. 综合评价

制定《小学生综合素质评价方案》,学校和教师对学生进行综合评价。通过教师、学校领导、学生、家长共同参与的多元评价方式,多渠道收集体现教师理论素养、业务技能和学生学习习惯、学业水平的实证和数据,以《小学生综合素质报告册》为依据,对学生综合素质进行全面评价。

（二）校本课程的评价

1. 自我评价

让学生评价自己,特别强调在过程中的深刻体会和感悟,可以从学生主体性的体现、参与的程度和态度、体验感悟的深度与广度、相互协作的情况以及资料收集整理情况、探究活动的成果等方面进行评价。

2. 他人评价

内容和形式由学校和任课教师决定,考核形式以作业、学习体会、表演等形式呈现;与探究性活动相关的人员如学生家长等进行评价。学生评价和他人评价都可以口头评价与书面评价相结合,定性评价与定量评价相结合进行评价。学校和教师将考核结果填写入学生档案。

六 课程保障

（一）成立课程管理领导办公室

成立以校长为为主任,分管副校长为副主任,各部门负责人为成员的课程管理办公室。办公室全面负责课程管理工作。

（二）加强课程管理

加强管理,规范教学行为,全面实施。通过精细化的教学常规管理,讲求实效,减轻学生负担。通过形式多样的教研活动,提高教育教学质量和教师素质来落实国家课程。课程管理办公室对教师校本课程的教学进行严格管理和评价,充分挖掘和利用校内外课程资源,充分发挥家长和社会力量的作用。

（三）落实课程运作

教导处负责国家课程的管理,地方及校本课程的开发与管理由教导处、德育处、教科室和大队部共同执行,由年级组、班级具体落实。

（四）提供制度保障

学校课程管理办公室进行课程开发、师资培训、学业监测等方面的制度建设与完善:建立领导联系年级制度、推门听课制度、教研沙龙活动、高效(精品)课验收活动、互学互助结队活动等制度;完善和提高"121 主体参与"课堂教学模式的内涵与质量;整合优化师资队伍提高教师教学水平,定期聘请专家指导,积极向兄弟学校学习;建立课程方案的修改与完善机制,定期或不定期对课程方案进行修改和完善;学校为教学质量激励、课程研修活动等提供经费保障。

（负责人:郑光灿　成员:张　涛　张昭伦
韦立新　黄　芳　蒋小梅　李　莉）

2.4　南川区隆化第六小学校课程方案

学校创办于 1986 年,前身为实验小学,2007 年更名为南川区隆化第六小学校。学校地处金佛山下半溪河畔,目前占地 13 亩,校舍面积 5100 平方米,40 个教学班。现有学生 2492 人,专任教师 114 人,本科学历 28 人,专科学历 71 人。市级骨干教师 5 人,区级骨干教师 23 人。为了深化课程改革,推进学校的持续发展,保证教育教学质量,培养"言行规范、做事认真、能挑重担"的学生,特制定本课程方案。

一　编制依据

（一）国家政策

《国家中长期教育改革和发展规划纲要(2010—2020 年)》提出"优先发展、育人为本、改革创新、促进公平、提高质量"工作方针。教育部《关于全面深化课堂改革落实立德树人根本任务的意见》强调课程改革的目的是指向提高学生的综合素养。《重庆市教育委员会关于调整普通中小学课程计划的通知》(渝教基〔2012〕21号)对课程结构、课时总数做了相关规定,对课程建设和课堂改革提出具体要求和年度任务,为学校国家课程校本化,校本课程个性化作出了明确的指导。

(二)办学哲学

办学理念:明礼善行　德润人生

校训:站好　走好　人人争好

师生誓言:认认真真做事　堂堂正正做人

育人目标:培养言行规范　做事认真　能挑重担的人

(三)学情分析

通过多年的课程实践和问卷调查发现,学生的基础知识、基本技能掌握得比较扎实,但行为习惯、公民素养、创新精神、实践能力以及动手动脑能力方面比较薄弱。为传承民族文化,培养学生高尚的道德情操,满足学生发展的多样需求,实现个性发展。学生希望成为具有良好科学文化素养、健康身心、良好审美情趣及实践能力的现代小公民。

(四)社区发展需求

城镇化进程加快,城市的整体规划与配套学校建设不足。学校所处位置已成为城中心,学校场地无法扩展。学生人数激增,教师队伍逐渐老化。学校人多空间小,老师、学生、家长都有一定程度的焦虑与浮躁。在这样的背景下,希望学校教育能让学生言行规范,懂得礼让,还要有健康的体魄和远大的志向。

(五)资源条件

学校落址三圣庙,最初校名"实验校",近几年挖掘了三圣文化,明确了以"礼"为核心的校园文化,建构了"礼让三分"课堂教学模式,师生高度认可。学校有教育科研的传统与底蕴,80%以上教师参与过不同层次的课题研究,具有行动研究能力。2008年开设文明礼仪课,编制了《文明礼仪伴我行》校本教材;2010年将国学经典引入课堂,编制了《中华传世经典选读》校本教材,开发了"国学礼仪"校本课程;2012年起开设课辅活动;2014年进一步完善编制了《榕树叶绿》礼仪习惯养成读本。

二　课程目标

（一）总体目标

雅健于体　礼让于人　成志于学　善行于事

（二）具体目标

体质强健,朝气蓬勃,文明文雅,掌握自己喜欢的体育技能,成为一个爱运动的小公民。

悦纳自己、友善乐群,包容多元文化,有社会责任感,成为一个懂礼仪的小公民。

掌握适应终生学习的基础知识、学习方法,乐于探究,成为一个勤学习的小公民。

勇于参加实践体验,敢于质疑,敏于行而善于事,成为一个善思考的小公民。

三　课程结构

学校课程结构总图(见图1)。

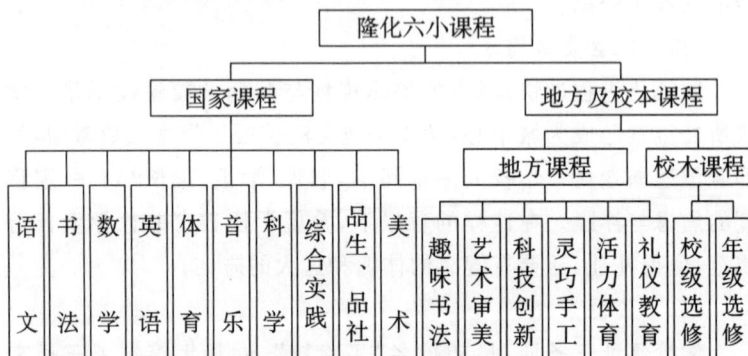

图 1　学校课程

国家课程、地方课程和校本课程不可分离,它们构成了学校课程的有机整体,拥有共同的培养目标,承担不同的任务,履行不同的责任,从不同的方面促进学生的发展。国家课程包括品德与生活(社会)、语文、数学、英语、体育、音乐、科学、综合实践、书法,约占课时总量的80%。地方及校本课程是对国家课程的丰富和补充,分为趣味书法、艺术审美、科技创新、灵巧手工、活力体育、礼仪教育、年级选修和校级选修八类,满足学生的发展需要。地方及校本课程约占课时总量的20%。

表1　课程设置与课时安排

内容	课程名称	年级					
		一	二	三	四	五	六
国家课程	语文/书法	5+1	5+1	5	5	5	5
	数　学	4	4	4	4	5	5
	英　语			3	3	3	3
	体育健康	3	3	3	3	3	3
	音　乐	1	1	1	1	2	2
	科　学			2	2	2	2
	综合实践			2	2	2	2
	品德与生活	3	3				
	品德与社会			2	2	2	2
	美　术	2	2	2	2	1	1
地方及校本课程	活力体育	1	1	1	1	1	1
	艺术审美	1	1	1	1	1	1
	科技创新	1	1	1	1	1	1
	趣味书法	1	1	1	1	1	1
	灵巧手工	1	1				
	礼仪教育	1	1	1	1		
	校级、年级自主选修	1	1	1	1	1	1
周总课时		26	26	30	30	30	30

国家课程为必修课程,一二年级设置19节;三四年级设置24节;五六年级设置25节。地方课程一二年级设置6节;三四年级设置5节;五六年级设置4节。校本课程每周1节。安全与法制、环境教育在品德与生活(社会)课中间周一节;健康教育每周在体育课中安排0.5课时。活力体育、艺术审美、科技创新、趣味书法1—6年级每周一节;灵巧手工一二年级每周一节;礼仪教育1—4

年级每周一节,国学与礼仪间周一节。校级、年级自主选修课程
1—6年级每周一节。

表2 地方课程安排

课程名称课时 类型 年级	一	二	三	四	五	六
活力体育 1	跳绳	跳绳	篮球	篮球	足球	足球
艺术审美 1	口风琴	口风琴	巴乌	巴乌	口琴	口琴
科技创新 1	小制作	小制作	小实验	小实验	小发明	小发明
趣味书法 1	硬笔	硬笔	毛笔	毛笔	毛笔	毛笔
灵巧手工 1	彩泥	折纸				
礼仪教育 1	国学	国学	礼仪	礼仪		

按照《重庆市教育委员会关于调整普通中小学课程计划的通
知》(渝教基〔2012〕21号)要求,地方及校本课程(辅助活动类课程)
设置活力体育、艺术审美、科技创新、趣味书法、灵巧手工、礼仪教育
六类。其中活力体育课程、艺术审美、科技创新、趣味书法四类课程
为必修。灵巧手工课程在一二年级开设,一年级彩泥,二年级折纸。
礼仪教育在一至四年级开设,一二年级国学,三四年级礼仪。

表3 校级选修和年级选修课程内容安排

	一年级	二年级	三年级	四年级	五年级	六年级
校级选修	合唱★	合唱	合唱	合唱	合唱	合唱
	舞蹈★	舞蹈	舞蹈	舞蹈	舞蹈	舞蹈
	机器人实验	机器人实验	机器人实验	机器人实验	机器人实验	武术
	航模★	航模	航模	航模	航模	篮球
	小牛顿科学	小牛顿科学	小牛顿科学	小牛顿科学	小牛顿科学	田径
	葫芦丝★	武术	武术	武术★	武术	国画
	二胡	二胡	二胡	二胡	篮球	足球
	童心童绘	葫芦丝	葫芦丝	葫芦丝	田径	电脑创作

（续表）

	一年级	二年级	三年级	四年级	五年级	六年级
校级选修	古　筝	童心童绘	篮　球	篮　球	国　画	
		古　筝	田　径	田　径	足　球	
			国画★	国　画	电脑创作	
				足　球	足　球	
				电脑创作	电脑创作	
年级选修	绘本阅读★	绘本阅读	主题阅读	主题阅读	主题阅读	主题阅读
	思维启智★	思维启智	思维启智	思维启智	思维启智	思维启智
	儿童画	儿童画	英语口语	英语口语	英语口语	英语口语
	经典启蒙	经典启蒙	小主持	课本剧	课本剧	手抄报
	习惯养成★	习惯养成	小交警★	小交警	社交礼仪★	社交礼仪
	认识校园★	我爱我家	走进四季	走进四季★	社区调查★	社区调查

　　校本课程分为校级选修和年级选修两类，★代表学校的特色课程。在落实国家课程的基础上，为满足学生个性需要和学校发展需要，一至六年级选修内容既有相同主题，也有年级特色主题。结合《综合实践活动》教材及学校实际，一年级以"认识校园"为主；二年级以"我爱我家"为主；三四年级以走进四季学写观察日记为主；五六年级以走进社区学写调查报告为主。学生首先分年级自主选择校级选修课程，余下学生再自主选择年级选修课程，根据学生选课情况，调配课程设置。全校实行走班制学习，每周一下午第二节课一二年级开展选修课程，每周二下午三至六年级开展选修课程，每周1课时。

四　课程实施

（一）落实国家课程

　　根据国家《课程标准》拟定《学科课程方案》。将课程目标分解到册次—单元—课时中，并精心设计学科知识网络图和教案，让课标落地，让各学科课程标准的指导思想转化为教师的教学实践。

　　依据《学科课程方案》实施课堂教学。灵活利用"礼让三分"课堂教学模式，在各类课程的课堂教学中，以尊重和让学为核心，凸显教师主导作用,学生主体地位。通过"连连看、对对碰、泡泡堂"三个教学活动环节,先学后教、先思后碰、先练后导,培养学生主动学习,合作探究,整合拓展能力。让学生在"礼让"课堂里积极参与、思维活跃、乐于分享,享受学习的乐趣。

开齐、开足国家课程,不挤占、不调整,不延长学生在校时间,不加大学生作业量。利用地方及校本课程对部分学科进行补充和延伸。

每天晨读 15 分钟,眼保健操每天 5 分钟,课前 3 分钟微课,每天大课间 1 小时。

(二) 实施地方及校本课程

拟定《隆化第六小学校国家课程校本化实施方案》,语文学科重点提升阅读能力,数学学科重点提升思维能力;其他学科结合相应的《课程标准》进行开发与调整。

校本课程实施过程。问卷调查—课程审定—学生选课—组织编班—课时安排—组织管理—评价反馈

开学第一周针对上期课程进行问卷调查。根据调查结果及教学资源、师资力量调整课程设置。学生在学校提供的课程内容中自主选择,先选择校级课程,校级课程的选择由学生自主选择与教师推荐相结合,校级课程如果满员,再在年级课程中选。汇总学生报名情况,结合学校硬件设施及师资情况编排班级,安排授课教师及授课地点。每期从第二周起开展校本课程,每期教学时间为 16 课时。一二年级在周二下午第二节课实施,三至六年级在周三下午第二节课实施。授课教师即选课学生管理者,每次上课前清点人数,实施教学。学校教导处为校本课程管理者,督查课程落实情况。每期学生对所选课程进行投票评价、教师对所上课程进行反思。

地方和校级选修课程由学校选派专业老师实施。课程老师认真分析学情、选择内容、制定计划,将课程内容与课时安排进行梳理,制定课程实施纲要及活动纲要进行教学;课前教师认真备课、认真考勤、严格纪律、确保课程质量。

五 课程评价

课程的评价需要不断反思课程开发过程中出现的各种问题,

自我批评、自我激励、自我改进,保证课程按需、有序开发与运行。

(一)国家课程的评价

语文、数学等学科采用阶段性检测及质量监测进行评价;艺体学科通过技能测试、体育节、艺术节、六一展示、各种竞赛评价学生学习过程。根据学生参加学习的态度,以及检测、考查结果,学期结束以《学生综合素质评价报告册》为载体,分为"优秀"、"良好"、"合格"记录。提倡鼓励性评价。

课堂教学效果通过《礼让三分小组评价手册》《礼让三分小组比拼台》等监测评价;参与活动效果采用《雏鹰争章手册》记录。

(二)地方及校本课程的评价

课程教师根据每个学生参加学习的过程、态度和结果,采用实践操作、作品鉴定、竞赛、评比、展演等形式丰富"成长记录袋"内容。突出过程性评价,并及时对开设的课程进行调整。

六 课程保障

(一)组织保障

```
        课程组组长
        (校长总负责)
    ┌──────┼──────┐
课程开发领导小组  校本课程审核领导小组  课程建设考核领导小组
(教导主任负责)  (教科室主任负责)  (副校长负责)
```

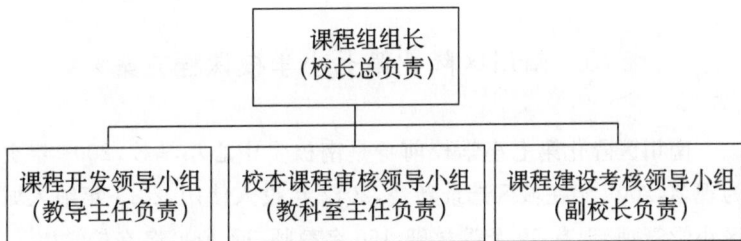

图 2 学校课程组织机构

(二)机制保障

完善《课程开发奖励制度》《校本课程实施方案》《校本课程审议制度》《学生选课制度》《教学成果奖励制度》《备课组活动制度》《教研制度》《外聘教师管理制度》。

加强师资队伍建设,开展课题研究,加大培训力度,成立名师工作室,支持教师外出学习培训,聘请专家到校讲学,通过教研、赛课、阅读三大活动提升教师专业素质。每期以年级为单位开展教研活动,每周二上午第一节课全体语文教师、周三全体数学教师、周四艺体学科教师以教研组为单位教研活动,第二节课集体研讨。

亮相课(新教师)、青年杯(35 岁以下)、阳光杯(35 岁以上至 45 岁以下)、成功杯(45 岁以上至 50 岁以下)、成就杯(50 岁以上至 60 岁以下)等全员参与课堂教学竞赛活动。每期组织教师阅读教育专著和各类书籍,定期开展读书心得交流展示活动。

对教学硬件设施进行整体规划,建成包含图书室、阅览室、微机室、语音室、实验室、科技室、学生活动室、练功房、音乐厅等功能室。

校本课程实施中坚持"评估—申报—审议—选课—开课—评价—考核—修订"等环节,确保校本课程开发的质量和水平。

通过访谈、听课、调查问卷等方式,建立自评,同伴互评,家长评,学校考评相结合的评价机制。

(三) 经费保障

加大教师学习培训的经费,增加学校课程建设经费投入,提供研究及奖励基金。

(负责人:李成中　成员:黎兴梅

吴佳佳　严益红　梁　群)

2.5　南川区隆化第七小学校课程方案

南川区隆化第七小学校前身是南极乡中心小学校,2007 年更为现名,2009 年在城区选址新建,2012 年投入使用,2013 年纳入城区小学管理,现有 59 个教学班,150 名教师,近 3000 名在校学生。

一　编制依据

本课程方案的编制基于国家政策要求和学校办学实际需要。

《基础教育课程改革纲要(试行)》对课程改革目标、课程结构、课程标准、教学过程、教材开发与管理、课程评价、课程管理等各个方面都作了明确规定。《重庆市教育委员会关于调整普通中小学课程计划的通知》(渝教基〔2012〕21 号)对各年级课时总数、国家课程、地方及辅助活动课程作了具体的安排,对开发校本课程、开展实践活动以及课程育德等方面作出了明确的指导。

学校自建校以来一直秉承着"习惯铸就人生"的办学理念,习惯养成教育是学校的传统。2013 年划为城区小学后增加了"基础、自信"这两个元素,把"习惯奠基,铸就自信人生"确立为新的办学理念,把坚持"习惯良好、基础扎实、自信阳光"作为学校的培养目标。

近两年,虽然学生基础知识较好,学校教学质量在南川区小有名气,但是生源主要是城乡结合部的留守儿童,父母无固定职业,外出打零工的居多,孩子行为习惯差,性格娇纵、孤僻、自卑等问题突出。由此自信教育,自信成长已成为学校教育的重要生发点。

二　课程目标

(一)总目标

养成良好习惯,习得扎实基础,拥有自信品格。

(二)具体目标

1.养成文明守纪、健体乐学的良好习惯

热爱祖国,热爱家乡,热爱集体,热爱家庭;关爱生命,遵守公共秩序,有安全卫生意识,懂得自我保护,举止文明有礼;勤于思考,乐于阅读,善于学习;喜欢体育活动,积极坚持体育锻炼。

2.习得知识全面、技能明显的扎实基础

掌握课程要求的文化科学、艺术审美基础知识;学会听、说、读、写、算、书、唱、画、踢、跳、跑等基本技能;在学习和生活中能运用所学体现创新。

3.达成敢于展示、善于展好的自信品格

能正确评价自己,赏识自我,大胆展示,大声表达;在交流与合作中学会尊重和包容,能取长补短;能在活动中选择恰当的方式展示自己的长处。

三　课程结构

(一)课程结构

分国家课程、地方及校本课程两大类。国家课程按照重庆市课程计划安排一二年级 19 节,三四年级 24 节,五六年级 25 节。地方及校本课程按照习惯健康,基础拓展,自信展示的思路来设计,一二年级 7 节;三四年级 6 节,五六年级 5 节,合计国家课程占80%,地方及校本课程占 20%。课程结构图(见图 1)

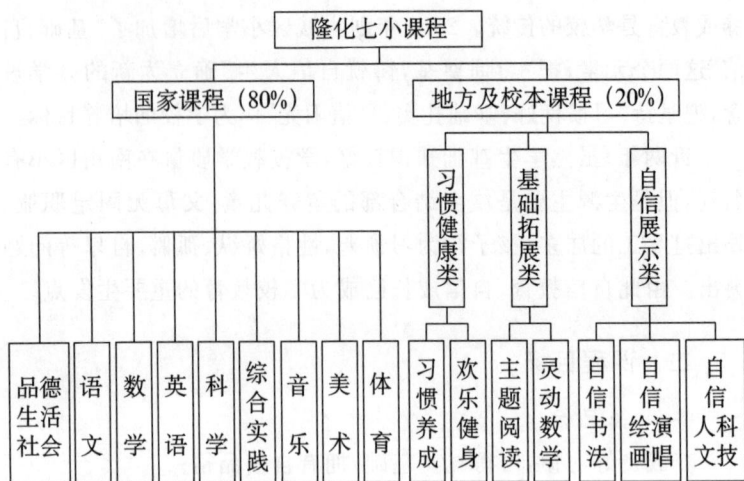

图 1　学校课程

（二）课程设置明细表

表 1　课程设置明细

科目	周课时 / 年级	一二年级	三四年级	五六年级
	品德与生活	3	2	2
	科　学		2	2
	语　文	5 书法 1	5	5
	数　学	4	4	5
	英　语		3	3
	体　育	3	3	3
	美　术	1	1	1
	音　乐	2	2	2
	综合实践		2	2
地方及校本课程	习惯养成	1	1	1
	欢乐健身	1		
	主题阅读	1	1	1
	灵动数学	1	1	1
	科技之窗			
	自信书法	1	1	1
	自信演唱（绘画）	1	1	1
	自信人文（科技）	1	1	
合计	周总课时数	26	30	30

3～6 年级习惯养成与欢乐健身共设 1 节,原则上雨天上"习惯养成",晴天上"欢乐健身";1～4 年级分单周上"自信演唱","自信人文";双周上"自信绘画"、"自信科技";5～6 年级单周选修"自信演唱"(绘画),双周选修"自信人文(科技)"。

(三) 课程与目标的关系

课程与目标达成两个方面的对应关系:一方面品德与生活(社会),习惯养成,两门课程主要指向良好的习惯目标。语文,数学,英语,科学,综合实践,音乐,美术,体育以及主题阅读,灵动数学,十门课程主要指向扎实的基础目标。欢乐健身,自信书法,自信演唱(绘画),自信人文(科技),四门课程主要指向自信的品格目标。另一方面每一门课程都必须指向课程目标所包含的良好习惯,扎实基础,自信品格三个维度。

(四) 课程设置选修和必修

1. 国家课程按课标教材实行班级授课制,全员必修。

2. 地方及校本课程,必修课程执行班级授课制,选修课程执行同年级走班制,其选修具体课程由年级组根据师资情况,在相应的欢乐健身,自信书法,自信人文(科技),自信绘画(演唱)的课程框架下作适当调整。必修和选修课程设置如下:

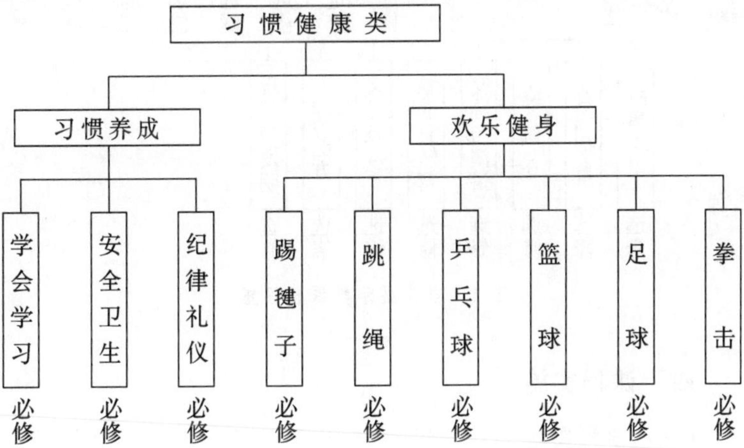

图 2　习惯健康类课程设置

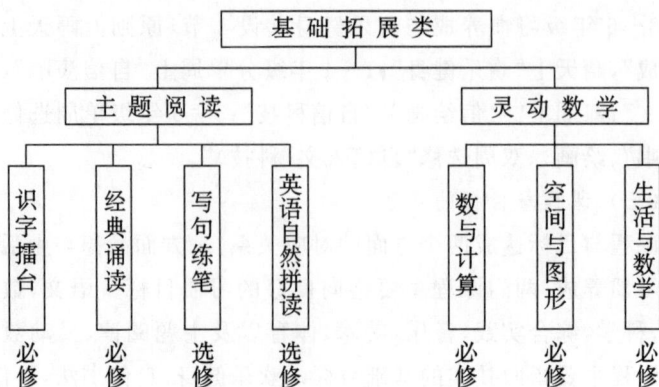

图 3　基础拓展类课程设置

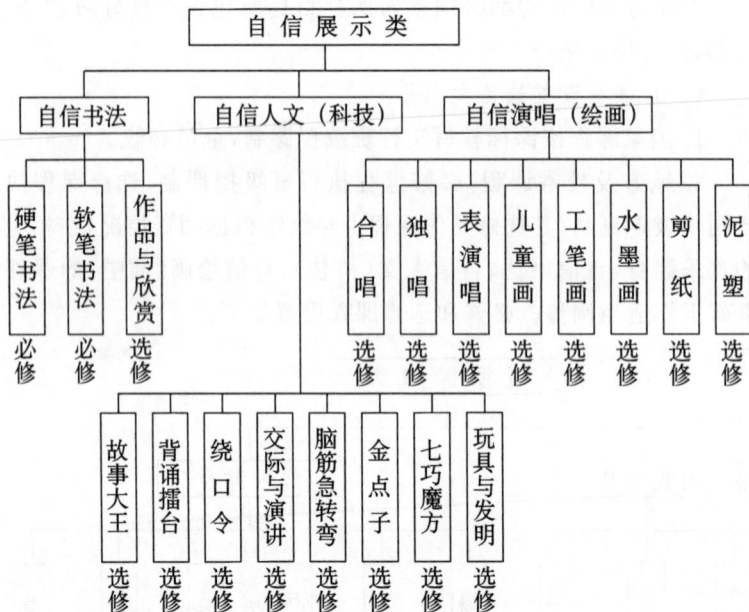

图 4　自信展示类课程设置

四　课程实施

（一）学校实施

1. 围绕"习惯奠基，铸就自信人生"的办学理念，按"习惯养成、自信成长、风采展示"的格局规划校园文化和班级文化。采用新进和培养专业教师，"一师一课（国家课程）一地（地方及校本课程)"补足缺口教师,主讲教师带动辅助教师三种模式缓解师资问题。课程领导小组每月督查、记载、通报课程开展情况。

2. 依据《国家课程标准》《学校课程方案》制定《学科教学基本标准》,强化目标管理和计划管理。抓阶段练习课、单元复习课、期末(毕业)复习课、试卷讲评课等多种课型研究,拓宽课堂教学细节研究领域。抓全程管理,把课堂教学的有效性从课内扩大到课前—课中—课后。

3. 地方及校本课程执行年级相对集中排课,便于专业教师集中指导和学生走班选修。

具体排课时间如下:

表 2　地方及校本课程排课

课程	一年级	二年级	课程	三年级	四年级	课程	五年级	六年级
习惯养成	1	1	习惯养成	1 周三下午第二节	1 周四下午第二节	习惯养成	1 周五下午第二节	1 周二下午第二节
欢乐健身	1 周一下午第一节	1 周二下午第一节	欢乐健身			欢乐健身		
主题阅读	1 周五下午第一节	1 周五下午第一节	主题阅读	1 周五下午第一节	1 周一下午第一节	主题阅读	1 周一下午第二节	1 周五下午第二节
灵动数学	1 周五下午第二节	1 周五下午第二节	灵动数学	1 周一下午第一节	1 周五下午第一节	灵动数学	1 周二下午第二节	1 周一下午第二节
科技之窗			科技之窗			科技之窗		
自信书法	1 周二下午第一节	1 周一下午第一节	自信书法	1 周四下午第二节	1 周五下午第二节	自信书法	1 周四下午第二节	1 周三下午第二节
自信演唱(绘画)	1 周四下午第一节	1 周三下午第一节	自信演唱(绘画)	1 周一下午第二节	1 周二下午第二节	自信演唱(绘画)	1 周三下午第二节	1 周四下午第二节
自信人文(科技)	1 周三下午第一节	1 周四下午第一节	自信人文(科技)	1 周四下午第二节	1 周三下午第二节	自信人文(科技)		

（二）教师实施

1. 国家课程的实施

拟定学期培养目标，细化教学内容，制定教学计划，实施考核评价。通过集体备课、年级教研，梳理基础知识要点，制定符合学情的基准教案，制作基准练习，建立校内教学资源包。

实践"激趣导入—自学探究—小组交流—归纳导构—迁移深化"学校五步导学模式。深入研究教学目标设计，课堂提问，知识联结，情感体验等课堂教学细节。培养学生学习习惯，增强学生学习兴趣，提高学生学习能力。

提高备课的针对性，重视作业批改与学习辅导，发挥激励、导向、诊断、矫正的评价功能，提高教育教学效率和质量。

2. 地方及校本课程的实施

申报自己喜欢的课程，选择自己感兴趣的内容开展教学。所授课程有清晰的目标表述，科学的内容设计，细致的实施要求、合理的评价办法。使用他人书籍作为教材的，须根据学生情况进行校本改造，必须具备相近的授课计划和教案；使用自编教材或者讲义的，必须有比较详尽的文本。授课材料须报经学校课程处备案或检查。

改革教学模式，尽可能为学生提供课堂展示的机会，设立"自信成长开放日""自信成长展示节"为学生搭建展示平台。

五　课程评价

针对"养成良好习惯，习得扎实基础，拥有自信品格"的课程目标，分教师和学校两个层面采用积分量化的考评办法对学生学习过程和目标达成情况开展评价。

（一）任课教师对学生课程学习进行过程性评价

积分量化公式：过程性评价积分＝基础分＋习惯分＋自信分

备注：基础分是指每一门课程设 10 分的基础分。习惯分是指教师根据课堂观察和组织同伴互评，对个体学生执行每次不良习惯 0.1～0.2 分扣分。自信分是指根据学习过程的自信展示或突出表现，对个体学生执行每次 0.1～0.5 分加分。

教师要积极发现、培养、推荐表现突出的学生参加学校自信展示活动和其他各种层面的自信展示。

（二）学校对学生课程学习的综合性评价

积分量化公式：综合性积分＝基础分×（基础系数＋习惯系数＋自信系数）

基础分是指个体学生期末素质联合纸质测试得分率（测试得分/学科总分）乘以10，保留一位小数。基础系数设为常数1。习惯系数是指班级评比10％的好习惯学生可增加0.2的系数，同时任课教师对某一课程学习习惯差的学生执行扣0.1的系数。

自信系数：每学期的第四学月分年级举行学生自信成长展示及系数认定活动。学校课程领导小组组织相关考评人员，根据学生成长记录的奖状、视频以及现场展示，分校级、区（县）级、省（市）级、国家级按每人次0.1,0.2,0.4,0.8的系数进行认定和统计。

（三）评价结果的使用

班主任结合成长记录袋、任课教师过程性评价以及学生现场展示，填写《南川区隆化第七小学校学生综合素质报告册》与学生和家长交流。学校根据综合性评价，评出"优秀学生提名奖""优秀学生奖""优秀毕业学生奖""优秀毕业学生金奖"。

六 课程保障

（一）组织保障

学校成立基础教育课程改革办公室，由校长任课改办主任，主管学校课程建设工作。由分管教学副校长任课改办副主任主抓学校课程的管理和实施工作，下设课程处、学科中心组等研发和管理团队。

课程改革办公室牵头编制课程方案，聘请区内外专家、学者、辅导教师成立专家指导团队。课程处负责组建学科中心，审核《学科课程纲要》或《学科教学标准》，负责学科中心组长的培训考核，督促学科中心的研究进展，总结梳理学科中心的研究成果。学科中心负责编制《学科课程纲要》或《学科教学标准》，培训学科教师；收集、归纳、整理档案资料，组织、督导、考核学科教师；向课程处汇报课工作进展和成果。

（二）制度保障

完善民主、开放、高效的教学模式及课程管理制度。建立《学科课程纲要编写与教学研究制度》《课程审核制度》《课程计划实施督查通报制度》《课程开发实施表彰制度》《课程实施经验交流和展示汇报制度》《课程选修制度》。

（三）资源保障

学校在人、财、物等课程资源方面给予保障。一是整合优化师资队伍，通过学习、培训、反思，提升其业务水平，适时聘请专业教师，优化课程改革骨干师资力量，培养高素质的教师团队；二是调适学校的支出结构，确保课程研发、管理和实施的必备经费；三是确保课程建设的场地、设施、设备、网络资源及物资需求。

（负责人：唐科忠　成员：张季松

周仁芳　向　涛　程光勇）

2.6　南川区隆化第二小学校课程方案

南川区隆化第二小学校创建于 1932 年，至今已有 80 多年历史。我校现有 35 个教学班，学生 2300 余人，教职工 100 余人，为进一步深化基础教育课程改革，全面提升教育质量，努力打造高质量、有特色的南川区级名校，特制定本方案。

一　课程依据

（一）政策依据

《国家基础教育课程改革纲要》中指出：改变课程管理过于集中的状况，实行国家、地方、学校三级课程管理。教育部《关于全面深化课程改革落实立德树人根本任务的意见》中指出"充分发挥课程在人才培养中的核心作用，进一步提升综合育人水平，更好地促进各级各类学校学生全面发展、健康成长"。重庆市教委《关于调整普通中小学课程计划的通知》（渝教基〔2012〕21 号）要求开设义务教育阶段课程辅助活动。

（二）办学条件

南川区隆化第二小学校处于城乡结合部，是一所以素质教育、书香校园和科普校园为特色的城区小学。学校教学工作长期处于领先地位，在课题研究和课堂模式研究方面有较好的基础，现已初步形成了"全面育人、个性发展"的办学理念和"打造人文书香校园、促进学生全面发展"的办学特色。

（三）学生需求

通过调查了解,学校部分学生文明礼仪教育缺失,课外阅读量严重不足,体育艺术特长的发展欠缺。大多数学生渴望通过开设礼仪教育、经典诵读和艺体特长等课程,学习不同领域的知识,发展自身的个性特长。

二 课程目标

（一）总目标

全面发展,健康成长。

（二）具体目标

1.学生具有良好的品行习惯,学习习惯和生活习惯,并形成良好的健康生活情趣。

2.学生具有较强语言表达能力和学习能力,掌握学科基础知识,并形成良好的知识技能。

3.学生在艺术、体育、科技等方面具有较浓的学习兴趣,并形成良好的艺术、运动、科技技能。

三 课程结构

（一）学校课程结构

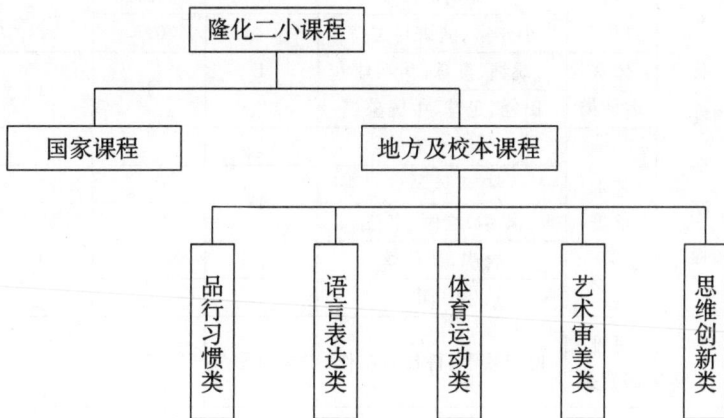

图1 学校课程

国家课程是学生基本知识和技能的保证,要发展学生的个性特长还需要地方及校本课程加以补充,为了弥补国家课程的不足,体现学校特色,我校将地方课程和课程辅助活动统筹设置了品行习惯类、语言表达类、体育运动类、艺术审美类、思维创新类共24门课程。

(二) 学校课程设置总表

表1 学校课程设置

课程	周课时 / 年级		一二年级	三四年级	五六年级
国家课程	基础课程	品德与生活(社会)	3	2	2
		科学		2	2
		语文/书法	5+1	5	5
		书法	1		
		数学	4	4	5
		英语		3	3
		体育	3	3	3
		综合实践活动		2	2
		艺术	3	3	3
		周课时数	19	24	25
地方及校本课程	品行习惯类	班队会、安全教育、环境教育	1	1	1
		礼仪教育	1	1	
		中国传统节日教育			0.5
	语言表达类	经典诵读	1	0.5	0.5
		小作家、演讲与主持		0.5	
	体育运动类	跳绳、篮球、乒乓球	1	1	1
		田径、足球、中国象棋			
	艺术审美类	手工	1		
		口风琴	1		
		舞蹈、绘画、书法		1	1
		合唱、葫芦丝			
		摄影			
	思维创新类	趣味数学、科技与制作	1	1	1
		周课时总量	26课时	30课时	

此表严格按照重庆市教委《关于调整普通中小学课程计划的通知》（渝教基〔2012〕21号）文件的要求来设置，其中国家课程中的艺术3节包括音乐和美术两门学科。国家课程中一二年级的书法1节，面向全体学生，使学生掌握正确的书写方法，养成良好的书写习惯，选修课中的书法，培养部分学生的书法艺术特长。综合实践活动每周安排1节信息技术课，三至六年级还分别安排了不同的实践活动，三年级种花护花、四年级扫墓活动、五年级学雷锋实践活动、六年级敬老爱老活动。

（三）课程分级细目表

表2　课程分级细目

年段/年级	国家课程（必修）	地方及校本课程	
		必　修	选　修
低段（1、2年级）	品德与生活、语文、书法、数学、音乐、体育、美术	礼仪教育、经典诵读、安全教育、趣味数学、班队会、环境教育	舞蹈、口风琴、跳绳、手工、绘画、书法
中段（3、4年级）	品德与社会、语文、数学、英语、科学、音乐、体育、美术、综合实践活动	礼仪教育、经典诵读、安全教育、趣味数学、班队会、环境教育	小作家、演讲与主持、合唱
高段（5、6年级）		中国传统节日教育、经典诵读、安全教育、趣味数学、班队会、环境教育	舞蹈、葫芦丝、田径、乒乓球、篮球、足球、跳绳、中国象棋、绘画、书法、科技与制作

我校的课程结构分为国家课程和地方及校本课程两类，两类课程都是以学生为中心，促进学生全面发展。国家课程和地方及校本课程中的必修课，以培养学生的基本素质为主，使每一位学生都得到保底发展；地方及校本课程中的选修课，着重培养学生的特长，促进学生个性发展，选修课由学生自主选择适合自身特点的课程。国家课程注重校本化实施，地方及校本课程抓好特色化实施。

四　课程实施

（一）国家课程的实施

1. 开齐课程、保证课时，并督导检查

全体教师严格按照课程表安排的时间、课时上好课。学校应结合本校实际、特点,逐渐探索教材的校本化处理、课程整合、教学方法的综合运用。全方位督导检查教师对国家课程的实施情况,并采取多元的方式进行评价。

2. 加强教材研究,对教材进行适度二次开发

教师要深入学习、研究课程标准,明确各学科对本学段学生学习的基本要求,让教师真正理解课程,吃透教材。教师要结合自身和学生实际对教材进行二次开发,在教研组内进行探讨、交流达成共识,最后内化成适合本班学生的实施方案并加以实施。

3. 加强学生自主学习,合作探究

学生要充分发挥学习主动性,注重独立学习、合作学习,在互动、交流、质疑、释疑的过程中积累知识、形成技能。

4. 构建高效、卓越课堂,提高课堂教学质量

积极探索"学导结合,当堂达标"课堂教学模式,构建"前测激趣""定标导学""自主学习""讨论交流""顺学善导""达标尝试""当堂训练"七环节课堂教学流程,打造高效、卓越课堂,切实提高课堂教学质量。

只有将学校、教师、学生、课堂四者有机结合起来才能保证国家课程的有效实施。

(二) 地方及校本课程的实施

必修课以学校课程设置总表的课时安排为准,按时开展教学活动,其中班队和安全教育在每周五下午第一节课实施。选修课在每周一下午(一至三年级)和周四下午(四至六年级)以走班制的形式开展活动。

学校将校本课程与国家课程、课程辅助活动、兴趣小组相结合,构建班级课堂、年级课堂和社会实践大课堂。

年级课堂由年级选派教师实施,校级兴趣小组由学校选派专业教师实施。老师认真分析学情,确定目标,选择内容,制定教学计划表,将课程内容及课时安排进行梳理,制定课程实施纲要,交课改办审议。

学生除参与校本课程必修课的学习以外,根据自己的兴趣爱好自主选择学校开设的校本课程,学习结束经考核合格后可以选择其他的校本课程。

每次上课前认真备课,上课时,教师要认真考勤,检查课堂纪律,了解教学内容,切实保证校本课程质量。

每学期末教师对自己执教的课程进行自我评价、总结经验、撰写心得体会或论文。

加强校本课程教学的常规管理,将校本课程的备课检查纳入学月常规检查中,教导处采取定期和不定期检查的形式,检查教师上课情况,查到每个班,每位教师,保证课堂活动落到实处。

对教师在实施过程中遇到的困难,课改办及时给予引导,帮助修订完善课程内容,调整实施方法。

五 课程评价

定期对学生进行质量监测、现场抽测、体质健康标准测试和综合素质评价。

设立《活动过程记录手册》,记录学生的出勤情况、学习习惯、作业完成、学习态度等方面的情况。

完善学生《成长档案》,定期开展学生自我评价,同伴评价和教师评价。

期末利用《学生综合素质报告册》对学生的品德行为、基础素养、学习效果、能力发展等课程目标的达成情况作阶段性评价。

通过学校、班级成果展示的形式开展评价。如课堂上的个人、小组展示;艺术节、运动会、读书节、科普周等活动中的才艺展示、技能展示;学校、班级橱窗的作品展示等。

六 课程保障

(一) 组织保障

设立"学校基础教育课程改革办公室",全面负责学校课程改革的规划、管理、实施、研究、指导、评价等工作。课改办下设课程建设小组和课堂改革小组。课改办主任全面负责学校的课改工作,副主任具体抓落实,课程建设小组负责学校课程规划、建设、开发等工作,课堂改革小组负责教学模式研究、推进、具体实施等工作。办公室设联络员一名,负责办公室的日常事务及联络工作。

（二）制度保障

围绕学校课程领导力建设，建立相应课程审议制度、协调管理制度、人才培养制度、推进落实制度、督导评估制度和奖惩激励制度，加强课改工作的指导，及时发现问题，总结经验。本方案应在实施的过程中根据实际情况，不断修订完善，原则上每学年修订一次，修订后的方案要经学校课改办审议通过。

（三）经费保障

学校加大经费投入。按照相关规定保障教师培训、课程建设、督导评估、嘉奖激励等方面资金的需求，加强经费使用的监督与管理，努力提高经费的使用效率。

（负责人：雷祥华　成员：蔡　明　王　川　唐文武）

2.7　南川区隆化第三小学校课程方案

南川区隆化第三小学校位于南川城区九鼎山下，创建于 1910 年，原名穿洞小学，2007 年更名为"南川区隆化第三小学校"。学校有教职工 86 人，学生 2034 人，34 个教学班。学校教学设施齐全，设备先进，教师业务精良，有大批的市、区级骨干教师，有专职的艺体老师、书法教师。为了深化课程改革，推进学校持续发展，创建书法特色学校，保证教育教学质量，培养仁爱、精进、和美的自信少年，特制定本课程方案。

一　课程依据

《国家基础教育课程改革纲要》的具体目标第六条中提出："改变课程管理过于集中的状况，实行国家、地方、学校三级课程管理，增强课程对地方、学校及学生的适应性"；教育部《关于全面深化课程改革落实立德树人根本任务的意见》中要求"明确学生应具备的适应终身发展和社会发展需要的必备品格和关键能力"；"重庆市教委在《关于调整普通中小学课程计划的通知》（渝教基〔2012〕21号）中要求"开设义务教育阶段课程辅助活动"。为了切实有效地履行课程管理的权责，落实国家基础教育课程管理政策，提高学校课程的整体质量，促进全体学生主动地发展，提升教师课程管理意识,课程建设势在必行。

隆化三校在百余年的历史积淀中,确立了"塑造精彩童年,起点有为人生"的办学理念和"仁爱、精进、和美"的校训,形成了"花果飘香果林校园、翰墨书香书法校园"的办学特色,让每一个学生在六年的小学生活中,成为仁爱、精进、和美的自信少年。

学校处于城乡结合部,学生绝大多数是农村孩子,并且是留守儿童。通过问卷调查,了解到部分学生行为习惯较差,文明礼仪未得到培养;学习习惯不好,书写较差,课外阅读严重缺失;家庭教育欠缺,家长缺乏责任心。因此,学校的课程设置既要提升学生综合素养,还要尽量满足学生多样化发展的需要。

二 课程目标

(一) 总目标

每一个学生在六年的小学生活中,成为仁爱、精进、和美的自信少年。

(二) 具体目标

1. 学习礼仪规范,做到明礼善行,养成良好习惯,做个仁爱少年
2. 掌握学习能力,养成锻炼习惯,树立创新意识,做个精进少年
3. 掌握书法技能,培养山石品格,提升艺术气质,做个和美少年

三 课程结构

根据重庆市教委在《关于调整普通中小学课程计划的通知》(渝教基〔2012〕21号),隆化三校的课程分为国家课程和地方及校

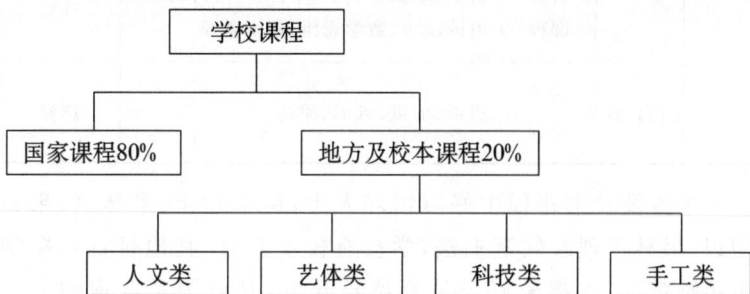

图1 学校课程

本课程。根据学校特色和办学目标,地方及校本课程分为人文类、艺术类、科技类、手工类,其中"习德课程""诵读课程""翰墨课程""果林课程"是学校的特色课程。

表1 学校课程分级明细

课程类别			课程科目	选(必)修
国家课程			品德与社会(生活)、科学、语文、数学、英语、体育、艺术(音乐和美术)、综合实践等	必修
地方及校本课程	人文类	习德课程	好习惯好人生、精彩童年、小学生守则、小学生日常行为规范等	必修
		诵读课程	《果林赋》	选修
	艺体类	翰墨课程	软笔书法	选修
		艺术课程	蜡笔画、简笔画、水彩画、舞蹈、配乐朗诵、演讲与口才、葫芦丝、合唱	选修
		体健课程	跳绳、踢毽、花样跳绳、花样踢毽、足球、乒乓球、羽毛球、篮球	选修
	科技类	果林课程	果林初识、果林护理	选修
		科普课程	拼图、小制作、魔方、小发明、科幻画、电脑绘画、数学思维、趣味数学	选修
	手工类	巧手课程	折纸、剪纸、纸编、泥塑	选修

地方及校本课程中好习惯好人生、精彩童年、果林赋、果林初识、果林护理及软笔书法,学校有校本教材,其他科目根据学生年龄特征、兴趣爱好及教师特长开设,是对国家课程的有效补充。

表 2　学校课程设置

课程及科目			一年级	二年级	三年级	四年级	五年级	六年级
国家课程		品德与生活/社会 社会/生活	3	3	2	2	2	2
		科　学			2	2	2	2
		语文/书法	5＋1	5＋1	5	5	5	5
		数　学	4	4	4	4	5	5
		外　语			3	3	3	3
		体　育	3	3	3	3	3	3
		音　乐	2	2	2（合唱0.5节）	2（合唱0.5节）	2（合唱0.5节）	2（合唱0.5节）
		美　术	1	1	1	1	1	1
		综合实践			2	2	2	2
		周课时数	19	19	24	24	25	25
地方及校本课程	人文类	习德课程	1	1	1	1	1	1
		诵读课程	1	1	1	1	1	1
	艺术类	翰墨课程	1	1	2	2	2	2
		艺术课程	1	1				
		体健课程	1	1	1	1	1	1
	科技类	果林课程				在国家课程科学中每月1节	在国家课程综合实践中每月1节	
		科普课程	1	1	1	1	1	1
	手工类	巧手课程	1	1				
		周课时数	7	7	6	6	5	5
周总课时数			26	26	30	30	30	30

国家课程中,在品德与社会/生活中,各个年级每周用 0.5 节

进行安全、法制、环境教育;三四年级的科学课中每月开设 1 节校本课程"果林科技";体育中每周用 0.5 节进行健康教育;三至六年级的音乐课中每两周上 1 节特色课程合唱;三至六年级的综合实践课中每周上 1 节信息技术,五六年级每月 1 节"果林护理,其余课时按照国家课程资源包的内容开展活动。选修课在考虑学生年段特点的基础上实行走班制。如艺术课程中,一二年级主要开设蜡笔画、简笔画、水彩画等科目,三至六年级开设有舞蹈、配乐朗诵、演讲与口才、葫芦丝、合唱等科目;体健课程中,一二年级主要开设跳绳、踢毽子、乒乓球等科目,三至六年级开设有花样跳绳、花样踢毽、足球、乒乓球、羽毛球、篮球等科目;科普课程中,一二年级主要开设拼图、科幻画、小制作等科目,三四年级主要开设科幻画、电脑绘图、魔方、小制作等科目,五六年级主要开设小发明、趣味数学、数学思维等科目。

四 课程实施

(一) 国家课程实施

在国家教育目标,课程标准的指导下,我们将根据学校的办学理念、教师资源、学生实际,从以下几个方面入手:

1. 解读课标,明晰目标体系

学校主要借助学科组集体备课和年级组教研活动等形式,认真解读课程标准,明晰学科教学目标及重点难点的分布,再深入研究教材,逐步建立目标与内容的网络结构图,落实每一个知识点和训练点,达到课程目标与教学内容的系统化。

2. 推广"精耕乐作"教学模式

学校每年举行一次骨干教师献课、每期举办一届"果林杯"课堂竞赛活动,推广"精耕乐作"四步课堂教学模式。该模式从培养学生创新精神和实践能力出发,改革传统的课堂教学,积极探索新的学习方式和教学方式,认真落实"学为主体,教为主导,疑为主轴,动为主线"的教学思想,努力实现课堂教学"结构优化、内容丰富、效率快捷、实效突出"的目标。

"精耕乐作"四步教学模式根据学校果林生长周期设计,其基本环节是:

```
教师 → 激趣导疑 → 启发导思 → 精讲点拨 → 拓展深化
 ↑        ↑        ↑         ↑         ↑
程序 → 粗放开垦 → 精耕细作 → 采果撷实 → 移花接木
 ↓        ↓        ↓         ↓         ↓
学生 → 自学探疑 → 合作学习 → 展示交流 → 应用迁移
```

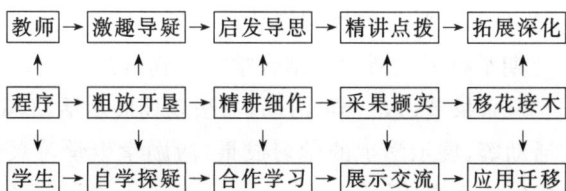

3. 整合资源拓展阅读课程

学校把诵读课程纳入课程计划,一到四年级每周一节。教材方面,学校结合"山石果林"校园文化主题,编写了《果林赋》,收集有关山、石、果、林的诗词歌赋,分成《山石篇》和《果林篇》两个篇章,作为基本的朗读教材。同时鼓励学生自备课外书籍,拓展阅读课程。

4. 二度开发部分国家课程

学校把科学、综合实践课程进行二度开发,与校园文化有机结合,以认识和护理校园内的果、树,开发了果林初识和果林护理两门校本课程。这两门课程分别在每月一节的科学和综合实践课程中落实。通过这些课程的学习,活动的参与,有效地培养了学生的劳动习惯、审美情趣、实践能力,享受了护果采果过程中的喜悦。

(二)地方及校本课程实施

地方及校本课程开发与实施以培养学生的创新精神为核心,以促进学生个性发展与健康成长为目标,优化学科课程,强化活动课程,开发特色课程。学生实行走班制,根据自己的兴趣选择学习科目,在学习活动中,让学生充分发展自我,展示自我。具体实施如下:

1. 依据教师特长安排课程,同时鼓励教师自主开发校本课程教材,实现课程落实的实效。

2. 把好校本课程的备课关,加强校本课程的常规管理,把教师的备课检查纳入每月常规检查中,要求教师根据学校备课要求,提前备课,教案中教学环节清晰,教学过程完整,突出教学重难点。

3. 抓好课堂活动检查关,采用"推门查课"的方式检查活动课,保证课堂活动落到实处,避免老师课堂走过场的现象,向课堂要质量。

4. 凸显书法特色项目。学校已经成功创建"市级书法实验学校",全校师生着力打造书法特色项目。首先是增加书法教学时间,每周两节书法课,提高书法整体水平。其次是开设书法特长提升班(星期四下午),培养书法尖子生。第三是开设翰墨之星展示台,展示当日部分学生的优秀作品。

5.定期举行展示活动。结合学校工作开展"一会三节"(运动会、科技节、采果节、六一节)活动,书法现场展示活动,师生书法作品收藏活动等,展示学生的学习成果,激励学生学习兴趣,进一步提高学生的综合素质。

五 课程评价

（一）对国家课程的评价

1.建立《过程记录手册》,记录内容包括学生的出勤、日常作业、上课参与度、学习态度等方面情况,按"优秀"、"良好"、"合格"进行过程性评价。

2.把区教委组织的各学科教学质量监测、现场抽测与学校开展的各学科素质能力考核相结合,按"优秀"、"良好"、"合格"进行阶段性评价。

（二）对地方及校本课程的评价

1.同样用《过程记录手册》进行过程性评价。

2.学校、年级、班级定期开展德育、智育、文艺、体育、科技等成果汇报展示活动,如每周一升旗仪式的班级风采展示,每月班级主题队会,学年的一会三节活动,"三独"书画比赛等,开展雏鹰争章活动。

3.学期末利用《学生综合素质报告册》对学生的品德行为、身体素质、学习品质、能力发展等情况作阶段性评价。

（三）评价结果的使用

学校对于学生的评价,老师可以通过电话、微信、微博、校讯通、家长会等途径反馈给家长,让家长了解学生在校的学习生活情况,从而改进家庭教育。学校定期开展自我评价、同伴评价、班委评价、家长评价等活动,同时进行自我或家长辅助整理《学生成长记录袋》的成长资料,记录学生的成长足迹。对于学生的所有评价,不在于甄别与选拔,只是为了促进学生成长,改进学校工作。

六 课程保障

（一）组织保障

学校建立了完善的课程管理组织机构。学校成立课程改革办公室,由校长任主任,副校长任副主任,教导处、教科室为成员。校长负责学校发展的整体规划,副校长负责课程方案的修订,教导处负责课程的安排与督导,教科室负责校本课程开发与审定。

（二）制度保障

学校制定并完善课程管理制度:课程计划实施督察制度,学年一届的"果林杯"课堂竞赛制度,每学期前两周学生常规训练制度,学年一次优秀学科组表彰制度、先进个人表彰制度、课改成果表彰制度,学期一次地方及校本课程实施经验交流和展示汇报制度,每年一次地方及校本课程开发与审议制度、课程方案修订制度。

（三）资源保障

学校在人、财、物等课程资源方面给予保障。一是整合优化师资队伍,通过学习、培训、反思,提升业务水平,适时聘请专业教师,优化课改骨干力量,培养高素质的教师团队;二是调适学校的支出结构,确保课程研发、管理和实施的必备经费;三是确保课程建设的场地、设施、设备、网络资源及物资。

（负责人:刘卫华　成员:王　毅　吕进新　张乾端）

2.8　南川区东胜小学校课程方案

南川区东胜小学校始建于 1948 年,地处城乡结合部,交通便利,环境幽雅,现有教学班 21 个,学生 966 人,教职工 62 人。历经近 70 年的发展,沉淀了丰厚的文化底蕴和优良的办学传统。为深化课程改革,促进教育均衡发展,培养基础扎实,行为习惯优良,五育全面发展的学生,努力办人民满意的教育,特制定本课程方案。

一　编制背景

为了贯彻《国家中长期教育改革和发展规划纲要》中关于"加强课程内容与学生生活以及现代社会和科技发展的联系,关注学生的学习兴趣和经验,精选终身学习必备的基础知识和技能"和《教育部关于全面深化课程改革落实立德树人根本任务的意见》中"统筹各学科,特别是德育、语文、体育、艺术等学科。同时加强学科间的相互配合,发挥综合育人功能,不断提高学生综合运用知识解决实际问题的能力。"认真执行《重庆市教育委员会关于调整普通中小学课程计划的通知》(渝教基〔2012〕21 号),根据南川实验区三年工作规划的精神,以切实推进学校课程改革,促进学生全面、主动地发展。

随着社会的不断发展,城乡一体化建设的不断推进,地处城乡结合部的我校以"为每个孩子的幸福成长奠基"为办学宗旨,以"学生基础扎实,行为习惯优良,五育全面发展"为办学目标,这就需要我们对现有的课程进行科学整合,不断拓展、开发新的课程,以满足学生的需要。

学校的课程是为学生服务的,通过对学生学习需求、身心健康、学习兴趣及人际交往等方面问卷调查发现,学生希望学校课程必须与生活和经验相联系,以丰富多彩的活动帮助他们掌握学习方法,培养实践能力。为此,学校在课程资源较为缺乏,活动场地和功能室有限的情况下,根据办学特色,最大限度地用好现有课程资源,结合校情有效安排教学内容,构建学校特色课程,从而更好地促进学生全面、自主、协调的发展。

二 课程目标

(一) 总目标

成为基础扎实,行为习惯优良,五育全面发展的小学生,为幸福成长奠基。

(二) 具体目标

1. 主动学习

通过课程学习掌握文化科学的基础知识,培养运用所学知识解决实际问题的基本技能,拓展知识领域,促进学生主动学习,提升人文素养和创新精神,发展探究能力和实践能力。

2. 习惯优良

通过课程学习让良好的行为习惯点亮人生,学会感恩党和祖国、感恩老师、感恩父母、感恩自然和社会,并为实现共同目标而交流沟通,努力践行。

3. 自我成长

通过课程学习在全面发展的基础上,发挥个性特长,能正确评价自我,赏识自我,展示自我,积极发展自我,形成良好的自我发展观和终身学习的价值观。

三 课程结构

学校根据国家、地方、学校三级课程管理要求,结合学校教育资源、办学特色等设置具有本校特色的课程结构。

（一）课程结构图

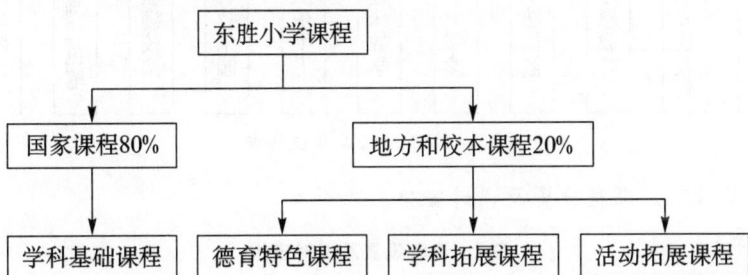

图 1 学校课程

（二）课程设置说明

学科基础课程指《重庆市普通中小学课程计划》中规定的 8 门国家课程（详见图 2）,其中一二年级设置 19 节,三四年级设置 24 节,五六年级设置 25 节。（详见表 1）

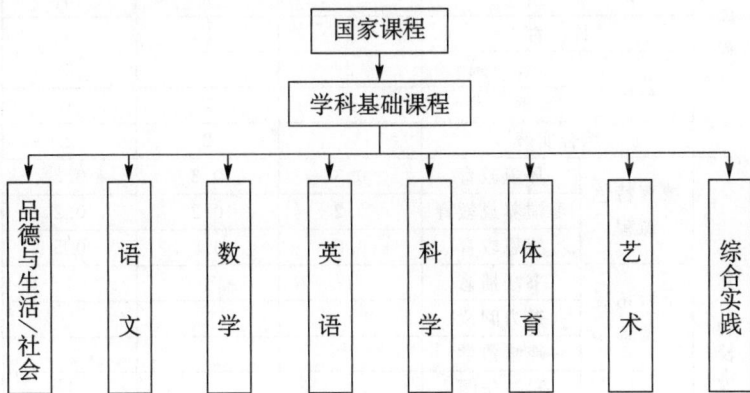

图 2 国家课程明细

《重庆市普通中小学课程计划》中规定的地方和课程辅助活动一二年级 7 节,三四年级 6 节,五六年级 5 节（详见表 1）,学校根据课程目标设置为德育特色课程、学科拓展课程和活动拓展课程。（详见图 3）

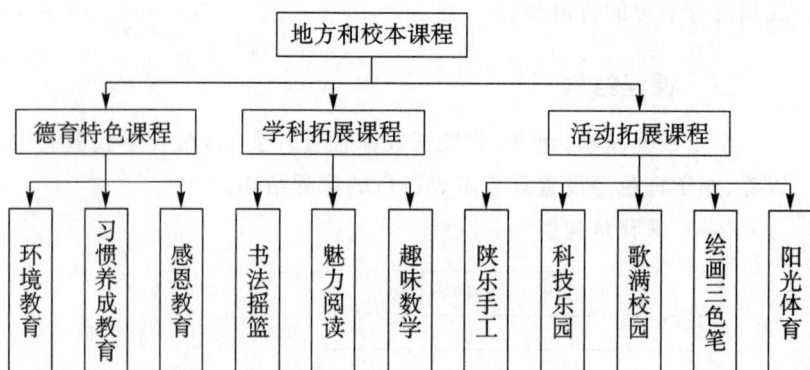

图 3 地方和校本课程明细

（三）课程设置及课时安排

表 1 课程设置及课时安排

课程类型		年级	一二年级	三四年级	五六年级
国家课程		品德与生活/社会	3	2	2
		语文/书法	5＋1	5	5
		数 学	4	4	5
		科 学		2	2
		英 语		3	3
		体 育	3	3	3
	艺术	音 乐	2	1	2
		美 术	1	2	1
		综合实践		2	2
地方和校本课程	德育特色课程	环境教育	0.3	0.3	0.3
		习惯养成教育	0.2	0.2	0.2
		感恩教育	0.5	0.5	0.5
	学科拓展课程	书法摇篮	1	1	1
		魅力阅读		1	
		趣味数学	1		
	活动拓展课程	科技乐园	1	1	1
		快乐手工	1		
		歌满校园		1	
		绘画三色笔			1
		阳光体育	1	1	1
周课时数			26	30	30

（四）课程内容说明

健康教育每周在体育课中安排 0.5 课时；环境教育每 3 周在地方课程中安排 1 课时；安全与法制教育每周在品德与生活、品德与社会课中安排 0.5 课时；信息技术在综合实践中每周安排 1 课时。

习惯养成教育和感恩教育每周在地方课中各安排 0.2 课时和 0.5 课时；一二年级趣味数学每周在地方课中安排 1 课时。

书法辅助活动、科技辅助活动、体育辅助活动、手工辅助活动、校本课程和艺术辅助活动课程按学科拓展和活动拓展类校本教材《书法摇篮》《科技乐园》《阳光体育》《快乐手工》《魅力阅读》《歌满校园》或《绘画三色笔》内容实施。

四　课程实施

（一）国家课程校本化实施

学校严格遵照《重庆市普通中小学课程计划》，全面落实国家课程，开齐所有课程，上足课时，使学生基础扎实，行为习惯优良，五育全面发展，为每个孩子的幸福成长奠基。

1. 规范管理

科学制定学科教学计划，严格执行教学"六认真"和"减负提质推素"的要求，规范教师教学行为，加强教学常规督导检查，以管理提升各学科课程实施质量。

2. 改革课堂

在区教科所"乐学善导，自主发展"课题引领下，开展"先学后教，自主互助"课堂教学模式研究，构建自主、合作、探究的课堂教学方式，努力打造"生长式"卓越课堂，开展合格课、高效课和精品课的达标和验收活动，不断提高课堂教学效率。

3. 加强教研

认真解读各学科《课程标准》，积极开展学科教材分析和集体备课活动，扎实开展人人参与的课堂教学"说作评"教研活动，结合实际抓好学科课题实验和年级小课题研究，不断提高教师课程领导力。

（二）地方和校本课程特色化实施

学校以实施"2＋2"项目、"1＋5"行动为抓手，认真开展课程辅助活动、学科技能竞赛、自我展示等活动全面落实地方和校本课程,促进学生形成良好的自我发展观和终身学习的价值观。

1. 科学设置,全面实施

根据学校实际、办学条件和师资力量,开设具有学校特色的地方和校本课程,按学生兴趣特长设置必修和选修课程,科学制定课程实施方案,利用地方和课辅课认真组织实施。

2. 编写教材,加强管理

为保证地方和校本课程的实施,组织课改办和学科骨干教师编写校本教材,做到所有课程有教材、有教案、有教师、有场地、有考核、有评价,将地方和校本课程实施落到实处。

3. 搭建平台,培养能力

学校充分利用各种比赛和展示活动为学生搭建自主发展的平台,培养学生的创新精神和实践能力,全面提高学生综合素质。

五 课程评价

学校从课程规划、课程开发、课程实施、课程管理等方面建立课程实施评价制度,制定由专家领导、学校主管部门、学生家长多方参与的学生学业评价方案。

(一) 课程质量评价

各学科基础课程以区教委组织量监测和现场抽测与学校自主实施的阶段性评价为主,地方和校本课程评价内容以活动参与、素质展示为主,定期以风采展示、星级评比形式反馈实施效果,对课程实施质量进行多方位的全面评价。

(二) 学生素质评价

进一步完善学生综合素质评价办法,采用自我评价、相互评价、学业成绩评价三结合的评价方式,综合评价学生素质,并以《学生综合素质报告册》书面呈现评价结论,便于收集课程实施反馈意见,作为课程更新的依据。

六 课程保障

(一) 建立研发团队

建立以研究、培训、指导、管理、评价等为主要职责的课程领导力团队。

（二）开展科研培训

借助教育部课程教材中心平台，通过学习培训，提高课程建设能力，采用立项研究、案例培训、现场教学、名师带教、交流展示等方式，培养一批致力于课程教学改革的骨干教师。

（三）完善管理制度

科学拟定课程改革实施方案和三年推进计划，制定课改实施流程管理制度，采用全员行动、培训调动、骨干带动、赛课促动和青蓝联动等形式全面推进学校课程建设。

（四）教育装备建设

大力推进"三通两平台"建设，完善"六大功能室"，配齐教学器材，建立资源库，强力推进信息技术在教学中的应用，优化教育教学方式，提高教育教学质量。

（五）加强经费保障

学校投入一定的专项经费，设立课程建设实施的研究及奖励基金，保证校本课程资源的开发和建设。

（六）课程更新机制

学校根据课程的开展、评价及反馈情况，对地方和校本课程内容进行更新。

（负责人：周光文　成员：王　红
庞　波　金维刚　王　芬）

2.9　南川区木凉镇中心小学校课程方案

重庆市南川区木凉镇中心小学校始建于 1950 年，位于南川区北部"农业生态大观园"核心园区内，地处重庆市"1 小时经济圈"，交通便捷，环境优美。学校占地 22 亩，教职员工 35 名，学生 191 名。为了深化课程改革，推进学校的持续发展，满足学生多元化发展需求，保证教育教学质量，成为健康快乐、习惯良好、基础扎实、兴趣广泛的学生，特制定本课程方案。

一　课程依据

（一）政策依据

以《基础教育课程改革纲要（试行）》（教基〔2001〕17 号）中关于

"加强课程内容与学生生活以及现代社会和科技发展的联系,关注学生的学习兴趣和经验,精选终身学习必备的基础知识和技能。"《国家中长期教育改革和发展规划纲要》(2010—2020)中要求"关心每个学生,促进每个学生主动地、生动活泼的发展,尊重教育规律和学生身心发展规律,为每一个学生提供适合的教育。"《教育部关于全面深化课程改革,落实立德树人根本任务的意见》(教基二〔2014〕4号)文件提出的"立德树人"中要求"明确学生应具备的适应终身发展和社会发展需要的必备品格和关键能力"中相关要求。《重庆市教育委员会关于调整普通中小学课程计划的通知》(渝教基〔2012〕21号)文件中课程设置要求为指导思想编制学校课程方案。

(二) 现状背景

我校课程追求的是让每一个生命实体(学生)在良好的条件下,健康、快乐、自然、和谐地学习、发展、生长。基于对以上教育思想的理解,我校以"生态文化"为出发点,确立了"学会学习、学会生活、学会创新"的育人目标,"生机、生命、生长"的办学理念,已形成初步的课程哲学,构建了"生态课堂"教学模式。

(三) 学生需求

翻开学生的民意调查,我们发现:原来每个孩子都渴望在国旗下展示自己的风采;诠释孩子的兴趣,我们发现:孩子的兴趣是广泛的,说不定"艺术家、文学家、运动冠军"就在我们一次活动、一次鼓励中萌芽;关注孩子的个性,我们发现:个性的差异决定了课程选择的差异。因此,学校应尽量满足学生多样化发展的需要,设置可供学生选择的学校课程。

(四) 学校及社区发展的需要

我校一向坚持以激情点燃校园,以特色引领发展,以质量取信百姓。无论学生、教师的激情激发,还是学校特色建设,还是教学质量提升都需要在全面落实课程规划中实现,课程建设是学校工作的抓手。在学校课程建设中与家庭,社区积极配合,开设"让人愉悦、充分自主、体验成功"的系列课程,为学生提供主动发展的机会,让学生在生活、交往方面成为具有时代特点的富有朝气充满活力的小学生也是社区与学校的共同期望。

（五）学校的课程资源

学校教学硬件设施齐全,为学生多样化发展提供了必要的条件;有多名市、区、校级骨干教师,丰厚的人力资源为选修课程的开发提供了夯实的基础。其次,学校地处"重庆市农业生态大观园",有着丰富的种养殖基地和学生校外实践基地,同时有大批的校外兼职辅导员队伍,为学生走出课堂、走出学校、走进企业、走进农村提供了强有力的支撑和保障。

二　课程目标

（一）总体目标

成为健康快乐、习惯良好、基础扎实、兴趣广泛的学生。

（二）具体目标

1. 掌握有关身体的健康知识和科学健身方法,坚持锻炼、增强体能,养成健康的生活方式,形成积极向上、乐观开朗的生活态度。

2. 养成自尊自爱、注重仪表、诚实守信、礼貌待人、遵规守纪、勤奋学习、勤劳俭朴、遵守公德的良好习惯。

3. 掌握国家课程要求的各学科基础知识,学会听、说、读、写、算的基本技能。

4. 学会艺术、体育两项基本技能和至少两项个性发展的特殊技能,具有广泛的兴趣和爱好。

三　课程结构

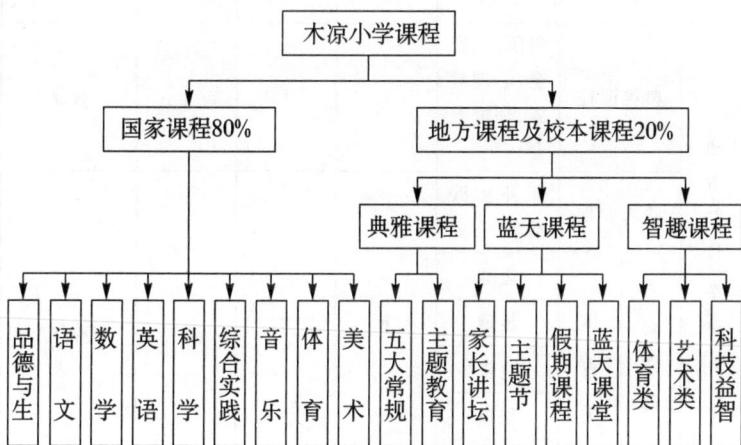

图 1　学校课程

国家课程、地方课程及校本课程是有机的统一体,国家课程是基础是底线是重点,地方课程及校本课程是国家课程的有力补充,是培养学生学习兴趣,发挥学生个性特长的重要载体。学校课程总体分两部分:国家课程和地方课程及校本课程。国家课程,主要指学科基础课程即国家课程中相应的学科科目;地方课程及校本课程包括典雅课程、蓝天课程、智趣课程。

表1　学校课程设置

课程名称 / 周课时 / 年级			一二年级	三四年级	五六年级	
国家课程	品德与生活/社会		3	2	2	国家课程主要通过保证相应课时的课堂教学实施。 必修
	科学			2	2	
	语文		5	5	5	
	书法		1			
	数学		4	4	5	
	英语			3	3	
	体育		3	3	3	
	综合实践			2	2	
	艺术(音乐/美术)		3	3	3	
地方及校本课程	典雅课程	班团队、安全(心理健康、环境教育)	1	1	1	必修
	蓝天课程	课外实践活动	2	1	1	选修
	智趣课程	体育类	篮球			
			足球			
			跳棋			
			象棋			
			军棋			

（续表）

课程名称 \ 周课时 \ 年级			一二年级	三四年级	五六年级	
地方及校本课程	智趣课程	艺术类：合唱、电子琴、舞蹈、绘画、手工剪纸、书法	2	2	1	选修
		科技益智类：机器人、车船航建模、魔方、古代益智	2	2	2	选修
周课时总量			一二年级26课时，三四五六年级30课时。			

健康教育每周在体育课中安排0.5课时；环境教育每三周在地方课程中安排一课时；安全与法制教育每周在地方课程或品德与生活、品德与社会、思想品德课中安排0.5课时。

表2 地方及校本课程内容

地方及校本课程	典雅课程	主题活动	感恩教育	利用班团队课、升旗仪式、品德课和所有课程进行尊敬师长、孝敬父母、礼貌待人等教育。九月尊师爱生月，十二月感恩身边的人的主题活动。
			入学教育	每学年开学对一到六年级学生进行入学收心教育，特别对一年级新生进行各项常规教育。
			毕业典礼	每学年六年级毕业季进行毕业教育。
			习惯训导	利用班团队课、升旗仪式、品德课和所有课程进行自尊自爱、注重仪表、诚实守信、礼貌待人、遵规守纪等教育。
			升旗仪式	每周一对学生进行德育教育。

地方及校本课程	典雅课程	主题活动	班团队活动	每周一班团队课,每月班团队活动。
			家长论坛	利用家长资源开展心理健康、卫生防疫、生活技能等方面教育。
		日常活动	班级风采展示	由学校统一安排,轮流展示,周一早上时间为30分钟。
			五大常规	安全、两操、礼仪、内务、卫生常规教育,每周进行评比。
			节假日课程	中秋、端午、清明等传统节日学校统一活动,班级实施、评价。
			魅力展示	每期全校集中展示一次。(结合少年宫展示活动)
			体育节	一到六年级	每年十一月开展学生达标运动会。
			艺术节	一到六年级	五月艺术节。
			小课题研究	五六年级	利用综合实践活动课开展。
			科技节	三到六年级	每年四月科普活动月,并组织学生参观重庆市科技馆。
			实践活动	一到六年级	每期开展一次课外实践活动。
		假期课程	假期学本领	一到六年级	利用寒暑假完成种养殖体验、假期学本领、巧手小作坊、迅捷的网络,开学交流展示。
			种养殖体验	一到六年级	
			巧手小作坊	一到六年级	
	智趣课程	体育类	篮球	三到六年级	全校实行走班制学习。每周二、四下午半天一到六年级开展活动。每个学生选修二门课程。
			足球	一到六年级	
			跳棋	一到六年级	
			象棋	一至四年级	
			军棋	一到六年级	
		艺术类	合唱	一二三年级	
			电子琴	三至六年级	
			舞蹈	一至六年级	
			绘画	一至三年级	
			手工剪纸	一二年级	
			书法	一到六年级	

（续表）

地方及校本课程	智趣课程	科技益智类	机器人	三至六年级	
			车船建航模	三到六年级	
			魔方	一到三年级	
			古代益智	一到三年级	
	葫芦丝		每两周用一节艺术（音乐）中安排 1 课时。		
	周课时总量		一二年级 7 课时，三四年级 6 课时，五六年级 5 课时。		每课时 40 分钟。

严格按照重庆市教育委员会印发的《重庆市教育委员会关于调整普通中小学课程计划的通知》精神，结合本校实际和课程目标，落实相关要求，开齐上足上好各类国家课程，合理分配课时，为学生成长和全面发展打基础。地方课程及校本课程包括典雅课程、蓝天课程、智趣课程。一二年级共开设 6 节课，三四年级共开设 6 节课，五六年级共开设 5 节课。典雅课程中的班团队、安全（心理健康、环境教育）课和智趣课程中的书法为一至六年级必修课。每周二周四下午分体育类、艺术类、科技益智类选修。典雅课程包括班团队、升旗仪式、入学教育等主题活动和五大常规日常活动；蓝天课程包括艺术、体育、科技主题节和课外实践活动以及假期体验课程；智趣课程包括体育类、艺术类和科技益智类。葫芦丝每两周在一节艺术（音乐）中安排 1 课时。

四　课程实施

严格按照渝教基〔2012〕21 号重庆市教育委员会印发的《重庆市教育委员会关于调整普通中小学课程计划的通知》文件精神，结合本校实际和课程目标，落实相关要求，开齐各类课程，合理分配课时，为学生成长和全面发展打基础。

（一）国家课程校本化实施

国家课程校本化实施中，学生用主动、自主、合作探究学习的方式，活泼愉快，充满活力。

1. 课标学习

用学、思、问、考、用的方式进行新课程标准的学习与实践。把握各年段各学科课程学习要求。

2. **课堂教学模式实践研究**

以"551"生态课堂教学模式,切实把握在课堂情景引入时创设生态、在自主学习时尊重生命、让小组合作时充满生机、在交流展示时处理生成、在检测运用时促进生长。

3. **课本解读**

学生在教师的引导下,以教材为中心,分学科、分册、分课时找准知识点、重难点、考点、易错点。

4. **课堂实践**

强调教学方式、学习方式彻底转变,每堂课学生自主学习时间不少于20分钟。

5. **课例研究**

紧紧围绕课例进行研究,扎实开展磨课研讨活动,学生在课堂教学的积极性和主动性受到重点关注。

6. **课题研究**

用科学合理的方法灵活处理学习实践中学生出现的问题。在学习实践活动中不断研究,提高学习效率。

(二) 地方及校本课程特色化实施

1. **典雅课程**

每天开展安全、两操、礼仪、内务、卫生五大常规教育。利用班团队课、升旗仪式、品德课等课程,养成自尊自爱、诚实守信、勤奋学习、勤劳俭朴、坚持锻炼的良好习惯。每月利用家长资源开展心理健康、卫生防疫、生活技能等方面教育。每期利用中秋、端午、清明等传统节日,分班开展我与家人共团圆、快乐过端午、缅怀先烈献爱心等主题教育活动。

2. **蓝天课程**

每期参加一次课外实践活动,结合地方文化、旅游特色参观科技馆、玫瑰园、挂面厂等进行科普教育和生活体验。利用寒暑假进行种养殖体验、假期学本领、巧手小作坊等综合实践活动,开学交流展示。

3. **智趣课程**

教师根据自身专业、能力自主申报课程。开课老师依据课程纲要在课程实施过程前撰写教学计划,确定目标,选择内容,再根据学生年龄特点编写成课程活动方案。

每周二、四下午两节课为校本选修课程时间,学生分年级根据自己意愿选择自己喜欢的课程,打乱编班,实行走班上课。

五　课程评价

以学生健康、快乐、自然、和谐地学习、发展、生长为评价导向,尊重学生生命成长的自然规律,为不同学生在不同年龄段的发展提供可选择的课程,使课程评价服务并激活学生成长的每一步。

(一)国家课程评价

1. 采用星级评定对学生实行过程性评价

根据学生在小组合作学习实行积分量化评比,重点评价探究交流中的发言次数、效果和作业完成情况,对优秀学生每周每月进行表彰。

2. 期末对语文、数学等学科实行统一的总结性评价,对基础知识和听、说、读、写、算基本技能进行总结测验。

3. 综合学科的评价办法以区教科所现场质量抽测办法为主,对学生实行定期检测。

(二)地方、校本课程评价

1. 每周根据学生在安全、两操、礼仪、内务、卫生五大常规中的量化积分,评出"文明之星"。

2. 课外实践活动结束后,要求每个学生写出一份心得体会,鼓励三至六年级学生以调查报告和小论文的形式开展评比,选送优秀作品参加上一级评选。

根据学生阅读成长记录的效果,每周各班评出 2 名"阅读之星",每学月推选一名参加全校"阅读之星"评比。

3. 从出勤率、发言次数、完成作品数量及质量等方面,采取自评、互评和教师评相结合的过程性评价,考察学生智趣课程的学习效果。

4. 随堂问卷调查学生评教师,及时了解学生兴趣导向,调整智趣课程的设置。

5. 期末开展智趣课程展示评比活动,评出一二三等奖。

（三）综合性评价

1. 考察每个学生在艺术、体育两项基本技能方面是否有两项个性发展的特殊技能。

2. 以《学生综合素质评价报告册》作为主要评价工具，对学生开展综合性评价，检测学期课程目标达成情况。

六　课程保障

（一）组织保障

1. 成立以校长为为主任，分管副校长为副主任，各部门负责人为成员的课程管理办公室。统筹学校课程开发、审议实施与评价等课程管理工作。

（二）机制保障

1. 建立骨干教师培养制度。定期开展磨课研讨活动，不断充实市、区、校三级骨干教师队伍。

2. 制定《木凉中心小学校教学研究制度》，加强各类课程的教学研究。

3. 制定《木凉中心小学校教师绩效考核制度》，对教师执行各类课程情况开展考核。

4. 修订机制。针对课程实施中的具体问题，定期召开学校课程教师的研讨会，进行总结、交流、探讨，确保课程内容顺利实施；每期召开一次学生、家长代表会议，倾听他们对课程内容及实施的意见，并反馈给上课老师。修订、完善课程内容，调整实施方法。

（三）经费保障

1. 加大教师学习培训的经费。首先是保障外出培训学习的经费，其次是保障为教师购买关于课程建设方面学习书籍的经费。

2. 加大课程建设与课堂改革研究经费的投入，鼓励教师主动开发五大领域的课程，只要申报获得审批，就保障相应开发经费的投入。

3. 加大对课程建设与课堂改革方面奖励的经费投入。

（负责人：张志勇　成员：赵太云　杨　兵　韦会吉）

附录

1.《学生综合素质评价报告册》

2.《木凉中心小学校教学研究制度》

2.10 南川区水江镇宁江小学校课程方案

南川区水江镇宁江小学校位于南川区水江镇人民政府所在地,距离南川城区 26 公里。原属水江镇中心小学校的一个校区,2014 年 8 月经南川区人民政府批准成为独立建制学校。学校占地面积 13000 平方米,现有在编在岗教职工 61 人,学生 1566 人,26 个教学班。为了进一步推进学校课程改革,优化学校课程结构,促进学校内涵发展,切实提高学校教育教学质量,特制定本课程方案。

一 课程依据

（一）紧扣国家政策

教育部《基础教育课程改革纲要(试行)》明确规定:"要使学生具有爱国主义精神,继承和发扬中华民族的优良传统和革命传统";教育部《关于全面深化课程改革落实立德树人根本任务的意见》明确指出:"统筹德育、语文、体育、艺术各学科,统筹课标、教材、教学、评价等环节,是我们面临的主要任务";重庆市教育委员会《关于调整普通中小学课程计划的通知》明确要求:"开设义务教育阶段课程辅助活动,并将校本课程纳入其中"。

（二）基于办学理念

学校依托原国营宁江厂子弟校校址办学,有"三线"文化背景和"三线"文化底蕴;学校所在地水江镇被重庆市政府命名为"院坝歌舞之乡",是"全国亿万农民健身活动先进乡镇",历史悠久,地域文化丰富。学校紧紧围绕"自由呼吸、快乐起跑"办学理念,倡行"善学者明、善健者乐"校训,树立"传承、包容、自立、奉献"校风,打造"日行一善"主题校园文化。

（三）服务学生发展需求

学校生源主要来自周边农村子弟和外来务工人员子女,对水江本土文化及学校历史缺乏了解。学生学习习惯、生活习惯、行为习惯需要纠正和引导,兴趣爱好及特长需要着力培养。

二 课程目标

通过学校课程学习,具备基本的学习能力,形成正确的情感体验,养成良好的行为习惯,拥有健康的身体,善学上进、健康阳光,为自己的快乐成长奠基。

低段(1—2 年级)重在养成教育和学习兴趣培养,规范行为,纠正不良的生活、学习习惯。中段(3—4 年级)注重过程体验和方法指导,培养自主意识,形成基本认知。高段(5—6 年级)重在情感体验,强化自立自主意识、有初步的法治和道德观念。

三 课程结构

梳理学校课程,把国家课程、地方课程、校本课程进行整合,构建与学校课程目标相一致的课程结构。

(一)课程结构

学校课程分为国家课程和地方及校本课程两大类(见图 1)。国家课程约占课时总量的 80%,包括语文、数学、外语、科学、品德

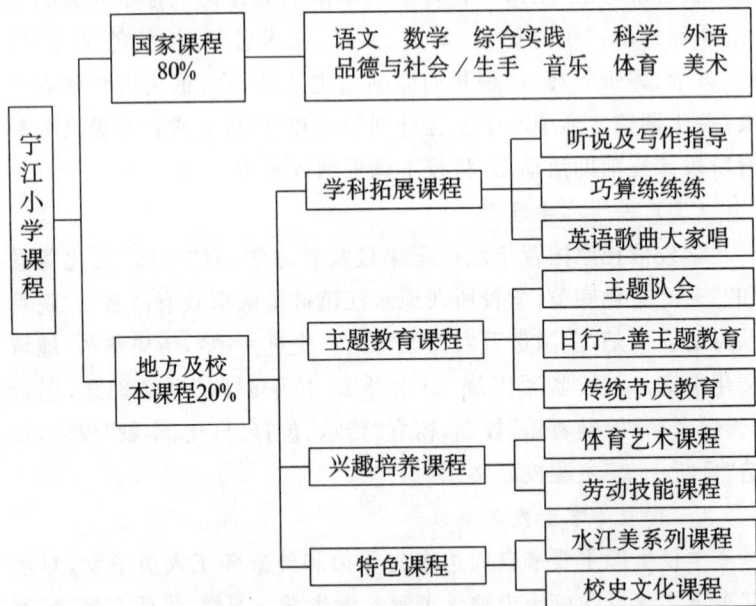

图 1 学校课程

与生活（社会）、音乐、美术、体育与健康、综合实践等九门课程；地方及校本课程约占课时总量的 20％，包括学科拓展课程、主题教育课程、兴趣培育课程、特色课程等四大类。综合实践中每周安排1 课时上信息技术，另以重庆市综合实践资源包为指导开展相关活动；健康教育每周在体育课中安排 0.5 课时；环境教育每 3 周在校本课程中安排 1 课时；安全与法制教育每周在品德课中安排0.5 课时。

（二）课程设置与课时安排表

课程设置与课时安排严格按渝教基〔2012〕21 号文件执行。（见图 2）国家课程一二年级设置 19 节，三四年级设置 24 节，五六年级设置 25 节。地方及校本课程一二年级设置 7 节，包括书法、体育、艺术、科技、手工各 1 节，其他 2 节；三四年级设置 6 节，包括书法、体育、艺术、科技各 1 节，其他 2 节；五六年级设置 6 节，包括书法、体育、艺术、科技各 1 节，其他 1 节。一二年级一周总课时26 节，三至六年级一周总课时 30 节。

表 1　课程设置与课时安排

课程 ＼ 年级		一	二	三	四	五	六
国家课程	语　文	5	5	5	5	5	5
	书　法	1	1				
	数　学	4	4	4	4	5	5
	外　语	0	0	3	3	3	3
	科　学	0	0	2	2	2	2
	品　德	3	3	2	2	2	2
	音　乐	2	2	1	1	1	1
	美　术	1	1	2	2	2	2
	体育与健康	3	3	3	3	3	3
	综合实践			2	2	2	2
地方及校本课程	学科拓展课程	2	2	2	2	2	2
	主题教育课程	1	1	1	1	1	1
	兴趣培养课程	1	1	1	1	1	1
	特色课程	1	1	1	1	1	1
总　计		26	26	30	30	30	30

（三）校本课程设置与实施分解表

表 2　校本课程设置与实施分解

课程类别	课程		实施途径	时间安排	组织实施	选（必）修
学科拓展课程	听说指导		其他	每周1节	语文教师	选修
	写作指导		其他	每周1节	语文教师	选修
	巧算练练练		其他	每周1节	数学教师	选修
	英语歌曲大家唱		其他	每周1节	英语教师	选修
主题教育课程	主题队会		其他	每4周1节	班主任教师	必修
	日行一善主题活动		其他	每期2节	班主任教师	必修
	传统节日庆祝活动		其他	重大节日1节	班主任教师	必修
兴趣培育课程	体育类	球类	体育课辅	每周1节	自主开课教师	选修
		滚铁环	体育课辅	每周1节	自主开课教师	选修
		跳绳	体育课辅	每周1节	自主开课教师	选修
	艺术类	书法	艺术课辅	每天20分钟	自主开课教师	必修
			书法课辅			
		合唱	其他	每周1节	自主开课教师	选修
	劳动技能	十字绣	手工科技课辅	每周1节	自主开课教师	选修
		织毛衣	手工科技课辅	每周1节	自主开课教师	选修
		小制作	手工科技课辅	每周1节	自主开课教师	选修
		修剪	手工科技课辅	每周1节	自主开课教师	选修
特色课程	校史文化		其他	间周1节	相关任课教师	必修
	本土文化		其他	间周1节	相关任课教师	必修

　　学校校本课程四大类中学科拓展课程设置（见表2），设置了听说指导、写作指导、巧算练练练、英语歌曲大家唱四门课程，由学科任课教师在课程表中的"其他"课中组织进行；主题材教育课程设置主

题队会、日行一善主题活动、传统节日庆祝活动三门课程,由班主任教师在课程表中的"其他"课中组织落实;兴趣培育课程分为体育、艺术、劳动技能三类,设置球类、滚铁环、跳绳、书法、合唱、十字绣、织毛衣、小制作、修剪等课程,分别由自主开课教师在课程表中的"体育课辅""艺术课辅""书法课辅""手工课辅""科技课辅"课中组织开展;特色课程设置《过去的历史,永恒的精神》校史文化课程和《水江美》本土文化课程,由相关任课教师在课程表中的"其他"课中组织教学。

四 课程实施

(一)国家课程校本化实施

1.深研课程标准

强化各科课程标准学习研究,明确各学科对本学段课程学习的基本要求,进一步细化课程标准。对各段各学科的课程教学提出明确要求,如小学一年级要搞好课程的幼小衔接,注重书写规范。三年级语文课程要加强习作指导等。

2.做好学情分析

多渠道多形式开展学生学情分析,建立学情档案,针对性地调整和强化课程内容。如针对学生数学计算差,增设"巧算练练练"课程,强化计算能力培养;英语学习兴趣淡,增设"英语歌曲听唱"课程,强化学生兴趣培养。学生行为习惯差,引导学生走出教室和学校,融入家庭和社区,增强公德意识等。

3.转变课堂教学

学校实施"六步"教学法,即要求教师按照明确目标、自主学习、合作探究、精讲点拨、当堂测试、总结拓展六个步骤进行教学设计和教学,发挥学生学习主体作用,营造师生良性互动。推广使用学习卡,对师生课前、课中、课后等环节进行精心设计,提高教师课堂效率和学生学习效率,增强课堂的有效性。

4.加强课题引领

组织教师开展各级科研课题工作。重点抓好"群文阅读课程教育实践与研究""中小学生阅读习惯养成教育实践研究""新媒体时代提高学生数学阅读能力研究"等课题的研究与实践。结合教情学情抓好小课题研究,提升教师教科研水平和能力。

5. 合理调整课时

立足课程标准,结合学生需求调整课时,全校实行"大课""中课""小课"。"大课"安排在每周星期二下午,课时 1 小时,主要是学生根据兴趣爱好自行选课;"中课"即常规课,主要执行实施好国家必修课程;"小课"是每日下午安排 20 分钟的书法课(每学期根据各年段目标调整课程内容),规范学生习作。

6. 整合利用资源

借助"乡村少年宫"项目平台,促进各类活动课程有效开展;管好用好"班班通"多媒体教学设备,提高课程教学效率;利用校外教育实践基地,丰富学生学习内容;聘请法制副校长,开展系列法制安全教育;聘请本土文化人、宁江厂退休老工人担任校外辅导员,促进特色课程有效落实。

7. 打造特色学科

丰富艺术体育课程内容,开展好篮球、足球、乒乓球、合唱、书法、科技小制作等课程。根据师资和学生需求,打造滚铁环、象棋、刺绣等特色项目。开发实施好《水江美》、《过去的历史永恒的精神》等特色课程,全方位提升学生综合素养。

(二) 校本课程特色化实施

1. 立足校史,开发《过去的历史,永恒的精神》德育校本课程

组建德育校本课程开发小组,挖掘学校独特的"三线"文化资源,传承"三线"精神中爱国爱家、自立自强、艰苦奋斗、无私奉献等核心精神,形成独具特色的"三线"教育读本,利用班会、晨会、升旗仪式、少先队活动以及品德课开展教学,弘扬传统文化,充实学生心灵。

2. 立足本土文化,开发"水江美"系列校本课程

组建"水江美"系列校本课程开发小组,依托水江地域文化,结合学生年龄特点开发以"话说水江"、"欣赏水江"、"展望水江"为主要内容的"水江美"系列校本课程,涵盖水江历史、名人、饮食文化、自然资源等内容,增强学生对家乡的热爱之情。

3. 立足学生发展,开发"动手实践"技能类校本课程

依托学校师资力量,结合地域特征,开发以十字绣、织毛衣、做鞋底、整理修剪等为内容的劳动技能课程,培养学生的生活劳动技能,掌握基本的生活技巧,让学生在人生的道路上快乐起跑。

五　课程评价

（一）注重学习结果、学习态度评价

利用各级定期组织的质量抽测和监测方式对学生课程目标达成进行有效评价；利用学生综合素质评价、《学生综合素质报告册》等评价手段对学生在国家、地方及校本课程中学习过程中的态度、能力、结果进行全方位评价。

（二）多形式、多渠道、多元化评价

通过学校、班级定期、不定期开展多形式的成果展示、成果竞赛等进行多形式、多渠道、多元化评价。如开展好学校艺术节、科技节、体育节、文艺汇演、班级主题队会等活动展示学生课程学习成果；组织好学生各级的学科类、竞技类、表演类等竞赛性活动。

六　课程保障

（一）组织保障

建立健全学校课程改革机构，成立了以校长为主任，分管领导为副主任，各学科组长、备课组长、优秀教师为核心成员的学校课程改革办公室，全面领导学校课程的实施和建设工作。

（二）制度保障

学校制定相应的课程管理制度。重点是教师岗位职责、教师培训培优制度、校本研修制度、课程激励制度等，将课程建设与课堂改革与教师评先评优、评职晋级相结合。

（三）机制保障

一是国家课程运作机制，围绕育人目标合理设置课程，严格按课程计划，切实转变课堂教学，创新开展课程评价。二是校本课程开发机制，严格按课程确立—申报—审议—评价—结果反馈处理等环节操作。确保校本课程流程的合理性和实效性。

（四）经费保障

通过争取上级专项经费、社会捐助、学校自筹等渠道保证教师课程开发培训与学习、教学设备设施、学生课辅及实践活动、课题研究经费等投入，保证课程实施与开发顺利进行。

（负责人：蒋　锐　成员：魏　强　李　静）

2.11 南川区水江镇大桥小学校课程方案

重庆市南川区水江镇大桥小学校,坐落于水江古城河畔,是一所农村完全小学。学校长期致力于水品特色乡村学校建设,努力探索小学教育与水文化育人相结合的办学路子。为了全面实施素质教育,深化课程改革,促进学校内涵发展,构建可持续发展的课程体系,特制定《学校课程方案》。

一 课程依据

《基础教育课程改革纲要》(教基〔2001〕17号)决定"大力推进基础教育课程改革,调整和改革基础教育课程体系、结构、内容,加强构建符合素质教育要求的新的基础教育课程体系";《教育部全面深化课程改革落实立德树人根本任务的意见》(教基二〔2014〕4号)提出,充分发挥课程在人才培养中的核心作用,进一步提升综合育人水平,更好地促进各级各类学校学生全面发展、健康成长;《重庆教育委员会关于调整普通中小学课程计划的通知》(渝教基〔2012〕21号)对普通中小学课程计划进行了适度调整,并对国家课程、地方课程、课程辅助活动等进行了具体的安排。

学生生活在古城河畔,知水乐水,对水文化理解教育有进一步的需求;家长文化层次总体不高,对学生缺乏有效的家教指导,传统的学习方式有待进一步转变;随着城镇化进程的加大,家长对优质教育有了更高的需求,不仅关注孩子的分数,还对学生的艺术特长和个性发展有了期待。学校必须转变重知识轻能力的现状,注重创新精神和实践能力的培养,让学生全面而有个性的发展。

学校确立了"若水育人,全面培养"的办学理念和"培育具有若水品质的水江人"的育人目标,以"上善若水"为核心文化,提炼了"点点滴滴进步,快快乐乐成长"的校训。近年来,学校在实施好基础型课程的同时,对拓展型课程和探究型课程进行了初步的探索和尝试,教师群体有了初步的课程意识,学校有了进一步推进课程改革的基础。

二 课程目标

(一)总体目标

学生在水韵般的校园里自主、全面、快乐地成长,成为身心健康、品行良好、学习勤奋、有特长爱好的若水少年。

（二）具体目标

1. 扎实的学习基础

学生学习兴趣浓厚，学科知识扎实，学习方法多样。

2. 良好的品德习惯

学生能自我约束，遵守公众规则，友好与人相处，有效与人合作。

3. 初步的实践能力

学生敢于提出问题，乐于探究问题，能将所学知识运用于生活实践之中。

4. 广泛的兴趣爱好

学生乐于参加健康有益的文体活动，具备基本的艺术欣赏能力，拥有一项以上的特长或优势。

三 课程结构

学校课程是以基础型课程、拓展型课程、探究型课程三部分组成（见图1），具有基础性、选择性和整体性。

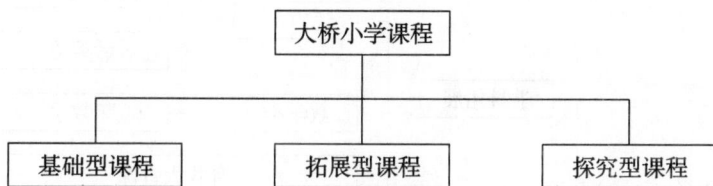

图 1 课程结构总图

基础型课程即国家课程，由各学习领域体现共同基础要求的学科组成，是学校课程的主要组成部分，是全体学生的必修课程。（见图 2）

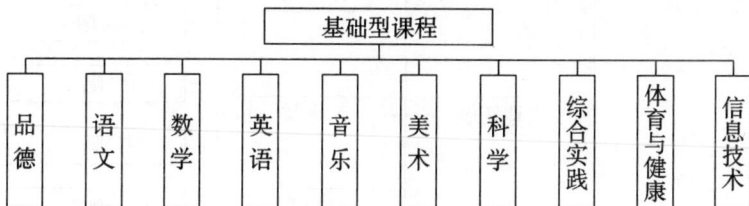

图 2 基础型课程结构

　　探究型课程是对重庆市地方课程的校本化实施,是学生自主运用探究性学习方式获得知识,探究和解决问题的学习活动,是学校实施水文化理解教育的主要课程,是 3～6 年级学生的必修课程。(见图 3)

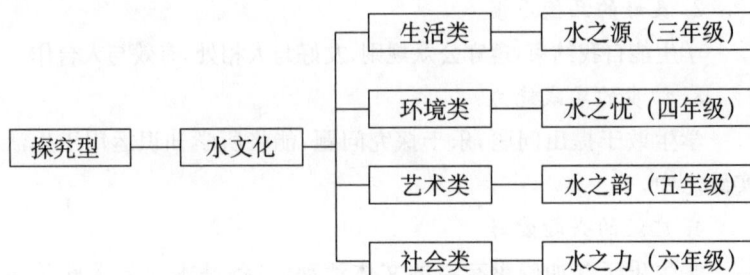

```
探究型 ── 水文化 ──┬── 生活类 ──── 水之源(三年级)
                   ├── 环境类 ──── 水之忧(四年级)
                   ├── 艺术类 ──── 水之韵(五年级)
                   └── 社会类 ──── 水之力(六年级)
```

图 3　拓展型课程

　　拓展型课程是对重庆市课程辅助活动课程和部分地方课程的整合。学科拓展课程和主题拓展课程是必修课程,兴趣拓展课程是选修课程。(见图 4)

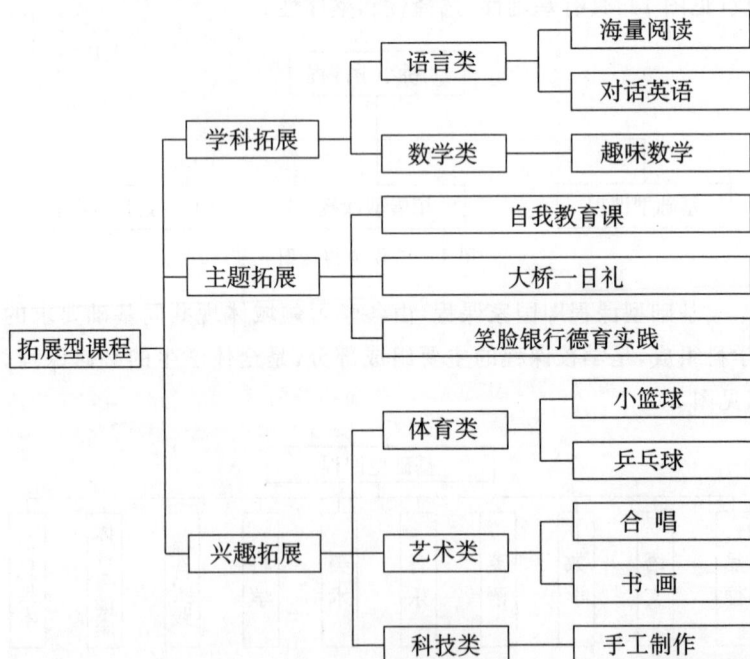

```
拓展型课程 ──┬── 学科拓展 ──┬── 语言类 ──┬── 海量阅读
             │              │            └── 对话英语
             │              └── 数学类 ──── 趣味数学
             │
             ├── 主题拓展 ──┬── 自我教育课
             │              ├── 大桥一日礼
             │              └── 笑脸银行德育实践
             │
             └── 兴趣拓展 ──┬── 体育类 ──┬── 小篮球
                            │            └── 乒乓球
                            ├── 艺术类 ──┬── 合　唱
                            │            └── 书　画
                            └── 科技类 ──── 手工制作
```

图 4　探究型课程结构

课程设置与课时安排(见表1)

表1　课程设置与课时安排

课程 ＼ 年级		周课时					
		一年级	二年级	三年级	四年级	五年级	六年级
基础型课程	品德与生活	3	3	2	2	2	2
	语　文	5	5	5	5	5	5
	书　法	1	1	/	/	/	/
	数　学	4	4	4	4	5	5
	外　语	/	/	3	3	3	3
	科　学	/	/	2	2	2	2
	艺术或音乐(美术)	3	3	3	3	3	3
	体育与健康	3	3	3	3	3	3
	信息技术	/	/	1	1	1	1
	综合实践	/	/	1	1	1	1
	周课时量	19	19	24	24	25	25
拓展型课程	趣味数学	1	1	1	1	1	1
	海量阅读	1	1	1	1	1	1
	自我教育	1	1	1	1	1	1
	兴趣拓展	4	4	2	2	1	1
探究型课程	水文化理解	/	/	1	1	1	1
周总课时量		26	26	30	30	30	30

说明:健康教育每周在体育课中安排0.5课时;环境教育每3周在自我教育课程中安排1课时;安全与法制教育每周在品德与生活(社会)课中安排0.5课时;信息技术每周在综合实践课程中安排1课时。

　　基础型课程、拓展型课程、探究型课程三类课程各自承担着不同的功能,但又是一个不可分割的有机整体。基础型课程约占课时总量的80%,拓展型课程和探究型课程约占课时总量的20%。

基础型课程主要培养"总学力系统"中基础学力。着眼于学生基本素质的形成和发展,不仅注重基础知识和基本技能的传授,也注重思维力、判断力、学习态度和学习习惯的培养。基础型课程是国家课程,包括语文、数学、体育等八大领域,无论哪个学生都要学习,有严格的评价考核方式。

拓展型课程主要培养"总学力系统"中发展性学力。着眼于发展学生的兴趣爱好,提高学生自主选择能力,满足学生向不同方向与不同层次发展,培育学生主体意识,完善自我认知结构,提高学生自我教育能力,是一种体现不同基础要求、具有一定开放性的课程。

探究型课程主要培养"总学力系统"中创造性学力。学校从水文化理解入手,主要采用主题探究、课题研究、项目设计等方式,着眼于学生提出问题、探究问题和解决问题,培养学生创新精神、实践能力和合作意识。

四 课程实施

（一） 基础型课程实施

1. 认真学习和研究课程标准、教材,准确把握课程的地位、价值,分析好校情、学情,编制《大桥小学学科课程纲要》,从课程目标、课程内容、课程实施、课程评价等方面整体规划学科课程,形成学科教学的纲领。

2. 开展"浸润"高效课堂建设,对学生的情感、态度、价值观给予更大的关注,引导学生自主学习、探究学习、合作学习,切实转变教学方式,提高课堂教学的有效性。

3. 开展"作业改进"的研究与实践,着力体现学生发展的需要,重视基础性、增加选择性、体现时代性,切实减轻学生课业负担。

4. 促进信息技术与学科课程的整合,充分发挥信息技术的优势,实现教学内容呈现方式、学生学习方式、教师教学方式和师生互动方式的变革。

（二） 拓展型课程实施

1. 开发设计具有学校特色的拓展型课程,定期审订教师课程申报,编制《大桥小学选修课程指南》,组织学生结合自己的兴趣选择课程,探索项目管理实施模式。

2.课程项目负责人自主组建项目团队,按照实施方案规定的时间、地点统筹协调团队成员有效实施课程。

3.教师定期申报课程,编写活动方案或课时计划,根据课程特点组织教学,对学生参与课程学习的情况进行考核评价。

4.学生按照自己的兴趣爱好选择课程。走班学习的学生,在教师的指导下组建学习小组,组长负责组织小组成员按时到达学习地点,进行合作学习和小组评价。

5.采取"三结合"(必修与选修相结合,分散与集中相结合,固定与灵活相结合)的方式实施。

(1)共性课程整班上。对趣味数学、海量阅读等学生选择比较集中的课程,采取以原班级为单位整班上课。

(2)个性课程走班上。对合唱、象棋、书法、乐器等选择比较分散的课程,采取走班上课。

(3)专题课程自主学。由学生选择自己感兴趣的学习专题,利用丰富的网络或学校的资源,进行自主学习。

(4)特色课程定期学。对某些专业性比较强,学校没有合适的教师来承担的课程,外聘专业教师来校定期上课。

6.实施流程。

(1)课程申报:开学前,各项目团队申报下学期拟实施课程。

(2)课程审批:课改办研究确定开设的课程科目,初步确定各门课程的学时、节数、人数、地点等。

(3)课程选择:学生根据学校课程指南,结合自己的兴趣爱好,在家长的帮助和教师的指导下,对课程进行选择。

(4)课程确认:达到规定开课人数的课程学校予以实施确认。

(5)课程实施:教师按照课改办审批的课时计划或活动方案实施教学。

(三)探究性课程实施

1.开发探究内容

(1)编制《大桥小学水文化理解探究学习菜单》,梳理基础型课程中有关水文化理解的素材,实施"学科渗透"教学。

（2）充分利用社区水文化课程资源,有目的、有计划的组织开展水文化理解社会实践活动。

（3）校本改编《水文化知识读本》,形成授课计划或 PPT,完善成熟后编制成水文化理解校本教材。

2.实施五步教学

第一步:讨论确立研究主题

第二步:制定探究活动方案

第三步:进行具体探究活动

第四步:总结探究活动成果

第五步:开展相互交流展示

3.主要学习方式

坚持课内与课外相结合,以动手操作、相互讨论交换意见、对研究项目进行设计、网上学习、实践考察、查找并整理资料、小结并撰写简单的研究报告、运用多媒体手段展示成果等为主要学习方式。

五　课程评价

确立促进学生全面发展的评价导向,既重视知识与技能的评价,也关注学生学习的兴趣、态度、自信心等方面的培养,将过程与结果结合,自评与互评结合,关注学生点滴进步,促进学生发展。

（一）评价项目

1.过程性评价

（1）依据学生平时课堂（家庭）作业完成情况和课堂表现,结合学科特点,对学生掌握的知识技能进行不同形式和不同内容的检测评价。

（2）通过开展学科竞赛、体育节、艺术节、科技节等主题活动,进行展示性评价。

2.结果性评价

（1）依据期末学业测评成绩进行等级（A、B、C、D）评价。

（2）依据《大桥小学学生学习评价量表》,对学生学习态度、学习方式、参与程度、合作意识等表现进行优秀、良好、一般、有待改进等评价。

3. 综合性评价

以《大桥小学自我成长手册》为主,有效地记录学生的学习习惯、基础素养、特长展示等成长轨迹,全面衡量学生的发展状况;以"笑脸银行"评价为辅,关注学生点滴进步,增强学生自信心。

（二）评价方式

实施以学生自评、小组互评、教师评、家长评相结合的合作评价方式。

六　课程保障

（一）组织保障

成立校长、书记、分管教学副校长、课改办成员组成的课程领导小组,把握学校课程的发展方向,统筹协调与学校课程相关的各部门工作,讨论、组织学校课程评价等职责。

（二）制度保障

建立健全《大桥小学课程建设奖励制度》、《大桥小学学生学习评价量表》等管理制度,精细过程管理,保障课程建设有效实施。

（三）经费保障

设立课程实施专项经费,调整学校支出结构,对校本课程的开发,课程的评价,课程改革创新实践教学展示,家长、社区资源的利用等都提供经费,确保学校课程建设有效实施。

（负责人:韦　磊　成员:熊仕琼　郑小波　晏　燕）

附录

1.《大桥小学学生学习评价量表》
2.《大桥小学兴趣拓展课程申报制度》
3.《大桥小学水文化理解探究学习菜单》

2.12　南川区鸣玉镇中心小学校课程方案

我校位于美丽的石牛河畔,环境幽雅,占地面积20余亩,是一所完全小学。建校65年,积淀了厚重的历史文化。学校现有教师80人,有大专学历的75人,学生1250人,教学班27个,教学设施设备齐全。为了深化课程改革,提高学生的综合素质,促进教师的专业成长,推进学校内涵发展,特色发展,特制定本课程方案。

一　编制依据

《基础教育课程改革纲要(试行)》(教基〔2001〕17 号)强调"关注个体差异,使每个学生都能得到充分的发展",教育部关于《全面深化课程改革落实立德树人根本任务的意见》(教基二〔2014〕4 号)也提出了"要立足中国国情,具有世界眼光,面向全体学生,促进人人成才"的总体要求,教育部《义务教育课程设置实验方案》(教基〔2001〕28 号)《重庆市义务教育课程计划》(渝教基〔2007〕44 号)《重庆市教育委员会关于调整义务教育课程计划的通知》(渝教基〔2009〕47 号)《重庆市教育委员会关于调整普通中小学课程计划的通知》(渝教基〔2012〕21 号),以此指导思想编制学校课程方案。

我校是一所农村完全小学,教师学历结构、专业结构、年龄结构基本趋于合理。我校的办学理念是"天籁自鸣,玉琢成器",基本要求"尊重学生主体,激励自主发展,面向全体孩子,培养三会人才",其重心是"自鸣"——凸显"亮出自己的旗"的核心文化,价值期待体现在学校培养目标上,即实现"三会"——会做人,会求知,会生活。

在近几年的课程实践和问卷调查中,我们发现学生除了有学习国家课程的需求以外,还有学习与他们生活有密切联系的校本课程。他们希望走出教室,走出校园,走进大自然,积极参加实践活动。当地居民也希望孩子在学习书本知识的同时,能参加社会实践活动,让孩子的能力得到培养。我校围绕亮旗文化推进学校课程建设,开发了系列校本特色课程并取得了阶段成果,课程育人的效果正在凸显,但我们常常也为这样的问题所困惑:一是国家课程的实施校内不平衡;二是校本课程概念化、标签化比较普遍,内容零散,缺乏系统推进,整体育人功能削减。基于此,我们期待重构更适合学生的课程体系,让每一个孩子更好地亮出自己的旗。

我校拥有丰富的课程资源。一是石牛河有悠久的历史和厚重的文化,周边有较多的古迹,如古桥、寺庙;有丰富的非物质文化遗产,如双狮舞、耍锣鼓;有成规模的特色产业基地,如蔬菜大棚、香菇基地等。这些得天独厚的课程资源,加以有效利用,既能丰富课程内容,又能更好地发挥课程综合育人的功能。二是学校功能室完备,师资力量强,有大学本科学历5人,大专学历70余人,具备基本的课程研发能力。这为满足学生的个性化需求创造了条件。

二　课程目标

学校课程校本化的开发与实施,其实质是学校文化的深化。我校核心文化"亮出自己的旗"的基本内涵是每一个孩子"亮出自己、自主生长",以学校课程为实践支撑,引领学生自主养成、自主学习、自主实践。

（一）总目标

自主养成、自主学习、自主实践。通过六年的校园生活,拥有做人做事的宽厚基础,以实现一生的自我更新与持续发展。

（二）具体目标

三个维度:品德与自信得到发展,知识与能力得以积淀,健康与情趣得以培育。

表1　课程目标

自主养成 自主学习 自主实践	品德与自信 得到发展	1. 践行社会主义核心价值观,主动养成良好的习惯,能辨别是非,形成基本的道德思维和道德评价能力。
		2. 有一定的自我认识、自我教育能力,每学期有明确的成长目标。
		3. 能实施有序的自我管理,按照小学生、少先队员要求规范自己的言行,提高自我约束能力。
		4. 融入集体,积极热心投入到班集体和学校的管理中,提升合作意识与协同能力。
		5. 有自信、乐观向上的性格。相信自己行,努力我能行。懂得尊重,学会沟通、分享,善于合作、共处。为终生发展打下初步的个性和品德的良好基础。

（续表）

自主养成 自主学习 自主实践	知识与能力 得到积淀	1. 有浓厚的学习兴趣、明确的学习目标、勤奋活跃的学习状态，能自觉克服学习困难。
		2. 养成良好的学习习惯，善于发现问题、提出问题、分析问题、解决问题，逐步形成属于自己的学习方法。
		3. 善于独立思考、自主探究，有较强的动手能力，独立完成学习任务，逐步形成基本的自主学习能力。
		4. 积极参与合作、交流、展示、评价活动，培养交流沟通与合作学习的能力。
		5. 有丰富的想像力、创新意识，发展自己的优势和特长。不断积淀与现代社会需要相适应的学习、生活、生产、交往以及不断促进自身发展的基本素质。
	健康与情趣 得到培育	1. 热爱体育运动，积极参加体育锻炼，有健康的体魄，掌握多项体育技能。
		2. 学习体验一定的国学文化，积极参加社会实践活动，主动发展艺术特长，培养健康的审美情趣。
		3. 悦纳自我，学会排解，增强心理抗挫能力，增强自护、自救意识，培养良好的心理品质。
		4. 热爱生活，科学作息，合理安排娱乐身心的课外生活。养成科学健康的生活习惯，为健康人生、幸福生活打好初步的良好基础。

三　课程结构

（一）课程结构图

学校课程由国家课程和地方与校本课程两个大类构成。国家课程约占课时总量的 80％，地方与校本课程约占课时总量的20％，分为两类，即实践体验课程和情趣特长课程。

国家课程和地方与校本课程是一个不可分割的有机整体，承担着不同的功能。国家课程主要着眼于学生共性的培养，而地方

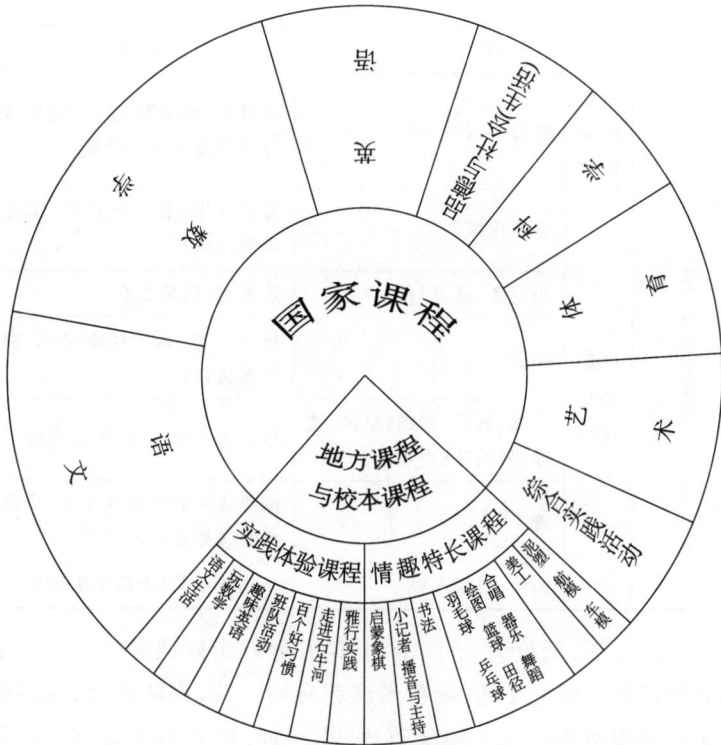

图 1 课程结构图

与校本课程主要着眼于学生个性的培养。

（二）课程分级细目表

表 2 课程分级细目

课程类别	课程科目（活动）		备 注
国家课程	语、数、英、音、体、美、品德与社会/生活、综合实践、科学		按国家课程方案执行
地方及校本课程	实践体验过程	语文生活	必修，每周1节。
		玩数学	必修，每周1节
		趣味英语	中高年级选修每周1节
		班队活动	必修，间周1节
		说好做好走好百个好习惯	必修，间周1节
		走进石牛河	每学期集中时间开展

课程类别		课程科目(活动)	备 注
地方及校本课程	实践体验课程	雅行实践	用晨会、课外活动、课间操或每学期集中时间开展
	情趣特长课程	启蒙象棋	每周1节(低年级必修,其余年级选修)
		小记者、播音与主持	选修,每周各2节
		书法	每周1节(低中年级必修,高年级选修)
		合唱、器乐、舞蹈、绘画、篮球、羽毛球、乒乓球、田径	每周各2节(中高年级选修)
		美工	低年级必修每周各1节,中高年级选修每周各2节
		泥塑、航模车模	每周各2节(中高年级选修)

语文生活、玩数学、班队活动、说好做好走好课程是每个学生的必修课程。语文生活、玩数学课程每周一节,班队活动、说好做好走好课程两周一节。趣味英语、小记者、播音与主持、合唱、器乐、舞蹈、绘画、篮球、羽毛球、乒乓球、田径、泥塑、航模车模课程为中高级选修课程,每生选修一门,每周2节。书法、美工低年级为必修,中高年级为选修课程,每周1节。

(三)课程课时安排

表3　课程课时安排

课程、科目	年级 周课时	一二年级	三四年级	五六年级	备 注
国家课程	品德与生活/社会	3	2	2	国家课程主要通过保证相应课时来实施
	科 学		2	2	
	语文/书法	5+1	5	5	
	数 学	4	4	5	
	英 语		3	3	
	体 育	3	3	3	

（续表）

课程、科目	周课时	年级	一二年级	三四年级	五六年级	备 注
国家课程		综合实践（信息技术、劳动实践）		2	2	
		艺术（音乐）	2	2	2	
		艺术（美术）	1	1	1	
地方及校本课程	实践体验类	百个好习惯	0.5	0.5	0.5	必修
		班 队	0.5	0.5	0.5	必修
		语文生活	2	1	1	选修
		玩数学	1	1	1	选修
		趣味英语		1		必修
		雅行实践				集中时间开展活动
		走进石牛河				
	情趣特长类	启蒙象棋	1			必修
		硬笔书法	1			必修
		美 工	1			
		小记者、播音与主持				
		合唱、器乐				
		舞蹈、绘画		2	2	3 至 6 年级选修，每生选1 门课程，每周 2 节。
		羽毛球、乒乓球				
		田 径				
		泥 塑				
		航模车模				
周课时总量			一二年级 26 课时，三至六年级 30 课时。			

　　义务教育阶段健康教育每周在体育课中安排 0.5 节；环境教育每 3 周在语文生活中安排 1 节；安全法制每周在品德与生活（社会）中安排 0.5 节。

四 课程实施

我校课程实施以国家课程的高效实施为前提,以学生的自主发展为目标。

(一) 国家课程校本化实施

1. 研究课程标准、教材

准确把握课程的地位和价值,编制课程纲要,从课程目标、课程内容、课程实施、课程评价等方面整体规划学期课程。

2. 打造"亮旗课堂"教学模式,优化课程实施

推进亮旗课堂的实践,以激发自主学习为终极目标,强化教师推动学生主动参与"尝试—合作—汇报—拓展"亮旗过程;重视培养学生敢于展现自我的自信意识,相信自己行,努力我能行;提倡生生提问的自主巡回发言方式;强调小心呵护学生的独立独行,开启学生想像力;重视学生积极参与合作、交流、展示、评价活动,提高交流沟通与合作能力。分学科、分年段、分课型创造性地应用"亮旗课堂"教学模式。

3. 精心设计导学案

重视对课程标准的深入解读,聚焦课时目标的研究,重视教材的二度开发,强化教师个性化教案的形成与应用。备课实行"初备+集体研究+二次备课"。

4. 实施分层教学,面向全体学生

一是学习任务分层:学生在教师的指导下,选择适合自身发展的学习任务,包括课前自学的任务,课中的学习任务,课后的作业等,教师也应根据学生的差异,设置不同的学习目标。二是中高年级走班学习:学生根据自身的学习基础,选择不同教学目标的课程进行走班学习。

(二) 着力自主发展,推进地方课程、校本课程生本化实施

课程辅助活动和校本课程从实践体验课程、情趣特长课程两方面统整实施。

1. 实践体验课程的实施

遵循儿童认知规律,引领学生在玩中自主实践,在生活中自主学习,在活动中自主体验。

（1）实施"语文生活"课程。基于在生活中自主学习语文，运用语文。开展"自主阅读"：低年级三字经＋绘本阅读，中年级弟子规＋推荐阅读，高年级论语＋经典诗词及名篇＋推荐阅读；开展"实践活动"：观察自然，参观文化遗产，自主策划班级活动、校园活动和社会活动，以传统节日为主题开展调查访问；开展"自主探究"，结合生活和学习中感兴趣的问题开展主题研究。

（2）实施"玩数学"课程。基于玩中学习数学，系统培养学生动手、观察、推理、分析、判断能力，开展在玩中学习数学课程。一年级"趣味图形"，二年级"七巧板"，三年级"巧算 24"，四年级"数独"，五六年级"三阶魔方"。

（3）开展"说好、做好、走好百个好习惯"课程，让课堂礼、问候礼、列队令、口号令、就餐礼、放学礼等亮旗六礼自主融入学习生活，分十学期训练贴近学生生活、学习的百个好习惯。利用班队活动分班推行行为自主管理，活动自主筹划，开展行为习惯教育、主题月教育、安全教育、环境教育、法制教育，开展"亮旗之星"创星活动。

（4）开展"走进石牛河"实践活动。每学期集中时间：一年级走进大棚蔬菜，二年级走进香菇基地，三年级走进街道社区，四年级走进敬老院，五年级走进鸣玉集镇四座桥，六年级走近石牛河。

（5）开展雅行实践活动。用晨会、课外活动、课间操或每学期集中时间，实施监督岗、礼仪岗、班级风采展示、大课间（合唱、部颁操、班级自主亮旗、跳皮筋、校园集体舞、放松操"六合一"）、体育节、亮旗文化节等。把自主实践体验活动，分成项目组实施，让每一位老师、学生发挥自己的潜能，在实践体验课程活动中踊跃亮旗。

2. 情趣特长课程的实施

基于自主发展兴趣特长，侧重于情趣与健康目标，一二年级必学手工、启蒙象棋等课程。三年级起学生根据兴趣、特长选课，面向全体，学生选择自己期待的项目"走班"参加课程活动。

3. 加强校本课程的研究与管理

组织编写语文生活、玩数学教学实施案，分科分年级组织教师学习、讨论教学实施案的应用，在课程实施中不断研究、调整和完善。每学期举行成果展示,各年级根据学生的年龄特点用不同的方式呈现各学科素质拓展成果。

加强对校本课程课堂研究,加强实践体验课程与语文、数学、品德与社会(生活)的整合研究。加强教师上课情况、课程的完成情况、课程实施的效果的视导与考核,加强课程实施过程管理和学期评价。逸夫小学与中心小学校统一课程设置,统一课程实施,统一教师考评。

五 课程评价

评价维度:评价每一个学生品德与自信、知识与能力、健康与情趣等整体目标的达成度,评价学生自主养成、自主学习、自主实践等综合素质的形成和提高,建立不同年级的评价指标。

过程性评价:一是立足课程活动现场,进行表现性评价。教师将评价贯穿于学习活动之中,对学生自主学习、尝试探究、独立实践的自我亮旗适时给予鼓励或评价导向。让生生评价、教师点拨贯穿巡回式发言中。注重当堂达标,总结评价。二是结合主题活动、学科风采展示、学科素质竞赛、校园文化节、体育节,进行展示性评价。三是记录过程变化,进行成长性评价。给每个学生建立成长记录袋,记录不同时期兴趣、爱好、特长发展和成长变化。记录学生课程活动的学习成果,记录学习经验,记录习惯、方法、效果的不足,记录学生个性发展的情况。对学生成长记录袋实行多元主体评价的方式。

终结性评价:考查学习水平,采取定量评价和定性评价相结合,每学期每门课程学习结束后对学生学业情况进行全面的考查,考查学生的实际发展水平,进行终结性的评价。评价的结果采取描述性评语和等级的方式。

六 课程保障

(一)加强组织保障

加强统筹实施与年段、学科团队建设,思想工作与业务提升一同来做。建立校长、主管副校长到课程部、学科中心组的课程研发、实施机构。成立专门的课程改革办公室,统筹学校整体课程方案的执行。课程部重点负责实践体验课程、情趣特长课程的研发与审核,各教研组共同参与各类课程的开发、实施与研讨。各学科教师不仅要承担国家课程的实施,而且还要对地方与校本课程开展实施与评价。

（二）制度保障

学校建立健全《鸣玉镇中心小学校课程改革方案》《鸣玉镇中心小学校课程申报制度》《鸣玉镇中校学生选课制度》《鸣玉镇中心小学校绩效考核方案》和《鸣玉镇中心小学校评职晋级实施方案》,把课程建设作为评职晋级、绩效考核的重要依据。制定《南川区鸣玉镇中心小学校教师"双十佳"标准》和《南川区鸣玉镇中心小学校学生"三十佳"标准》,每学年开展教师"双十佳"和学生"三十佳"评选与表彰活动。

（三）师资保障

建立促进教师专业成长的长效机制,激发教师内在热情,尊重和挖掘教师潜能,引领每个教师自觉参加自主研修,主动参与"六大实践"（每周读一篇教育文章或一期一本教育专著,每期作一次学习研究中心发言,每期写一篇业务文章,学习并使用一种现代教育手段,每个人参与一项课题研究,参与一项校本课程建设）。

走进同盟学校巴蜀小学常态化专题访学、跟岗学习,请进巴蜀小学名师献课、送思想、作讲座。继续聘请区内外专家对全校青年教师结对专业帮扶。优化骨干队伍,不断创造课堂建设增长点。

（四）经费保障

调适学校支出结构,确保课程研发、实施必备经费。保障师资培训资金,建立课程建设激励基金。

（负责人:庞涌洪　成员:张远林　何　艺

游　兰　卓华伦　姚仁毅　谭云曦）

附录

1.《鸣玉镇中心小学校课程改革方案》

2.《鸣玉镇中心小学校课程申报制度》

3.《鸣玉镇中校学生选课制度》

4.《鸣玉镇中心小学校绩效考核方案》

2.13 南川区峰岩乡中心小学校课程方案

学校 1906 年建校，距今已一百多年历史，是一所偏远的山区小学。目前，有 28 名教职员工，其中本科 8 人，专科 19 人，有 8 个教学班，学生 200 余人，实施"小班化"教学 10 年。为深化课程改革，推进学校内涵发展，促进学生全面发展，提高教育教学质量，特制定本课程方案。

一 背景依据

（一）国家及地方政策

《国家中长期教育改革和发展规划纲要》指出：全面实施素质教育，其核心是解决好培养什么人、怎样培养人的重大问题，重点是面向全体学生、促进学生全面发展。坚持能力为重，优化知识结构，丰富社会实践，强化能力培养。着力提高学生的学习能力、实践能力、创新能力。教育部《关于全面深化课程改革落实立德树人根本任务的意见》（教基二〔2014〕4 号）关于立德树人的主要任务中指出：统筹各学科，特别是德育、语文、历史、体育、艺术等学科。充分发挥人文学科的独特育人优势，进一步提升数学、科学、技术等课程的育人价值。同时加强学科间的相互配合，发挥综合育人功能，不断提高学生综合运用知识解实际问题的能力。《重庆市教育委员会关于调整普通中小学课程计划的通知》（渝教基〔2014〕21号）对各年级的课时总数、国家课程、地方及辅助课程作了具体的安排。

（二）学校办学的需求

学校是一所农村完全小学。地处偏远山区，学生少，其中留守儿童占学生总数的百分之六十左右，实行"小班化"教学已多年。基于此，确立了以"让善小点亮童年"的办学理念，以"探索善小育人模式，凸显小班教育特色"为发展思路。以培养"志向高远、人格健全、基础扎实、特长明显"的人为育人目标。

（三）学生现状及发展需要

留守儿童多的农村学校，孩子在家庭所受的教育引导相对薄弱,校外生活单一、校外学习资源缺乏。学生的基础知识、基本技能有待提高;良好个性人格有待进一步引导和形成;学生特长有待彰显。通过问卷调查发现学生更喜欢,艺术课:音乐、美术、乐器等;活动课:乒乓球、羽毛球、篮球等;实践课:综合实践、科技制作等。现有课程结构比较单一,急需构建多元、灵动的课程体系;现有教学方式比较滞后,亟待有效的教学方式促进学生个性化发展;现有评价方式落后,急需建立适合学生多样化发展的评价方式。这就对学校教育提出了新的要求。

(四)社区发展需要及学校课程资源

家长外出务工,留守儿童多,家庭教育缺乏,调查走访得知家长特别关注学校课程是否与孩子生活经验相联系,学校课程能够提高孩子的技能,特别是劳动、生活技能。如今,学校校舍充足,六大功能室健全,教师队伍整体素质不断提高,办学水平得到较大提升。

二 课程目标

通过课程的全面实施,提供丰富而适性的课程,使学校课程结构更合理,学校特色更鲜明,围绕学校的办学理念和育人目标,结合学生的发展需要和学校课程资源,突出本校课程特色,确定了学校课程目标。

(一)总目标

成为人格健全、基础扎实、特长明显的学生。

(二)具体目标

1. 具有乐观、积极、自信的人生态度并学会劳动、生活。

2. 习得基础科学文化知识,并形成学会聆听、思考、表达、审美等基本能力。

3. 将剪纸、陶笛的知识技能在生活中应用,形成特色艺术技能。

三 课程结构

为了弥补国家课程的不足,体现地方及学校特色,根据《重庆市教育委员会关于调整普通中小学课程计划的通知》(渝教基

〔2014〕21号）文件的课时安排，课程辅助活动通过延展类、体育类、艺术类和实践类四类16门地方及校本课程开展。（见图1）

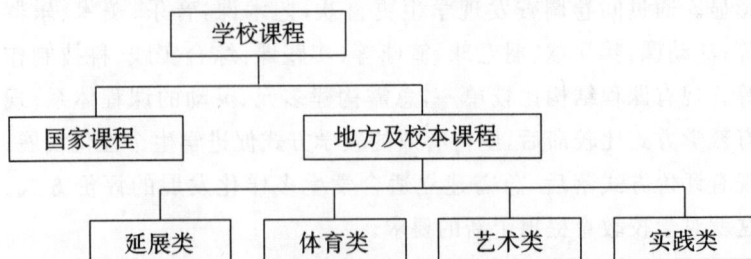

图1 学校课程结构

课程设置严格按照渝教基〔2014〕21号文件要求进行设置。

国家课程的设置：一二年级设置19课时，三四年级设置24课时，五六年级设置25课时。

地方及校本课程的设置：一二年级7课时，三四年级6课时，五六年级5课时。综合实践中开设信息技术1课时，另1课时按照综合实践资料包开展活动；健康教育每周在体育课中安排0.5课时；环境教育每3周在校本课程中安排1课时；安全与法制教育每周在品德课中安排0.5课时。地方及校本课程设置延展类、体育类、艺术类和实践类四类课程。延展类约占总课时的3%—8%，体育类约占总课时的3%—6%，艺术类约占总课时的8%，实践类占总课时的4%。（见表1）

表1 课程设置及课时安排

课程类型	年级	一	二	三	四	五	六
国家课程	语文/书法	5+1	5+1	5	5	5	5
	数学	4	4	4	4	5	5
	英语	0	0	3	3	3	3
	品德与社会/生活	3	3	2	2	2	2
	音乐	2	2	2	2	2	2
	体育	3	3	3	3	3	3
	美术	1	1	1	1	1	1
	综合实践	0	0	2	2	2	2
	科学	0	0	2	2	2	2

（续表）

课程类型＼年级		一	二	三	四	五	六
校本课程	延展类辅助活动	2	2	2	2	1	1
	体育类辅助活动	2	2	1	1	1	1
	艺术类辅助活动	2	2	2	2	2	2
	实践类手工课程辅助活动	1	1	1	1	1	1
课时统计		26	26	30	30	30	30

表 2　课程分级细目

课程类别		课程科目	选必修
国家课程	基础类	语文、数学、英语、品德与社会、音乐、体育、美术、综合实践、科学	必修
地方及校本课程	延展类	海量阅读	选修
		生活数学	选修
		趣味英语	选修
		趣味作文	选修
		科技制作	必修
	体育类	羽毛球	选修
		乒乓球	选修
		篮球	选修
		跳绳	选修
		启蒙象棋	选修
	艺术类	器乐陶笛	选修
		手工剪纸	选修
		书法	必修
	实践类	班队活动	必修
		善小实践	必修
		走进社区	必修

延展类：设置"海量阅读、生活数学、趣味英语、趣味作文、科技制作"五门课程，"海量阅读、生活数学、科技制作"1—2年级每周选修2课时；"海量阅读、生活数学、趣味英语、趣味作文、科技制作"3—4年级每周选修2课时，5—6年级每周选修1课时。

体育类：设置"羽毛球、乒乓球、篮球、跳绳、启蒙象棋"五门课程，1—2年级每周选修2课时，3—6年级每周选修1课时。

艺术类：设置"器乐陶笛、手工剪纸、书法"三门课程，"书法"1—6年级每周必修1课时；"乐器陶笛、手工剪纸"1—6年级每周选修1课时。

实践类：设置"班队活动、善小实践、走进社区"三门课程，1—6年级每周必修1课时，其中"善小实践、走进社区"每学期集中时间开展。

四 课程实施

（一）国家课程的实施

在渝教基〔2012〕21号文件要求及课程标准的指导下，根据我校办学理念，学校师资，从以下几个方面实施。

1. 严格执行国家和地方课程计划

依据《义务教育课程设置方案》和《重庆教育委员会关于调整普通中小学课程计划的通知》，开齐课程上足课时。

2. 解读课标、明确目标、细化内容

以教研活动的形式，解读学科课程标准，明确学科教学目标，再深入研究教材，制定教学策略；根据学科教学目标和教材制定学期教学计划，分配好教学进度及课时安排；针对学科教学内容，超前一周主题备课。

3. 推广"三、四、五"课堂教学模式

学校课堂教学模式以南川区"乐学善导、自主发展"的教学理念为依托，着眼学校实际，构建了"345"善小有效教学模式。着力实现教学方式的三个转变：变"讲堂"为"学堂"，变"先教"为"先学"，变"现成"为"生成"；注重教学过程的四大板块：学得愉快、导得高明、动得有效、练得精当；落实课堂教学的五个环节：目标导学、自主学习、探究交流、归纳点拨、当堂训练。

4. 拓展德育课程

学校把《让善小点亮童年》纳入课程计划。校本德育教材《让善小点亮童年》分为"善小格言""古代善小故事""当代善小典范""善小榜样"、"善小十分钟"和"善小行为指南"六个篇章。一至六年级在品德课中实施,每周 0.5 课时。

5. 强化教学管理

为增强教学的实效性,对学科教师提出明确要求:优化备课:备课标、备目标、备学生,提高备课的针对性,体现课堂教学中的学生主体性;优化课堂:转变教育观念、改变教学方式,充分体现自主、合作、探究的教学方式,处理好教与学的关系;优化作业设计;本着"趣、活、精、实"的原则,设计高效的作业练习,减轻学生作业负担,达到减负提质;优化课辅:对学生的课辅要有针对性、有层次性,确保每位学生在原有的基础上都有所发展。

(二) 地方及校本课程的实施

地方及校本课程的实施以促进学生个性发展、促使学校办学特色的形成为目的,优化课程结构。课程以必修和选修相结合,学生以定班和走班相结合,使学生个性化发展。

整合课程。整合部分学科课程并纳入课程计划,排入课表。根据教师特长落实课程,保证课时。

落实教材。使用他人书籍作为教材的,要根据学生实际校本化改造。使用自编教材的要有详细的文本或讲义。

强化备课。加大课堂教学的常规管理,注重备课实效。将教师的备课纳入每月教学常规检查,做到提前备课。教学设计要目标表述清晰、内容设计科学、实施要求明确。

狠抓课堂。学校继续以"听推门课"的方式,加强课堂常规检查,保证课堂活动落到实处,提高课堂效率。

彰显特色。学校确立了三大体系展示、两大特色支撑的课程体系。两大特色即剪纸、陶笛,全校师生全力打造特色项目。保证时间,上足课时。保障师资,由美术、音乐专业教师承担此项课程。定期展示,学生学习成果每月进行集中展示。

活动促进。通过"善小我来秀"风采展示、班级展台、楼道作品展示、学生体育节等多形式为学生提供阶段性成长展示平台,全面提高学生的综合素质。

五 课程评价

（一）运用好课程评价工具

通过"成长的足迹""学生综合素质评价报告册"记录学生学习习惯、兴趣、能力、特长等成长经历。

（二）国家课程的评价

立足课堂，对学生学习态度、学习方法等进行表现性评价，教师将评价贯穿于学生学习活动中，注重师生评价、生生评价。每学期每门课程结束后对学生的学业目标达成情况进行全面考查。评价的结果以《学生综合素质评价报告册》为载体采取描述性评语和等级的方式进行总结性评价。评价结果由学生反馈给家长，让家长提出意见和建议。

（三）校本课程的评价

以活动为载体，结合主题活动"善小我来秀"风采展示、学科素质竞赛、楼道文化作品展示、体育节、文化节进行展示性评价。其次是利用学生成长记录手册《成长的足迹》对学生参加学习的过程、态度、结果进行成长性评价。记录学生不同时期的爱好、兴趣及特长发展等，采取学生、教师、家长共同参与的综合评价方式，对学生进行综合评价。将评价作为改进课程设置及课程实施的重要依据。

（四）课程实施效果的评价

通过对备课、课堂效果以及评价学生的呈现结果进行分析，通过访谈、听课、问卷等方式评价学生对课程的参与度、满意度进行评价。建立学生自评、同伴互评、家长、学校和教师共同参与的评价机制。

六 课程保障

（一）组织保障

1. 建立学校课程发展领导小组

负责学校课程的开发与建设，发挥学校优势，开发课程资源，完善课程内容，落实课程计划。校长任组长，全面负责课程开发的决策,校本课程的总体规划。副校长任副组长,负责对课程的研究和实施进行指导,对课程档案整理进行督查。各核心成员负责课程的开发、教师的培训、课程实施的考核及评价。

2.建立学校课程评估领导小组

负责学校课程的实施效果的评估。校长任组长,全面负责学校课程实施的总体安排与部署;副校长任副组长,各科室负责人任成员,对课程的实施进行实施指导、跟踪督查、考核评估、意见反馈。

(二)　制度保障

1.奖励制度

根据教师对课程的开发、实施的效果对教师进行团体或个人奖励。建立"教育科研成果奖励办法""课程建设奖励办法"等。

2.质量监测制度

教导处根据教学流程管理的要求对课程实施情况进行定期检查、考核,并提出意见或建议,并建立"教学质量奖励办法",确保学校课程的高效实施。

(三)　机制保障

1.课程审议机制

课程发展领导小组每期末召开会议。对课程内容进行审议,讨论课程内容是否适合授课对象,课程内容是否具体;对课程实施进行审议,课时计划是否按时完成,学校是否提供了课程要求的条件;对课程评价进行审议,看教师评价手段是否多样,评价结果是否具体、真实。

2.方案修订机制

学校每期一次根据课程的审议结果对课程方案进行研究、调整、修订和完善。

(四)　资源保障

调节经费投入,加大教师培训经费,加大课程建设与课堂改革研究经费投入,加大对课程建设与课堂改革的奖励经费投入。确保物资需求,对课程建设的场地、实施设备、网络资源应优先满足。

(负责人:张忠于　成员:戴明建
梁正伟　向化　余琳)

2.14 南川区大有镇中心小学校课程方案

南川区大有镇中心小学校位于国家 5A 级风景名胜区金佛山东麓,是一所偏远的山区学校。我校现有 800 余名学生,64 名专任教师,其中 80% 的学生都是留守儿童。为了深化课程改革,进一步推进我校的课程建设,为实现培养具有良好习惯养成、全面健康发展的教育目标而努力,结合本校实际情况,特编制本方案。

一 课程方案编制的依据

(一) 政策依据

《国家基础教育课程纲要》中指出,各校要大力推进基础教育课程改革,调整和改革基础教育的课程体系、结构、内容,构建符合素质教育要求的新的基础教育课程体系;《教育部关于全面深化课程改革,落实立德树人根本任务的意见》教基二〔2014〕4 号文件中同时强调,应充分发挥课程在人才培养中的核心作用,进一步提升综合育人水平,更好地促进学生全面发展、健康成长;在此基础上,我校遵循《重庆市普通中小学课程计划》渝教基〔2012〕21 号和《重庆市教育委员会关于实施减负提质"1+5"行动计划(试行)的通知》渝教基〔2013〕17 号文件精神,坚持以人为本,优化知识结构,丰富社会实践,强化能力培养,着重对学生进行习惯培养。

(二) 学生学情分析

全校学生中 80% 都是留守儿童,山里娃好动,爱好广泛,求知欲强,但学习习惯和自觉性较差,在各种媒体无孔不入的今天,学校既是文明的引路人,又是不良习性侵入的防火墙,各种习惯的养成只有在学校才会受到正能量的引领。父母在外地打工,常年和祖辈生活在一起,家庭教育、社区教育欠缺,学生的自律习惯很差,农村落后的习气会使孩子受到潜移默化的影响,加上隔代教育,难免会养成一些不良生活习惯,这对孩子今后的终身学习和生活无疑是一个障碍。学校教职工经过认真地调查和分析,把习惯的养成教育作为山区小学教育的重点。目前学校现有声乐、舞蹈、书法、航模制作、球类等自选课程 10 余门,花样跳绳和文明礼仪操是必修课程,课外活动开展丰富多彩,但缺乏系统性,国家课程落实机械,校本课程开发无针对性。学校专任教师中,大专学历 29 人,本科学历 23 人,是一支爱岗敬业、勤于钻研的教师队伍,大多数教师正处于教学生涯的黄金期,他们精力旺盛、热情耐心,为重新系统科学地规划学校课程方案提供了条件。

（三）办学理念

为了给山区孩子的健康成长打下一个良好的基础,我校将办学理念定义为"良好习惯,大有作为",在良好习惯的养成培养中让每一个生活在大有的孩子通过小学六年的学习都能有所作为并且将来大有作为。

二 学校课程目标

总目标:会做人、会学习、会健体。（分级培养目标见表 1）

表 1 "三会"培养目标及其内涵

课程总目标	内 涵 目 标
会做人	1. 待人、做事、仪态等方面具有良好的行为习惯。 2. 初步具有独立自主、做事大方、关心集体的意识。 3. 成为尊重他人、勤俭节约、懂得感恩的人。
会学习	1. 具有良好的学习方法,养成课前预习的好习惯。 2. 善于思考,大胆发言,有独到见解。 3. 能将学到知识和技能应用于简单的生活实践中,活学活用。
会健体	1. 具有较强的体育活动兴趣和体育锻炼意识。 2. 能根据兴趣爱好至少掌握一项较强的健体本领。 3. 养成良好的健体习惯,具有积极向上的优良品质,为终身学习和生活打好良好基础。

三 课程结构

围绕"良好习惯、大有作为"的办学理念,以国家基础课程为重点,进一步深化课堂教学改革,开发和实施符合农村孩子、地域特点、传承民间艺术、促进学校内涵发展和学生良好习惯养成的校本课程,提升教师的课程领导力。

学校将课程分为国家课程和地方及校本课程两类(见图1),国家课程包括语文、数学、英语、科学、品德与社会、品德与生活、音乐、美术、体育、综合实践,地方及校本课程包括语言与习惯、科学与习惯、艺术与习惯、健康与习惯,通过国家课程和地方及校本课程既独立又融合的实施形式,逐步实现学生"会做人""会学习""会健体"课程目标,师生在共同发展中享受"大有作为"的成功感。逐渐凸显国家课程校本化,地方课程特色化,校本课程个性化。

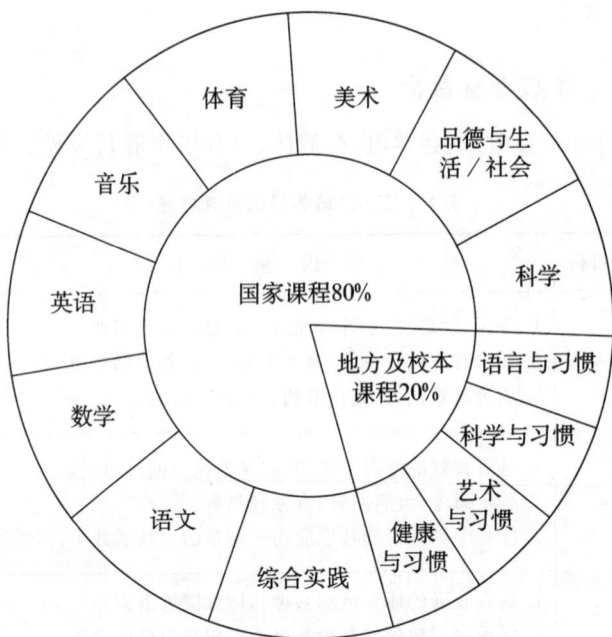

图1 学校课程

地方校本课程分级明细见图2、图3、图4、图5。

语言与习惯:1—4年级利用每周1课时校本课程开设趣味英语、海量阅读、作文沙龙、小小主持人、小小导游员、佳片赏析活动。

科学与习惯:1—2年级利用1课时课程辅助手工开展剪纸、折纸选修活动;利用1课时课程辅助科技开展玩魔方、拼图选修活动;3—4年级利用1课时课程辅助科技开展数学巧算、数学巧用、数学探究、航模、手工制作、劳动实践选修活动;5—6年级利用1课时课程辅助科技开展数学巧算、数学巧用、数学探究、航模、手工制作、劳动实践选修活动。

艺术与习惯:1—2年级利用1课时课程辅助艺术开设少儿形体、蜡笔绘画选修活动,其中间周一节大有山歌必修课程;利用1课时课程辅助书法开展硬笔书法提升、书法艺术赏析必修活动;3—4年级利用1课时课程辅助艺术开设竹竿舞蹈、水彩绘画、素描绘画、器乐演奏、合唱培训选修活动,其中间周一节大有山歌必修课程;利用1课时课程辅助书法开展书法艺术赏析、软笔书法必修活动;5—6年级利用1课时课程辅助艺术开设竹竿舞蹈、素描绘画、水墨绘画、器乐演奏、合唱培训选修活动;利用1课时课程辅助书法开展书法艺术赏析、软笔书法必修活动,其中间周一节大有山歌必修课程。

健康与习惯:1—2年级利用1课时课程辅助体育活动开设花样短绳、趣味体育必修活动;利用每周1课时地方校本课程开展环境教育、习惯教育、安全法制教育、留守生活教育必修活动。3—4年级利用1课时课程辅助体育开设篮球培优、足球培优、花样长短绳、乒乓技能提高选修活动;5—6年级利用1课时课程辅助体育开设篮球培优、足球培优、花样长短绳、乒乓技能提高选修活动;利用每周1课时地方课程开展环境教育、习惯教育、安全法制教育、留守生活教育必修活动。

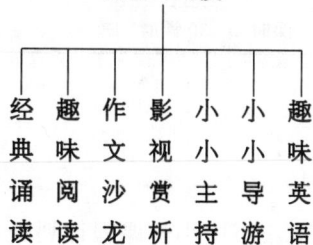

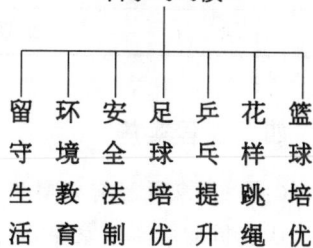

图2 地方校本课程语言与习惯类 图3 地方校本课程健康与习惯类

数学与探究

拼图 魔方 手工制作 航模制作 劳动实践 数学巧算 数学巧用 数学探究

艺术与习惯

大有山歌 竹竿舞蹈 电脑绘画 器乐 蜡笔绘画 水彩绘画 素描画 书法提升

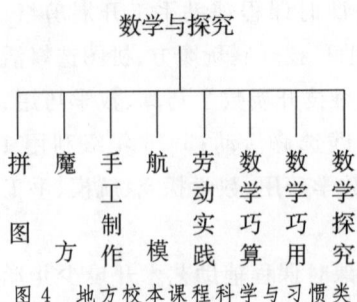

图 4 地方校本课程科学与习惯类 　　图 5 地方校本课程艺术与习惯类

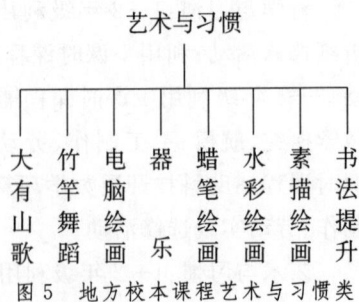

地方校本课程内容设置情况（见表 2）

表 2　学校课程设置

课程	科　目	1—2年级	3—4年级	5—6年级	备　注
国家课程	品德与生活（社会）	3	2	2	按《重庆教育委员会关于调整普通中小学课程计划的通知》渝教基〔2012〕21号中"重庆市小学课程安排表"设置。
	科　学		2	2	
	语文/书法	5＋1	5	5	
	数　学	4	4	5	
	英　语		3	3	
	体　育	3	3	3	
	音　乐	1.5	1.5	1.5	
	美　术	1.5	1.5	1.5	
	综合实践		2	2	
校本课程	语言与习惯	1	1		
	科学与习惯	2	1	1	
	艺术与习惯	2	2	2	
	健康与习惯	2	2	2	
	合　计	26课时	30课时	30课时	

四　课程实施

（一）国家课程有效实施

认真贯彻落实国家课程计划，按重庆市中小学课程计划开齐开足 80％国家课程，并将国家课程校本化实施。

利用语文学科课程1—2年级每周开设1课时硬笔书法课程；1—6年级每月开设1课时群文阅读课程，坚持语文课前3分钟经典诵读。

利用综合实践活动学科课程，3—6年级间周开设1课时信息技术课程，每期开展一次社会生活实践活动。

（二）校本课程个性化实施

学校通过各学科课程规划建设，开设语言与习惯、科学与习惯、艺术与习惯、健康与习惯20％地方校本课程，与国家课程相结合，国家课程校本化，地方学校课程特色化，共同促进学校课程三大目标。

1—2年级各地方校本课程中辅助活动按学生不走班选课，教师走班教学的方式进行学习活动；3—6年级地方校本课程中辅助活动课程按学生同年段选课走班，教师也走班教学形式开展学习活动；3—4年级其他2课时地方校本课程，其中1课时开展趣味英语、海量阅读、作为沙龙、小小主持人、小小导游员、佳片赏析选课走班教学，另1课时学生不走班，由班主任辅导环境教育、习惯教育、安全法制教育、我的留守生活教育活动。5—6年级在其他1课时地方校本课程中，开展环境教育、习惯教育、安全法制教育、留守生活教育活动，由班主任辅导学习活动。

结合大有历史传统文化"大有山歌"，研究开发特色校本课程，贯穿学校习惯养成教育中。"大有山歌"特色校本化课程要求做到"四进"（即歌声进课堂，对唱进课间，表演进舞台，文化进校园）；内容主题要突出"四化"（主题德育化：《国学》《三字经》"习惯教育系列"以大有山歌的形式进课堂；词曲儿童化：曲调以大有山歌为基调，大胆创新童谣化；内容多样化：除保存一些原汁原味的打闹歌、油茶歌等传统曲目外，并结合我校"良好习惯，大有作为"这一办学理念原则上保持原唱腔的基础，创新改编出适合小学生传唱的与习惯养成教育有关的新歌；传播层次化：以学生年龄按高中低段编排学习内容，分段要求。）

五　课程评价

以学生习惯养成为评价导向，根据不同年龄段学生培养目标的不同,分层次评价。国家课程中各学科课程以学科课程标准为准绳,迎接一年一度的区教科所语、数、英学科的教学质量监测和音乐、体育、美术、综合(品德与社会、科学、综合实践)学科的现场抽测工作,将这一结果作为评价学生课程目标达成的重要依据。并在此指导思想下,我校制定相应的学科课程评价方案,对学校地方校本课程中各学科课程目标达成情况每学期期末检测,并采用两年一度的校园艺术节活动开展学生作品展示、成果交流、表演、比赛等多种表现性评价方式。

根据《学生个人素质报告手册》和"学生个人成长袋",学期期末班主任组织采取学生自评、小组评、任课教师评、班主任评、家长评的方式,对学生学习、生活等习惯及目标达成情况作出相应评价,并按各自评价不同比例折算分值,最后按 90 分以上记为优秀,80—89 分记为良好,60—79 分记为合格,60 分以下记为待合格,将相应等级填入《学生个人素质报告手册》和"学生个人成长袋",每学期期末学校将《学生个人素质报告手册》发放到每位学生手中并带回家与家长共同分享,"学生个人成长袋"学校统一存档。

六 课程保障

(一)组织保障

根据《南川区课程领导力建设工作部署会》的相关要求,建立健全学校课程建设领导小组和学校课程评审委员会,并做到分工明确,责任到人。

学校课程建设领导小组

主任:校长　　　副主任:分管副校长或分管领导

成员:教科室负责人　教务负责人　德育负责人　学科代表

(二)制度保障

构思并制定学校课程的总体规划,制定各学科课程实施方案和评价制度。

根据学生年段特点建立各课程目标评价方案,建立学生个人成长袋,每学期末对每位学生三会目标达成作全面评价。

学校建立方案更新制度。根据课程方案在实施过程中出现的一些有待更新的情况,学校应召开课程改革领导小组,讨论修订。

学校自主开发或借鉴创新的校本课程,有学校课程改革领导小组讨论评议、审议,通过后方可实施。

（三）教学教研保障

1. 利用学校科研课题为导向,构建课堂学习模式,培养学生课堂上会学习的习惯

为实现"会学习"的课程目标,培养学生会学习能力,学校实施"六 H"课堂区级科研课题实验研究。"六 H"课堂教学,意在融合"先学后教""少讲精练"的教学思想。课前使学生养成预习自学的习惯;课堂上养成会提问、会思考、会合作、会总结;课后让学生进行反复的拓展训练,解决生活中的问题,培养学生会应用的能力。在"六 H"课堂基础上,学校开设经典诵读、生活中的数学等较为广泛的拓展型课程,将必修与选修相结合,国家课程与校本课程相结合,各学科课程（教学）与学习习惯养成（教育）相结合,辅助会学习课程目标达成。

2. 大力开展各类教研活动,促进学校课程"三会"目标达成

每期各学科围绕一个教学主题开展一次全校性研讨活动,主要包括备课、研课、磨课、反思以及教学困惑研讨等。

群策群力,优化课堂教学。各年级、各学科定期召开教研活动。通过个人备课—集体研课—个人改课等一系列集体备课形式,使课堂教学更适合于学校特色和学生能力培养。

（四）激励机制保障

学校利用宣传橱窗打造"成功墙",将具有"良好习惯大有作为"之人（本校学生及大有籍成功人士等）搬上学校"成功梯",使其充满成功感,同时具有榜样引领作用。

学校每周对各班"三会目标"进行综合考核,评选一定数量的班级之星。

在美德少年评比、学生素质展示、风采展示、运动会等对成绩突出的学生,给予肯定和鼓励。

（五）经费保障

实施过程中学校将在资金和措施上给予大力的支持和保证,

为学校教师和课改成员外出学习提供经费保障。定期举行师生的课程成果展示,评选优秀学生和优秀学科中心组给予表彰,每期组织课程优秀教案评比活动。

(负责人:张　俊　成员:罗元德

庞娅敏　彭应来　韦　宇)

2.15　南川区书院中学校课程方案

重庆市南川区书院中学校,其前身为始建于清朝乾隆年间(公元 1757 年)的隆化书院。在二百多年的办学历程中,积淀了丰厚的文化底蕴。为贯彻落实国家和重庆市中长期教育改革和发展规划纲要,加速素质教育的推进,大力推进教育创新,优化育人模式,推动学校优质特色发展,构建具有本校特色、充满活力的学校课程体系,特制定《重庆市南川区书院中学校课程方案》。

一　课程背景

(一) 教育发展之现实要求

《基础课程改革纲要(试行)》(教基〔2001〕17 号)的核心宗旨"一切为了学生的发展",重庆市教委在《关于调整普通中小学课程计划的通知》(渝教基〔2012〕21 号)中要求"开设义务教育阶段课程辅助活动",区教委出台了《关于印发进一步加强课程建设推进课堂改革的实施意见(试行)的通知》(南川教发〔2013〕27 号),提出了以课程建设和课堂改革为突破口。

(二) 学校课程历史

2010 年,学校在南川区率先实施课程建设与课堂改革,聚焦课堂教学,提高教学质量,通过自主、合作、讨论、当堂训练等形式,确立了学生的主体地位和教师的主导地位,建立了课程改革的评价方式,扭转了全体教师传统的教育教学观念。2012 年,学校被确定为南川区首批课堂改革实验学校,通过优化课程建设与课堂改革,回归课堂教学的本质,构建以"雅、趣、实、活、精"为特色的"五味课堂"。2015 年,学校承担的教育部实验区深度学习项目在全国交流。

（三）学校办学理念

书院中学校位于南川城区金佛大道与书院路交汇处。其前身为始建于清朝乾隆年间（公元 1757 年）的隆化书院。学校综合了本校的教育资源、教育环境、教育对象的特点，提炼出了具有书院特色的理念体系。把"书院精神"作为学校的文化渊源，以"书院文脉，润泽后生"作为学校的文化主题，确立了"明德弘道，成己达人"的办学理念、"创建重庆特色名校，成为初中教育专家"的办学目标和"立鸿鹄之志，修鸿渐之仪"的培养目标。

（四）学生发展需求

学生的求知愿望强烈，对新的事物有强烈的好奇心。在书院人文环境的熏陶下，学生有梦想，有追求，有个性，爱探索，具有很强的发展潜力。

（五）教师课程实施能力

学校教师精英荟萃，名师云集，其中高级教师 23 人，重庆市优秀教师、优秀班主任，南川区十佳教师、优秀教师、课改先进个人、德育工作者等 20 余人。

二 课程目标

（一）总目标

激发每个孩子的主动性、自律性和创造力，让学生在校园里自主、全面、幸福成长，成为有德、有才、有风采的书院学子。

（二）具体目标

1. 学生成为具有主动性、热爱学习、关爱生命、具有健康的身心和良好的个性的书院学子。

2. 学生成为知书达理、学识渊博、身体健康、有一技之长的书院学子。

3. 学生成为勤于动手、善于合作、善于思考，有创造力的书院学子。

三 课程结构

书院中学的学校课程由基础型课程、拓展型课程、探究型课程三部分构成（见图 1），其结构关系见图 2，具体的课程设置和课时安排见表 1，各类课程结构关系（见图 2）。

```
              书院中学学校课程
         ┌─────────┼─────────┐
    基础型课程   拓展型课程   探究型课程
```

图 1   课程结构

表 1   书院中学课时计划

课程 \ 年级	科目	七年级 周课时	八年级	九年级
基础型课程	思想品德	3	3	3
	历 史	2	2	2
	地 理	2	2	
	生 物	2	2	3
			2	3
	语 文	5 / 书法1	5 / 书法1	5 / 书法1
	数 学	5	5	5
	外 语	5	4	4
	体育与健康	3	3	3
	艺 术	3	3	3
	综合实践	2	2	2
拓展型 探究型课程	地方课程	2	1	1
	课程辅助活动	5	5	5
周总课时数		40	40	40

基础型课程即国家课程;拓展型课程和探究型课程是对重庆市地方课程和课程辅助活动的整合。

图 2 书院中学校课程结构关系

（一）基础型课程

这类课程面向全体学生，所有的学生必须参加并达到国家对学生素质发展的基本要求。在此基础上，通过课程实施方式和内容渗透学生创新能力培养，使得学校的每一项课程都能达到培养创新人才的目的。基础课程的定位在于学生基本素养的提升，主要目标是促进学生的五项素质（德、智、体、美、劳）的发展，主要内容包括人文类、科学类和劳技类课程。基础课程是国家规定的课程，学校必须无条件的严格按照新课程标准认真执行。

（二）拓展型课程

这类课程面向全体学生，要求所有学生必须参加，但是参加课程的项目根据自己的兴趣、爱好、特点可以自由选择。这类课程更强调了学生的个性成长，通过各种平台帮助学生发现自己的多元智能，并在各类活动中提升自己的爱好为特长，变特长为能力，并最终有可能成为生活的一种技能。

拓展型课程定位在于激发学生兴趣，拓宽学生视野，主要目标是促进学生的四大品质（知书达理、学识渊博、身体健康、一技之长）的提升，主要内容包括德育类、书法类、阅读类、体健类、语言类和艺术类课程。

（三）探究型课程

这类课程面向具有创造潜质的初中学生，学校通过学生自主报名、教师考核选拔的双选原则，进行整体设计、系统培养、进行兴趣和任务驱动下的体验式、探究式研究，激发和增强学生的科学精神、创造性思维和创新能力，努力使一批素质全面、基础扎实、学有余力的优秀初中学生的优势潜能得到更好的发觉、培养和发挥。研究课程的定位在于增强学生研究意识和能力，提高学生动手操作能力主要目标是促进学生三大能力(操作能力、合作能力、思维能力)的发展，主要内容包括：项目研究课程、实验室研究课程、创新思维课程等。

四　课程实施

（一）基础型课程的实施

学校严格实施国家课程，积极推进国家课程校本化建设，制定《国家课程校本化方案》，建立务实有效的领导机构和国家课程校本化实施网络。以课堂为主阵地落实《新课程标准》，构建新型课堂。结合校情，努力实现教师教学方式和学生学习方式的根本性改变。通过解读课改理念，解读课程标准，细化学习目标，认真分析学生成绩落差原因，找准小学课程与初中课程的切入点，努力提高教育教学质量。以教育部课改试验区"深度学习"为引领，深化课堂改革，逐步以点带面，辐射全学科。提取书院文化的精髓，打造具有书院特色的"雅、趣、实、活、精"的"五味"书香课堂，向课堂 40 分钟要质量。

（二）拓展型课程的实施

开设具有书院特色的德育必修课程。德育课程以培养学生自强、济世、创新、知礼、诚信、淳朴、勤奋、踏实、执着、刚毅、感恩、明道等品质为目标，根据学生的年龄特点和学段特点，以班会课为主阵地，以班主任为推手，每周安排一课时，通过主题教育活动等形式培养学生的德育品质。以"国学经典"和"书法"为脉络，调研学生需求，教师结合学生需求有针对性的开设相关课程，进入课程超市，确定每周三和周四作为拓展型课程和探究型课程的开设时间。首期通过教师自主申报，教科室审定的程序开设"书法"、"阅读"、"语言"、"艺术"与"体健"等五类课程。学校制定《学生选课手册》，实施"走班制"和

"选班制",学生自主选择,在"课程超市"中,每期选定2门课程进行学习。学校结合"书法、阅读、科普"特色文化校园的建设,界定时间与地点进行集中授课。学校为特色课程的实施提供硬件与软件的保障;任课教师应有明确的目标和内容,利用多种形式完善课程内容。

（三）探究型课程的实施

增强学生研究意识和能力,提高学生操作能力和创新能力,以实验室和文献项目研究为平台,结合学校科技节、艺术节和生物多样性、气象、地震等课程基地建设,最大限度地提升学生发现问题、解决问题的能力。

五　课程评价

（一）基础型课程评价

学校以教学质量的考核为中心,改革成绩分析与评价方式,引进质量测试分析系统,弱化数量,强化增量考核,把每一位学生的进步作为考核的最重要依据;各年级实行每月定时作业制度,做到及时检查,及时分析,及时补缺;每学期期中和期末考试结束后,认真完善《中学生综合素质评价手册》,发放家长问卷调查表与学生问卷调查表,重视家校沟通和反馈;学校定期召开教师质量分析会,学生会、家长会等,引导教师、家长和学生认真寻找差距,明确努力方向,促进教学质量提升。

（二）拓展型课程与探究型课程评价

对课程实施学分制管理,建立书院中学课程星级评价制度。通过学生问卷调查、教师听课、课程内容审定、特色活动展示等方面,综合评价特色课程开设效果,打破只看学生基础知识和基本技能考试成绩的单一评价方法,构建形成性评价和终结性评价相结合的综合评价体系。在终结性评价中,偏向文科的以开放性命题、撰写小课题报告等方面的能力考核为主,偏向理科的学科增加学生自主实验,以测试学生的创新能力;艺术类课程、语言类课程和体健课程的评价则以活动的展示为主。课程实施小组结合各课程的特点灵活运用评价方式。搭建课程成果展示平台,通过才艺展示周、书院风采形象大使评选、各种比赛活动,让学生体验课程开发的幸福感,充分展示学生风采。鼓励老师辅导学生参与各种竞赛,学生获奖记入教师课程考核。

六 课程保障

（一）组织保障

学校成立由主要负责人任组长的课程领导小组，对学校课程和教学等专业事务进行统筹规划。成立由教务处、教科室和政教处负责人、年级主任、学科组长为成员的课程实施小组，制定课程实施方案，落实学校课程改革；成立由督导室成员为主的课程督导小组，推动、考核、评价学校课程改革。

（二）制度保障

学校建立健全《书院中学课程改革方案》、《书院中学课程评审制度》、《书院中学学生选课导向制度》、《书院中学绩效考核方案》和《书院中学评职晋级实施方案》，把课改作为评职晋级、绩效考核的重要依据。改革《书院中学学生评价制度》，引入学分制，把学生参与课堂改革作为学生综合素质评价的关键。

（三）师资保障

学校积极争取资金支持，通过"请进来"与"走出去"的方式解决学校课程建设的师资问题。邀请社会名人、民间艺人等特长教师进入校园，选派素质优秀的教师外出学习；利用家长资源与职教资源，建立课程辅助教师志愿者队伍；积极寻求社会力量的支持，多方位构建课程建设师资系统。

（四）经费保障

把推进课程改革，创建课改特色学校列入学校总体规划。积极争取上级支持，设立课程改革专项经费，向教师培训、课程建设、课程评价倾斜。加强经费使用的监督与管理，努力提高投入经费的使用效益。

（负责人：熊 勇 成员：陈维华 吴 尧）

2.16 南川区鸣玉中学校课程方案

重庆市南川区鸣玉中学校是一所全日制初级中学，始建于1958年，占地面积17420平方米，现有教职工95名，在校学生500余人，13个班级。为推进学校课程建设，优化育人，提高教学质量,推动学校优质特色发展,构建具有本校特色的学校课程体系,特制定重庆市南川区鸣玉中学校课程方案。

一　课程背景

（一）政策依据

教育部《基础教育课程改革纲要》（教基一〔2001〕17 号）明确规定:"为保障和促进课程适应不同地区、学校、学生的要求,实行国家、地方和学校三级课程管理";教育部《关于全面深化课程改革落实立德树人根本任务的意见》（教基二〔2014〕4 号）指出:"立德树人是发展中国特色社会主义教育事业的核心所在,是培养德智体美全面发展的社会主义建设者和接班人的本质要求,落实立德树人根本任务。"《重庆市教育委员会关于调整普通中小学课程计划的通知》（渝教基〔2012〕21 号）要求开设课程辅助活动,并对课程设置和安排作了明确的要求和规定。

（二）学校办学理念

鸣玉中学校位于南川北部,是一所片区单设初中,秉承"每天进步一点点,做更好的自己"的办学目标,结合"石牛"地域特色,提炼并初步形成了"不等扬鞭自奋蹄"自主发展校园文化,学校拥有重庆市特级教师,在留守儿童教育管理方面有特色。

（三）社会区域的背景

鸣玉片区经济基础条件相对不好,交通信息比较闭塞;学生基本来自农村并且绝大多数是留守儿童。近年学校生源逐年减少,优质生源不多,大部分学生基础较差,学习习惯、行为习惯等比较欠缺。通过调查,学生的求知欲望强烈,对新事物有好奇心,兴趣爱好广泛,有艺术、体育、手工制作、剪纸、刺绣、泥塑等方面的爱好和需求,具有很大的提升空间和发展潜力。

（四）校内资源提供保障

资源方面,学校有 200m 标准化塑胶运动场和标准化实验室、六大功能室,有电子阅览室一间、电子图书 80 万册,智能语音室一间,师生阅览室可供 150 多个师生同时阅览,学校藏书室藏纸质图书 11636 册、期刊及报纸杂志 63 种。人的资源方面,高级教师 11人,中级教师 33 人,重庆市特级教师 1 人、职业道德楷模 1 人、区十佳教师1人,区级骨干教师16人。这些,为满足学生的个性发展,助推学校课程建设创造了有利条件。

二 课程目标

(一)总体目标

每一个孩子发展自我、完善自我、成就自我,成为自信、自立、自强和学思并重、厚德善行的初中生。

(二)具体目标

1. 举止端庄大方,具有美好心灵,学会感恩,学会明礼,诚实守纪进取的人。

2. 基础知识扎实,具有学会学习,快乐学习,个性发展,潜能发挥智慧的人。

3. 身心健康怡悦,具有学会生存,良好心理素质,健康的审美情趣和生活方式健全的人。

三 课程结构

鸣玉中学的学校课程由基础型课程和拓展型课程构成,拓展课程分学科拓展课程和活动其他拓展课程三部分构成(见图1),其结构关系见图2,具体的课程设置和课时安排见表1。

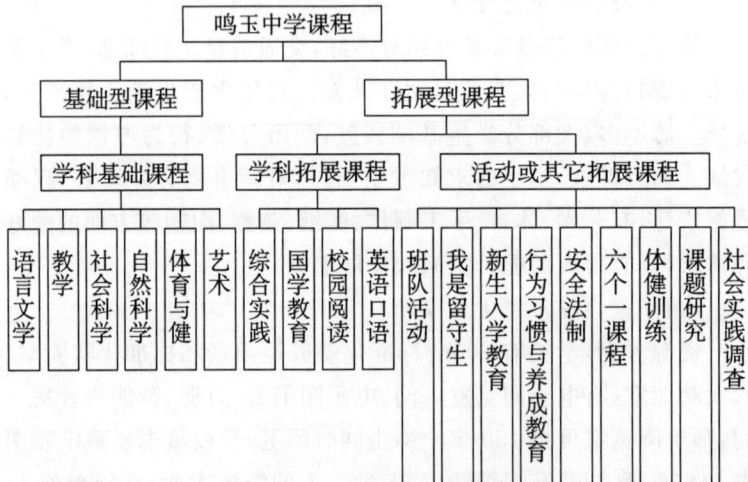

图1 学校课程结构图

表 1 学校课程设置

课程	年级/周课时	七年级	八年级	九年级
基础型课程	语 文	5＋1	5＋1	5＋1
	数 学	5	5	5
	英 语	5	4	4
	物 理		2	3
	化 学			3
	思想品德	3	3	3
	历 史	2	2	2
	地 理	2	2	
	生 物	2	2	
	音 乐	1.5	1.5	1.5
	美 术	1.5	1.5	1.5
	体育与健康	3	3	3
	综合实践	2	2	2
	地方课程	2	1	1
	周课时数	35	35	35
拓展型课程	学科类		4	
	活动类			
	专题教育或班团队活动	1	1	1
	社区服务社会实践			
周课时总量		40	40	40

基础型课程即国家课程;拓展型课程是对重庆市地方课程和课程辅助活动的整合。对于拓展型课程的学科类、活动类(含体育活动)学生选择性必修,利用活动课和学校课程时间,分散或集中

进行。社区服务社会实践学生必修,用综合实践课时,时间可集中安排,也可分散安排。

基础型课程即国家课程,拓展课程中的必修科目有:国学教育、校园阅读、英语口语训练、班队活动、新生入学教育、行为习惯与养成教育、安全法制;选修科目有:我是留守生、"六个一"课程、体健训练、课题研究、社会实践调查。

四 课程实施

(一) 基础型课程的实施

国家规定的基础型课程,通过内容生活化、教学活动化,深入挖掘基础型课程中所蕴涵的"自主发展"资源,努力使国家课程校本化。具体策略是通过细化学科课程标准、优化课堂教学、强化训练体系,落实三维目标。

1. 解读课程标准,明确教学目标,细化课程内容

一是解读课程标准,明确教学目标,与教材进行对比,分析学习知识的基本点、考点、难点,制定学习策略;二是整合教学目标,在明确教材安排和编写意图后,根据教学实际特别是学生的学情和课程需要对教学目标进行有效整合;三是梳理教学计划,结合课标与教材,制定教学周计划,明确模块教学内容;四是针对单元内容,结合教学计划,开展单元主题备课。

2. 创新课堂结构,实施"反刍式四步导学"课堂模式,优化课堂教学

一是优化教学目标,要求全面、具体、适当、明确。二是优化教学内容,首先要抓住知识的重点、难点、连接点,形成知识结构;其次是抓住知识技能的训练点、智能的开发点,着力使学生形成多种能力;第三要抓住思想教育的渗透点、非智力因素的培养点,使学生形成良好的思想品德和心理素质。三是优化教学方法,教学方法的优化应体现与关注学生兴趣的激发,注意学法的指导,教学方法要体现学习方法的改变。四是优化教学手段。传统的教学媒体与现代化的媒体的选择关键在于师生教与学活动的需要,同时它的选用具备不可替代性,防止为使用而使用。五是优化课堂教学结构,要不断优化导入、提问、讲授新知、讨论、巩固练习、总结等教

学各个环节。六是侧重多样化课堂研究,适应课堂内容生活化,教学方式活动化的需要,开发出学生喜闻乐见,便于激发学生学习兴趣的课堂教学形式。

3. 强化系统练习,加强教学质量跟踪分析

练习着眼于学生心智发展、学科思想方法的优化、学科能力的提升;练习要服务学生、适合学生、引领学生发展。依据课标,结合教师经验,有效整合教学资源,练习要分层,基础训练、提高训练,分层次设计,多层次提高。首先要研究学生的知识水平,找到知识疏漏,对症下药,进行有针对性的练习;其次要及时,特别强调课堂的练习度,要学练结合,反对将练习拖至课下;再次注意巩固练习,根据记忆规律,学校设置暮醒和周周清班会,对所学知识及时复习巩固,以便形成长效记忆,同时定期召开教情、学情分析会。

(二)拓展型课程的实施

拓展型课程分为学科拓展课程、活动课程和其他拓展课程三个领域。

开设学科第二课堂,建立学科兴趣小组。从七年级开始实行小班教学管理和分层教学,开设学科第二课堂,在八、九年级开设英语口语训练指导课。根据学校现有条件和资源、学生的兴趣爱好、个性特长、现实状况以及未来发展需求,开设校园阅读、国学经典教育。

活动课程以培养学生自强、自立、自信、诚实、勤奋、守纪、感恩、明道、创新等品质为目标,根据学生年龄特点、学段特点,特别是农村留守儿童这一特殊群体,以班会课、专题讲座、主题教育活动等形式,注重学生的行为习惯、养成教育,培养学生良好的品质、美好心灵和健全人格。

其他拓展课程的实施,开设六个一课程的特色课程(语文组—读写俱乐部、数学组—思维会所、英语组—迷你英语、政历地组—论道馆、理化生组—生活实作场、体音美组—大舞台),纳入每周课时计划,落实指导、辅导教师。根据地域特点、学校特色和丰富的社区资源,开设创意课堂类、科技发明类、生活技能类、课题研究类、体育健康类、艺术欣赏类、社会实践调查类等活动课程。增强

学生观察分析、发现问题、解决问题的意识,培养学生的创新精神和实践能力。

拓展型课程的实施,通过"套餐式课程,走班制运作,学分制管理"的方式进行。每学期为学生提供一份详细的课程套餐,在充分尊重学生意愿,充分了解学生的基础上,打破级部、班级界限,采取教师指导、学生自主选课的方式,让学生选择自己喜欢的课程内容去学习,真正实现学校课程的生本化。主要步骤为教师选课、学校审核、宣传发动、学生选修、编制课程表、编制学生花名册、撰写实施计划、备课、实施、总结评比。

五　课程评价

课程的评价着眼于学生个性与能力的发展和提高,要从指导思想、师生参与程度、学生发展、育人特色等方面进行发展性评价。坚持评价主体的多元性,坚持评价方式的多样化,坚持评价内容的多维化。侧重学生的学习态度、能力、个性等方面的分析性、发展性评价,同时逐步帮助学生学会自我评价。注重学生亲身参与和学生全员参与,强调课时计划规定的课时活动量的参与情况和参与态度的考核,同时重视学生自我评价并自觉参与评价;要特别关注学生参与活动的过程和实践体验,重视对过程的评价和在过程中的评价,并且把对学生的评价与对学生的指导紧密结合起来,激励学生发挥个性特色,施展自己的才能,激励学生积极进取,勤于实践,勇于创新,不断促进学力发展。

对拓展型课程进行纲要评价,建立课程开发评审委员会,主要评审课程目标是否符合学校的办学理念和培养目标,目标是否明确清楚;课程内容的选择是否合适,所需课程资源是否能够有效收取,内容的设计是否具体有弹性;课程组织是否恰当,是否符合学生的身心发展的特点;课程评价的方式方法是否恰当等等。

六　课程保障

从课程管理、人事安排、经费预算、后勤保障等方面进行规划和思考,全方位予以课程编制和实施保障。

（一）组织保障

建立健全组织机构，成立由校长为组长，分管副校长、各处室主任、教研组长、年级组长、优秀教师和学生代表等为成员的学校课程实施领导小组，全面开展学校课程方案的编制、修改、实施、评价、改进等工作，学校教导处、教科室负责课程方案的日常管理考核评价工作。

（二）经费保障

确保课程方案编制实施经费的及时划拨，加强校园环境改善，图书馆、实验室、实践基地和校园网站建设，为课程实施提供必备的物质条件。

（三）制度保障

围绕学校课程方案的编制和实施，学校建立健全《鸣玉中学课程改革方案》《鸣玉中学教研制度》《鸣玉中学学生选课制度》《鸣玉中学绩效考核方案》和《鸣玉中学评职晋级实施方案》。不断改进和完善学校课程方案。

（四）师资保障

学校积极争取上级政策和经费支持，通过"请进来"与"走出去"的方式解决课程建设的师资问题，同时借助市级重点中学——南川中学、道南中学优秀的师资和丰富的教育教学资源，争取支持和帮扶，与其建立帮扶结对学校，开展校际教育教学研讨活动，促进教师专业发展和素质能力提升，促进学校内涵发展。

（负责人：韦济学　成员：梁　川

程　敏　李　卿　杨天勇）

2.17　南川区第一中学校课程方案

南川区第一中学校始建于1918年，地处南川区南平镇，是南川区首批高完中学。学校占地面积130余亩，现有教职工254名，在校学生3500余名，60个班级。为了推进学校课程建设，优化育人模式，整体提高教学质量，实现学生在共性基础上的个性突出发展，根据"减总量、调结构、优方法、改评价、创条件"的总体思路（附件1），特制定此课程方案。

一　课程背景

（一）政策依据

《基础教育课程改革纲要（试行）》（教基〔2001〕17号）强调"关注个体差异，使每个学生都能得到充分的发展"，教育部关于《全面深化课程改革落实立德树人根本任务的意见》（教基二〔2014〕4号）也提出了"要立足中国国情，具有世界眼光，面向全体学生，促进人人成才"的总体要求，国务院《关于考试招生制度改革的实施意见》（国发〔2014〕35号）强调"把个性不同的学生培养成个性突出的学生"。重庆市教委在《关于普通高中新课程实验课程设置及实施的试行意见》（渝教基〔2010〕42号）中要求"鼓励学校开设彰显特色的课程，充分尊重学生对课程的自主选择权，促进学生在全面发展的基础上个性化成长"，还在《关于调整普通中小学课程计划的通知》（渝教基〔2012〕21号）中要求"开设义务教育阶段课程辅助活动，并将校本课程纳入其中"。同时，南川区教委也针对课程建设提出了相关要求。

（二）学校课程发展历史

1. 长期办学实践奠定基础

学校一直坚持学以致用，重视知能结合，自办农场，组织学生参与地震监测，成立吴运铎学习小组，几十年坚持经营耐火材料生产为学生提供实践基地，上世纪90年代在南川区率先以"诱思探究"课堂教学改革为突破口，着力进行课程建设……为学校课程建设奠定了基础。

2. 办学追求蕴含动力

学校秉承"文运南屏，科技一中"为办学理念，以"文运南屏"作为特色文化的根基，"科技一中"作为特色发展的目标，着力培育"阳光、智慧、品质"的个性学生，成就"阳光、智慧、品质"的幸福教师，建设"阳光、智慧、品质"的特色校园。

3. 学生发展需求彰显活力

学校根据学生的发展需求，以建设满足不同学生发展的课程为核心，构建多元的动态课程结构，把课程选择权还给学生，助推学生多元自主发展，呈现出鲜活的生命力。

4. 校内外资源提供保障

在物的资源方面,一是学校近邻国家级 5A 旅游景区——神龙峡,南平工业园区,以及具有独特民族风情的苗族文化等;二是学校功能室完备,拥有校办厂实践基地。在人的资源方面,学校现有硕士研究生 5 人,40 岁以下专任教师占 50% 左右,近五年新招聘本科及以上学历毕业生 30 余人。教师年龄结构趋于年轻化,新进教师具备现代大学自主选课的学习经历,具有基本的课程研发能力。这些,为满足学生的个性发展,助推学校课程建设创造有利的条件。

二　课程目标

（一）总体目标

通过中学阶段的学习,学生能够:永葆激情、质疑善思、实践创新、友善合作,成为一名个性发展、幸福成长的一中学子。

（二）具体目标

1. 热爱学习,形成多个知识领域的知识结构,具备一定的科学思维能力和较强的终身学习力。

2. 具有丰富的实践体验和经验,具备较强的创新探究和综合实践能力,成为至少有一项个性突出的一中学子。

3. 树立合作与竞争意识,有积极的人生规划,能为幸福生活奠基,成为一名讲诚信、重协作的社会公民。

三　课程结构

学校从课程科目和课程层次的基础性、多样性和可选择性入手,形成奠基课程、发展课程两大类课程。具体课程结构见图 1、图 2,课程内容见表 1,初中课程设置与课时安排见表 2,高中课程设置与课时安排见表 3。同时,学校的课程规划是必修课程逐步向奠基课程发展,形成学校特色,选修课程逐步向个性课程发展,培养学生特长。

奠基课程由基础课程（国家必修课程、重庆市地方课程）,延展课程（必修拓展课程）,引桥课程（校本限定选修课程）和印记课程（校本特色选修课程）四部分组成;发展课程由兴趣课程（校本选修

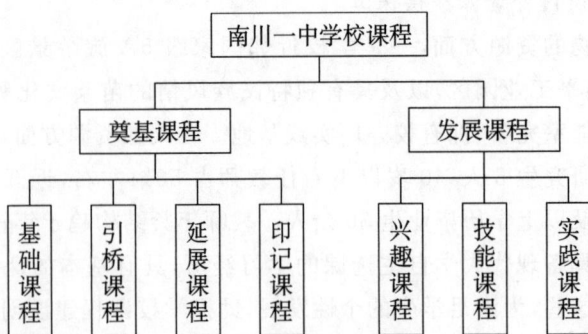

图 1   学校课程

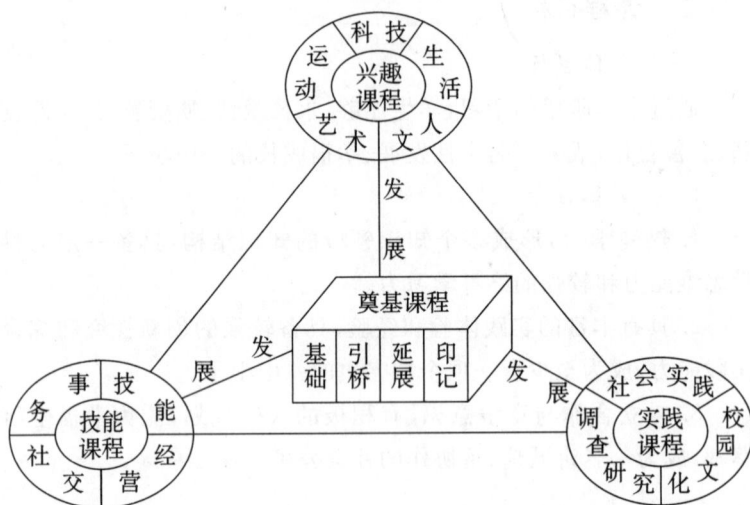

图 2   课程结构关系

课程),技能课程(校本选修课程)和实践课程(校本选修课程)三部分课程组成。

奠基课程是发展课程的基础,发展课程促进学生个性的形成。发展课程中的兴趣课程由科技类、生活类、人文类、艺术类和运动类五类课程组成,实践课程由社会实践类、校园文化类和调查研究类三类课程组成,技能课程由技能类、经管类、社交类和事务类四类课程组成。

表 1 课程内容

课程类型		课程 名 称
奠基课程	基础课程	语文、数学、外语、思想政治、历史、地理、物理、化学、生物、音乐、美术、体育与健康、综合实践活动、地方课程（初中：重庆历史、重庆地理等）、信息技术（高中）、通用技术（高中）
	延展课程	国学讲堂·经典导读等、现当代文学的阅读和鉴赏快乐作文
		数学思维方法、初高中数学解题方法等
		高中英语语法模块式学习、英语写作等
		应用物理、物理学史简介、物理力学思维、趣味物理、电磁学实验
		趣味化学、化学探究性实验课程、化学研究性课程、日用化学等
		植物组织培养、生物实验课程等
		聚焦时政热点、生活中的哲学故事、透视社会变换、透视社会政治等
		中国历史中的困惑和荒谬、走进历史等
		旅游安全与旅游审美、生活地理、地球运动、地理实验、气象与生活
	引桥课程	军事训练、学习策略指导、职业生涯规划、学科入门
	印记课程	课间校园文化、校本德育、我爱科技等
发展课程	技能类课程 · 技能型	花卉和盆景学、电脑多媒体制作、Flash 动画制作、摄像基础、网页设计与制作、小家电维修入门、照明电路安装与维修等
	社交型	语言与领导力塑造课程、中学生社交礼仪、服装搭配技巧、人际交往策略等
	经管型	营销艺术、生活法律案例评析及相关法律常识、工业生产管理、法律常识（消费者权益保护法案例学习）等
	事务型	图书管理与利用、创业教育

（续表）

课程类型			课 程 名 称
发展课程	技能类课程	人文	南平经济与可持续发展、民间文学、开心记单词、中国古代神话、神龙峡旅游与文化、趣味逻辑、中国茶文化的探讨、"图"说历史
		艺术	歌唱艺术指导、舞蹈编排（瑜伽舞蹈训练）、拉丁舞入门与模特形体训练、音乐剧欣赏、英语歌曲欣赏与学唱、英语影视片断对白模仿秀等
		科技	Windows 系统的实践与维护、航模、电脑音乐制作、平面设计、Photoshop 制作照片、数码照片后期处理、航模、四驱车、电子技术等
		运动	趣味排球、健美操、羽毛球、篮球入门、乒乓球技术、足球入门
		生活	魔方入门、饮食与健康、实用小技术、传统保健体育与养生
	实践类课程	调查研究	南平水资源的调查分析、生活中垃圾的调查分析、苗族文化研究等
		社会实践	南平旅游资源与评价、新闻采访与写作等
		校园文化	心舟心理、模拟法庭、环保社、文学、播音与主持表演、广播、青少年犯罪心理、剪纸、合唱艺术等

基础课程名称是国家课程和地方课程名称，其他各类课程名称是学校开发的校本课程名称。

表2　初中课程设置与课时安排

课程科目		周课时　年级	七年级	八年级	九年级
奠基课程	基础课程	语　文	5＋1（书法）	5＋1（书法）	5＋1（书法）
		数　学	5	5	5
		外　语	5	4	4

（续表）

课程科目 / 周课时 / 年级			七年级	八年级	九年级
奠基课程	基础课程	思想品德	3	3	3
		历 史	2	2	2
		地 理	2	2	
		生 物	2	2	
		物 理		2	3
		化 学			3
		体育与健康	3	3	3
		艺术（音乐或美术）	3	3	3
		综合实践活动	2	2	2
		地方课程	2	1	1
		周课时数	35	35	35
	引桥课程	课程辅助活动（含1节体育）	1		
	延展课程		1	2	3
	印记课程		1	1	1
发展课程	兴趣课程				
	技能课程		2	2	1
	实践课程				
周总课时			40	40	40

　　基础课程中的课程科目课时是国家课程科目和地方课程科目要求的课时。引桥课程、延展课程、印记课程、兴趣课程、技能课程和实践课程的课时，是按照重庆市教委文件精神落实课程辅助活动的5课时（含1节体育）。

表 3 高中课程设置与课时安排

课程科目		周课时 年级	高一	高二	高三
奠基课程	基础课程	语　文	4	4	4
		数　学	4	4	4
		外　语	4	4	4
		政　治	2	2	2
		历　史	2	2	2
		地　理	2	2	2
		生　物	2	2	2
		物　理	2	2	2
		化　学	2	2	2
		体育与健康	3	3	3
		艺术(音乐或美术)	1	1	1
		通用技术	1	1	1
		信息技术	1	1	1
		周课时数	30	30	30
	引桥课程		1		
	延展课程		6	7	7
	印记课程		1	1	1
发展课程	兴趣课程				
	技能课程		2	2	2
	实践课程				
周总课时			40	40	40

　　基础课程中的课程科目课时是国家课程科目要求的必修课时,延展课程中的课时是必修拓展课程的课时,引桥课程、印记课程、兴趣课程、技能课程和实践课程的课时,是按照重庆市教委文件精神落实综合实践活动的课时。

四　课程实施

（一）奠基课程实施

1. 进一步打造"绿色课堂"的"一式二体三化"行动策略,创造最满意的质量

（1）扎实推行"四个三"绿色课堂教学模式。"四个三"指绿色课堂"三境界"（从知识课堂到人文课堂再到生命课堂)"、"三维度"（对话、生成、激励)、"三层次"（观察发现—思维研究—迁移运用)、"三要素"（情意动力激励子机制、行为参与交往子机制、目标控制调整子机制）。在模式的推行研究中,真正解放课堂中的生产力,打造富有生命力的绿色课堂,促进学生幸福发展,着力提升课堂文化。

（2）强力抓好学习"二体"。学习"二体"指学习载体——导向性信息导学案,学习共同体——学习小组。在精心设计导学案,以及全力建设学习小组的构建、评价、结果使用、文化建设等中,促进学生有效学习。

（3）精细化落实"三化"。"三化"指教学常规活动专题化、教学专题活动常态化和课堂教学评价机制多元化。在落实"三化"中,认真开展"2345"系列教学活动。

2. 实施分层教学,尊重学生的学习需求

一是走班学习：学生根据自身的学业水平,选择不同教学目标的课程进行走班学习。走班学习的内容主要有"课程模块化"和"学习策略指导"。二是任务分层：学生在教师的建议和帮助下,选择适合自身发展的学习任务,包括课前先学任务、课中学习任务、课后学科作业和测试任务等。

3. 构建特长班,重视学生文学、科技领域的发展

学校根据学生发展的需要,向初中毕业生中提前招收对文学、科技领域有一定基础,且力求在这两个领域发展的学生。学校通过侧文、侧理课程的设置,发展学生文学、科技的知识和能力。

4. 重视课题研究,提升学生的学习力

为确保课程实施的科学性和有效性,学校坚持以大课题带动教师子课题的研究方式,开展以"切实提高学生学习力"（即学生阅

读能力、思考能力、实践能力、交流能力和表达能力等形成的综合力）的主题式教学研究。

（二）发展课程实施

1. 采用灵活的学习方式

（1）紧密型课程。以课堂为主要载体，固定的上课时间、上课地点，确定的上课人员，严密规范的课程系列内容。大部分的选修课程都属于紧密型课程。

（2）半紧密型课程。以课堂为重要载体，同时注重课外实践活动。较固定的上课时间和地点，确定的上课人员，较严密规范的课程系列内容，如《天文观测》、《南平文化研究》等课程。

（3）半松散型活动课程。以活动为重要载体，同时配以一定的课程指导学习。较固定的上课时间、上课地点，确定的上课人员，自由的课程讲座内容。专题德育课程、大部分的社团活动课程都属于半松散型活动课程。

（4）松散型讲座课程。以讲座为主要载体，不固定的上课时间、上课地点，不确定的上课人员，较自由的课程活动内容。《国学讲堂》就是典型的松散型讲座课程。

（5）松散型活动课程。以活动为主要载体，不固定的上课时间、上课地点，不确定的上课人员，较灵活的课程系列内容，如《Photoshop 制作照片》等。

2. 课堂学习实录

学校将以"选修课程课堂学习实录"的形式，从"个性课表，随堂记录，课后感想、收获或反思，成果展示，师生互评"几个方面，以此作为学生学习选修课程的过程考核的重要依据。

3. 走班管理

学生根据自身发展需要在学校公布的学校课程拟开设目录中选择课程，选择确认后不得更改。一般课程学生人数少于 20 人学校将不安排该课程，每个课程人数一般不多于 55 人。学生学完一个模块，经考核或认定合格，即可获得相应学分，但必须向学校提供相关证明或材料。

学生应按照学校安排在指定时间到指定教室处上课，必须完成必修课程的三分之二，否则不能取得该课程的学分。

学生应做好选修课程学习记录,在达到出勤率的要求并参加该课程的考核可获得该课程的学分,成绩按优、良、合格、待合格记录归档。

学生拥有课程的评价权,每学期学校将安排学生进行课程评价。课程管理委员会将根据评价结果做好调查与分析,并与开设课程教师的课程津贴和奖励直接挂钩。

五 课程评价

(一)评价项目

1. 过程性评价

(1)修习时间。学生考勤记录(学习课时不少于规定课时的 5/6)。

(2)过程表现。学习态度、参与情况等,可分为"优秀"、"良好"、"合格"、"待合格"等。

(3)课堂习作成果。

(4)课堂综合素质。

2. 结果性评价

(1)考试或考查成绩

(2)课程成果展示。对特别优秀的学生成果,学校将根据实际情况给予一定的精神和物质奖励,相关教师也将在课程奖励中有所体现。

(二)评价方式

学生自评、学生互评、教师评价。

(三)学分认定

1. 学分认定是对学生可否获得学分的判定

学分认定的意见分"同意认定"、"不予认定"两种。学生学完课程后并通过考核或获得相关证书,可获得相应的学分。

2. 学分认定的条件和形式

(1)修习时间。学生课程修习时间不少于规定课时的 5/6。

(2)过程表现。根据学生《选修课程课堂实录》的课堂笔记、心得收获、作品展示等栏目,给予"优秀"、"良好"、"合格"或"待合格","待合格"者不能取得相应的学分。

（3）证书认证。主要适用于学生获得教育行政部门认可的资格或等级证书、比赛获奖等情况。学生取得相关的中、高级国家职业资格证书或专业等级证书的，可按高级 6 学分，中级 2 学分认定。学生在参加社区市级以上组织的各种知识、技能、文艺和体育等比赛中受到表彰和获得奖励的，可按全国性大赛一、二等奖 6 学分，全国性大赛三等奖、省级大赛一等奖 4 学分，省级大赛二等奖、区级一等奖 2 学分，区级二等奖 1 学分认定学分，记录成为相应类型选修课程的学分。上述学分计算该项目的最高学分，相同项目的学分不予累计认定。

（4）社会实践。学生参加社会调查、社团活动、社会实践等活动，有活动计划、活动记录和总结，有学校或相关单位提供的证明材料、有反馈评价，可按 30 学时 1 学分认定学分。

3. 以下情况不予认定学分

学生修习课程考核待合格，经补考仍待合格；课程的实际修习时间少于规定课时的 5/6；提供的相关资料弄虚作假，不予认定学分；重复选课。学分认定见南川区第一中学校必（选）修课程学分认定细则评价表。

六　课程保障

（一）课程组织保障

成立新课改实施领导小组、学校课程管理委员会、学校学术委员会及学校课程实施委员会，并拟定相应的职责，确保课程建设的顺利实施。

（二）课程资源保障

1. 抓好师资建设

着力推进点菜培训、完善研训平台、起用校内专家，实施名师工程、借助他山之力五种培训。

2. 充实教学资源

一是建设学校教学资源库（备课资源、课例资源、试题资源、学科专题资源等）；二是充实图书资源（网站建设、书籍入库、出借等），继续加强网站建设，努力实现数字化图书馆；三是完善实验与多媒体资源，完善实验（学生实验、教师演示实验）的开设管理,实行双向反馈制;四是充分挖掘、有序开发校内选修课程资源;五是主动与社会办学机构、高等院校和职业院校联系,开发选修课程。

3. 确保硬件资金

一是提升各类馆室的服务功能。对现有的教室、场馆进行适当的改造、升级,赋予其更多的使用功能。

二是增设不同需要的硬件设备。结合课程发展的实际需要,每学年加大对硬件设备的投入,主要是实验器材、图书、计算机、成果展台等。

三是加大精品课程的资金投入。

(负责人:梁正犹　成员:冯绍松　丁显均)

附录

1. "减总量、调结构、优方法、改评价、创条件"的总体思路
2. 南川区第一中学校必(选)修课程学分认定细则评价表
3. 南川一中课程网络机构图

附件 1

"减总量、调结构、优方法、改评价、创条件"的总体思路

"减总量"指减少面向全体学生的学习总量,将要求过高或非主干的知识内容调为选修;

"调结构"指调整优化课程结构,增加选修课程;

"优方法"指改进教学方式,鼓励学生个性化学习;

"改评价"指完善学生成长记录与综合素质评价制度;

"创条件"指提高教师配备与培训、选课走班设施与设备方面的课程支撑力。

2.18　南川区示范幼儿园课程方案

南川区示范幼儿园始建于 1956 年,具有悠久的历史传承和文化底蕴,是我区唯一的一所全日制公办幼儿园,于 2008 年经评审认定为重庆市示范幼儿园。多年来,我园始终坚持"追求快乐的教育,享受教育的快乐"的办园宗旨,秉承"用爱保育,用心教育"的办

园理念,弘扬"处处有欢笑,人人都快乐"的园风,遵循"一日生活皆课程"的课程理念,发扬"书香润童心、运动健体质"的课程特色,在一日活动各个环节中培养"会生活、会玩乐、乐探索、爱运动、爱阅读"的阳光宝贝在不断的实践中与时俱进,构建了自己的课程模式。

一　课程背景

(一)政策依据

《幼儿教育指导纲要》《3—6岁儿童学习与发展指南》《国务院关于教育发展的若干规定》《重庆市幼儿园课程标准》等国家和重庆市文件,对幼儿园课程规划与设计提出了明确的要求,我园严格按照国家和重庆市文件精神和方案,对幼儿园的课程进行规划、实施、调整与更新。同时,在国家和地方规定的基本的、概括的课程要求的基础上,结合本园儿童的实际需要、园内园外实际的课程资源开发以及本园教师的课程领导力,积极开发和提升幼儿园园本课程。

(二)课程经验及资源

基于"一日生活皆课程"的课程理念,幼儿园一直致力于建构理念共通、目标一致的共同性课程和选择性课程框架,课程结构既充分地体现重庆市课程指南的要求,又很好地渗透园本特色。共同性课程以重庆市课程教材及幼儿经验为基点,设置生活、运动、学习、游戏四大领域活动。选择性课程以课程理念与本园特色为基点,设置了生活活动,引导幼儿从自我服务到服务他人,并关心社会事件,在各种情境中学"会生活";选择性课程还设置了一系列运动项目,为幼儿兴趣发展和身心运动提供多种选择,让幼儿爱上运动;另外,在1995年时就启动了"幼儿分享阅读课程",最初以单一的绘本分享阅读为切入点,引导幼儿开展阅读活动。至2006年又拓展为"幼儿文学启蒙教育",让幼儿在"听、讲、画、编、演"中,养成爱读书、会读书的习惯。2010年起,将阅读和运动作为幼儿园特色课程的主要内容,着力建设"书香润童心,运动健体质"园本特色课程。建设完成了与课程相配套的"课程资源库",如主题资源包、教学课件、优质教学活动录像等。每学期以教研组、教研部门为单位,在使用已有资源的基础上,根据实际问题完善原有资源库,主要包括修改和纠正原有的资源,增加新的优质内容。

（三）学情分析

随着城镇化的进一步扩大,我园生源及家长情况较为复杂,既有文化层次较高的公务员、教师,更多的是动迁居民和外出打工人员,隔代教养比例较高。幼儿家长对优质的学前教育愿望强烈,乐于参与幼儿园的家长老师活动。但是家长层次差异大,关心和积极参与幼儿园各项事务的氛围还不够,多数家长更关注幼儿知识性、技能性的学习,幼儿的自理能力、运动能力、动手能力、交往能力、阅读兴趣都较弱。

（四）办园理念

我园自办园以来,坚守幼教核心价值,形成了一套完整的、科学的幼儿园理念文化系统。

办园理念:让教师快乐地工作,让孩子快乐地成长。

园训:阳光宝贝我最闪亮。

课程理念:一日生活皆课程。

课程目标:会生活、会玩乐、爱运动、乐探索、爱阅读。

二　课程目标

（一）总目标

通过本课程实施,促进幼儿情感、态度,认知、能力,技能等方面的发展,使幼儿成为爱运动、会生活、会玩乐、乐探索、爱阅读的儿童。

（二）具体目标

1. 积极运动,增强体质,提高运动能力和行动的安全性。

2. 对周围世界充满好奇,亲近自然,有积极的思考习惯,有主动认识和探索的兴趣。

3. 有文明自主的生活态度和习惯,独立自信地做力所能及的事。

4. 活动中有一定的解决问题意识和能力,乐于想象、敢于探究。

5. 对图书、阅读感兴趣,具有初步的阅读理解能力。

表 1　各年龄段课程目标

小班年龄段目标	中班年龄段目标	大班年龄段目标
1. 熟悉幼儿园生活、情绪安定愉快。 2. 喜欢走、跑、爬等游戏,对体育活动感兴趣,尝试用各种材料和器械活动身体。 3. 安静倾听别人讲话,喜欢与人交谈,喜欢图画书。 4. 愿意与小朋友交往,喜欢承担一些小任务。 5. 喜欢接触大自然,会用多种感官去探索物体。	1. 感受幼儿园集体生活的快乐,主动尝试正确的洗手、如厕、进餐、整理床铺等。 2. 积极参加户外活动,能自主选择各种材料和器械进行活动,玩出多种花样。学会拍球,动作协调。在运动中具有安全意识。 3. 反复看自己喜欢的图书,有基本的阅读习惯,能连贯的表达自己的意思。 4. 喜欢交往、合作、分享,愿意遵守规则,有初步的是非观念。 5. 喜欢新事物,喜欢提问,能对事物进行观察比较,会简单的收集、记录。	1. 愉快地参加幼儿园各项活动,遵守幼儿园活动规则,认识几种常见的安全标志。 2. 学习跳绳、跨栏等小器械体育活动,动作协调,增强身体的平衡能力和敏捷性,在动作组合中增强合作的意识和同伴间相互配合的能力。 3. 专注地阅读图书,感受文学作品的语言魅力,对文字感兴趣。 4. 主动帮助弱小同伴,关心班级发生的事,做老师的好帮手。了解和自己生活相关的劳动者的劳动,尊重他们的劳动成果。 5. 尝试解决生活中的问题,体验成功的乐趣。乐于探索科学现象,解决生活中的简单问题。

三　课程结构

幼儿园课程由共同性课程和选择性课程两大部分构成,共同性课程具体依据《重庆市幼儿园课程指南》设定,包括生活活动、运动、学习活动和游戏活动四大版块;在共同性课程的基础上,基于儿童的经验和需求,充分挖掘本园特色,开设了选择性课程,包括生活活动、运动、学习活动和游戏活动四大版块(南川区示范园课程结构见图 1)。共同性课程占总课程的 80%,选择性课程占总课程的 20%。

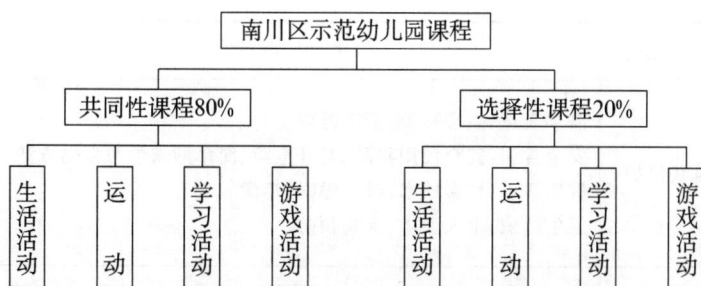

图 1 课程结构

（一）共同性课程

根据重庆市教委《重庆市幼儿园课程管理指导意见》《重庆幼儿园一日保教行为细则》《重庆市幼儿园基于"3—6岁儿童学习与发展指南"活动资源包》中幼儿园质量管理、课程管理、课程设置的基本内容，幼儿园确定了共同性课程类别和结构（共同性课程结构见图2）：生活活动、运动、学习活动和游戏活动四大版块。

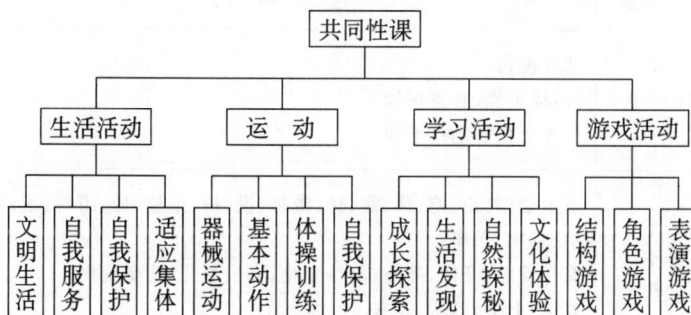

图 2 共同性课程结构

并根据幼儿园课程目标，确定每一版块的课程内容（共同性课程内容见表2，表3，表4）。

表 2 共同性课程——生活活动板块课程内容

基本经验	主 要 内 容
文明生活	良好习惯：日常的起居、进餐、盥洗、使用及整理物品 遵守规则：集体生活常规、公共卫生规范。 文明礼仪：礼貌招呼、大方应答、行为举止文明

（续表）

基本经验	主 要 内 容
自我保护	需求表达：生理需要、情感需要 安全常识：安全使用物品、避开危险、简单的求救与自助方法 健康常识：饮食饮水、营养睡眠、排泄 卫生常识：个人卫生、疾病预防
适应集体	交往技能：分享、协商、合作、沟通 情感体验与表达：家庭亲情、师生情、同伴友爱 自我意识：认同自己、认同他人，合理的情绪宣泄
自我服务	个人生活自理：自己进餐、穿脱、盥洗、如厕，自主有序地处理自己个人的事情 简单劳动：扫除、帮厨、种植、饲养、整理物品、值日

表3　共同性课程——运动板块课程内容

基本经验	主 要 内 容
体操训练	动作模仿 操：徒手操、轻器械操 各种变化的动作节律
基本动作	基本动作：走、跑、跳、踢、转、抛接、投、拍、推拉、悬、团身、滚动、钻、攀爬、平衡 动作反应：开始、停止、动作变化、方位变化、速度变化 方位：上下、前后、左右 距离：远近
器械运动	物品：桌椅、梯子、纸盒、布袋、管道、轮胎、橡皮筋、棍棒、稻草、竹节 体育器械：球、绳、圈、积木、毽子、陀螺；童车、滑板、平衡台、羊角球、滑梯、秋千等大型运动器具 活动：远足、负重、爬山、游泳、溜冰、玩沙、玩水、玩冰、玩雪
运动保护	安全：野外活动时不远离成人、身体运动时学习自我保护的方法

表 4 共同性课程——学习活动板块课程内容

基本经验	主 要 内 容
自然探秘	感知特征:物体的轻重、大小、形状、色彩、高矮、软硬、轻响、甜酸 发现关系:发现沉与浮、斜坡与速度、空气与燃烧、植物与阳光、水与温度的关系 分类排序:按物体的特征、功用等进行分类,按一定规律排序 自然物:沙、石、水、泥、土、木、稻草、竹子 自然现象:风、雨、云、雷、闪电、太阳、月亮、星星、彩虹及季节、天气的变化 生物体变化:蚕宝宝、蝌蚪、果树等动植物的变化 相关活动:种植园地、自然角、小动物的照料、收集种子、拾落叶活动 环保实践:垃圾分类安放,节约用水、用纸,废品回收利用,美化环境
生活发现	方式:咨询、访问、参观、调查 媒体:海报、照片、图书、广告、报纸、刊物、录像、电视、广播、网络 物品与材料:日常用品、玩具、废旧材料 周围的人:家庭成员、幼儿园工作人员、同伴、社区中相关职业的人 物品:玩具、食品、工具、家具、生活用品、电子和电器产品 设施:幼儿园环境设施,超市、医院、健身区、自助银行、博物馆、自助售货亭 交通设施与工具:地铁、隧道、高架,火车、飞机、轮船、磁悬浮列车、各种车辆 标志:与生活有关的指示标志、警示标志、禁止标志 规则:公共场所中的交通规则、交往规则、爱护公物和公共环境的规则
成长探索	外形外貌特征 五官四肢功能 性别差异 生长变化:身高、体重、高矮、胖瘦、年龄、换牙 个人喜好:喜爱的东西、爱做的事、自己的长处

（续表）

基本经验	主 要 内 容
数概念	数认知：唱数，点数物体，认数，默数，认识时钟、货币面值 数运用：测量长度，比较高矮，统计数量，数量守恒，买卖游戏 各种规则和不规则的形状 空间：上下、前后、左右、里外、中间 时间：上下午、白天、晚上、现在、昨天、今天、明天、日、星期、月、四季、年
文化体验	民间习俗：参与民间节日活动，玩民间游戏 民族文化：多种民族、传统艺术、发明创造 人文景观：本地、本市及全国的著名景观、特产 国家标志：国旗、国歌、国徽、国庆节 多元文化：国际节日以及世界上一些国家和不同人种、语言以及标志性建筑 图书：童话故事书、科学常识书、生活故事书 讲述：故事、儿歌、新闻、生活小事，自己的探索与发现，要求、意见与建议 倾听：成人、同伴讲话，幼儿故事磁带、广播 感受：儿童文学作品，不同类型音乐和美术作品，日常生活与环境中美的人、事、物 表达：用唱歌、动作、绘画、制作、乐器、语言、符号等进行表达

（二）选择性课程

选择性课程关注幼儿不同的经验和多种发展需求，强调幼儿的选择与体验，在共同性课程的基础上，充分挖掘本园特色，从生活活动、运动、学习活动和游戏活动四大版块来考虑，又开设了小能手与小巧手、童谣与唱游、小荷花广播站、创意美术、民间游戏、金山美食街等课程（选择性课程结构见图3）。

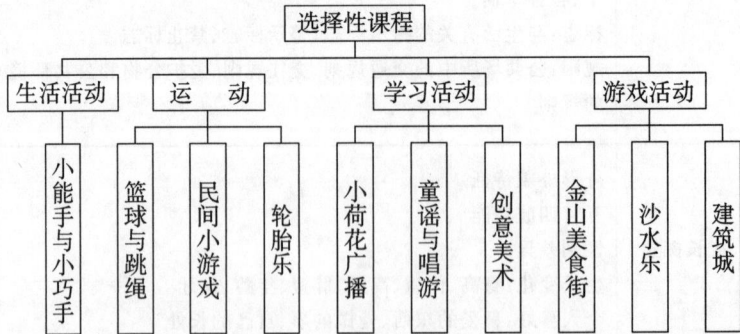

图 3 选择性课程结构图

四　课程实施

（一）课程实施原则

1. 规范实施共同性课程

依照幼儿身心发展的教育规律，认真贯彻教育部《幼儿园教育指导纲要精神》、《3—6岁儿童学习与发展指南》，落实《重庆幼儿园一日活动行为细则》的要求，严格执行共同性课程计划，体现对政府指导性教育要求的实践操作落实。

2. 深入开发选择性课程

建立并完善选择性课程体系，发挥教师自身特长、利用家长和社区人力资源开设选择性课程，凸显园本教育特色，形成可操作实施的园本化、本土性课程体系。

3. 开拓有利条件与资源

结合幼儿园传统的优势和特色文化（如幼儿阅读特色项目），创设幼儿园公共环境、充分开发幼儿园的园内资源、园外优质资源，让教师、家长、社会人士认同、支持、参与幼儿园课程的开发和实施，扩展幼儿生活和学习的空间。

（二）课程时间安排

幼儿园的共同性课程和选择性课程都融入了一日活动各环节来实施，我们根据幼儿年龄特点、季节变化研究制定幼儿的一日作息时间，将来园、午餐、午睡、离园为固定框架，其间的具体时段安排由各年段自主调整、相互协调，保证各年龄段孩子有充裕的活动时间和场地，有丰富多样的活动材料。（一日活动活动时间安排见表5）

表5　一日活动作息时间表

活动环节	小　班	中　班	大　班	备　注
入园	8:00—9:00	8:00—8:50	8:00—8:50	晨检、早餐、观察、劳动、区角自选
运动活动（早操小型器械活动）	8:00—9:20	8:50—9:10	8:50—9:10	
主题学习活动	9:20—9:40	9:10—9:35	9:10—9:40	

（续表）

活动环节	小　班	中　班	大　班	备　注
生活活动（集体饮水、入厕）	9:40—10:00	9:35—9:50	9:40—9:50	
运动活动（户外）	10:00—10:30	9:50—10:20	9:50—10:20	
主题学习活动			10:20—10:50	1. 小班为游戏活动、区域活动 2. 中班单周主题学习活动，双周游戏活动
游戏活动	10:30—11:30	10:20—11:30	10:50—11:30	创造性游戏、规则性游戏以及区域自选活动
生活活动（盥洗、午餐及散步）	11:30—12:30	11:30—12:30	11:30—12:30	
生活活动（午睡）	12:30—14:30	12:30—14:30	12:30—14:30	
生活活动（起床、盥洗）	14:30—15:00	14:30—15:00	14:30—15:00	
生活活动（午点）	15:00—15:15	14:50—15:00	14:50—15:00	
运动活动（户外）	15:15—15:50	15:00—15:35	15:00—15:35	
生活活动（饮水）	15:50—16:05	15:35—15:50	15:35—15:50	
游戏活动	16:05—16:50	15:50—16:50	15:50—16:50	包括创造性游戏、规则性游戏以及区域自选活动

（续表）

活动环节	小 班	中 班	大 班	备 注
生活活动（盥洗）	16：50—17：00	16：50—17：00	16：50—17：00	
离园	17：00	17：00	17：00	
备注：1.集中活动时间小班为 10—15 分钟、20—25 分钟、25—30 分钟,不得任意延长。				

说明：小班幼儿每天在园时间平均为 8 小时,中大班幼儿每天在园时间平均为 8.5 个小时。每天户外活动 2 小时,自主游戏时间不少于 1 小时。大班幼儿第二学期考虑幼小衔接需要,在五、六月,学习时间可以适当增加,午睡时间可以逐渐减少。

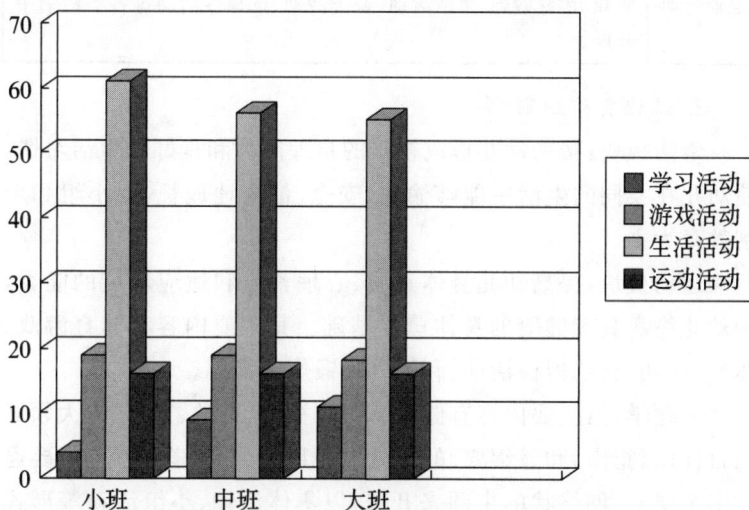

图 4　一日各类型活动时间比例图

（三）课程实施方法

1. 课程实施形式

课程实施方式多样化,在一日活动中力求集体活动与个别化、分组活动,正规与非正规学习、室内与户外活动交替安排、有机结合。开展以年级组为单位的各类活动,定期组织幼儿走入社会、融入自然去参观、远足,让孩子亲近自然、接触社会（课程活动形式见表 6）。

表6 课程活动形式

活动形式	活 动 内 容
集体活动	通过集体谈话、讨论主题活动、游戏活动、亲子活动的开展,培养幼儿的集体意识、学习习惯,促进师生互动、生生互动。
小组活动	由部分幼儿自愿组合参加的教育活动,通过幼儿之间商讨、谈判、辩论、共同研究等,为幼儿的合作精神、科学态度、获得初步的探究能力等培养提供机会。
个别活动	非单个的个别活动,而是因材施教,发展个性,挖掘潜能的教育手段。以区角活动为主,通过有针对性的个别化教育手段,使幼儿在满足好奇心和兴趣的过程中,独立自信地做力所能及的事,获得更多的体验。
混龄活动	可以班级为单位,也可以不同年龄分组或幼儿自由选择,在角色游戏、体育锻炼、生活活动、亲子活动、选择性活动等各类活动中开展。

2. 课程实施细则

生活板块:帮助幼儿形成初步的自理能力和良好的生活习惯,使幼儿在共同的生活中能够愉快、安全、健康地成长,以小组和个别教育为主。

运动板块:提高幼儿身体素质、心理素质和适应环境的能力,为幼儿终身具有健康的身体奠定基础。其主要内容有体育游戏、体操、律动、自选器械活动、利用自我锻炼因素等。

主题学习:主要内容有健康、语言、社会、科学、艺术,五大领域的目标以《指南》和《纲要》的领域发展目标为准,学习活动主要通过多个层次、网络状的主题来开展,以集体活动、小组活动等形式为主。小班每周五次主题学习活动,每次活动时间<20分钟,中班每周七次,每次活动时间<25分钟,大班每周八次,每次活动时间<30分钟。五大领域不是独立的,而是互相渗透、互相融合的。

游戏板块:根据《指南》和《纲要》中"以游戏为基本活动"的要求,满足幼儿自主自发性活动的需要,发展幼儿想象力、创造力和交往合作能力,促进幼儿情感、个性健康发展。我园的游戏活动主要由区域活动、多样性游戏和自由活动等构成。

实施细则参照《重庆市幼儿园一日活动行为细则》。

五　课程评价

课程评价实施中淡化评价的鉴定功能,以幼儿发展为本,实施动态的、过程性的评价。

（一）评价的目的

动态、过程性评价,促进进幼儿和谐发展。

（二）评价的内容

参照"幼儿园教育指导纲要"——幼儿发展部分的评价指标,制定南川区示范幼儿园幼儿发展评价标准。

（三）评价的方法

1.观察记录法

以自然观察为主,教师在幼儿自然活动中通过自然观察,对幼儿做出判断,以表格的进行个案记录,并进行班级整体发展水平的汇总。（幼儿观察记录表见表7）

表7　幼儿个案观察记录表

班　级				观察者	
观察对象		性　别		年　龄	
观察目的					
观察背景 （可多选）	□自然情景观察　　□设计活动观察　　□独立完成 □在成人引导下完成　□与同伴一起完成　□新任务/情景 □熟悉的任务/情景　□用时1—5分钟　　□用时5—15分钟 □用时15分钟以上				
观察及教育干预记录					
幼儿行为表现					
教师干预措施					
干预效果					

2.动态测查法

以体能为例,每个年龄段制定出测查内容,每学期的期初和期末对幼儿进行测查,没有统一的标准,客观记录幼儿的实际完成情况(时间、数量、表现),一学期两次测查后,分析幼儿在该项目的发展情况,老师调整相应的教育策略。测查重在个体发展纵向比较,不得做横向对比。

3.建立幼儿成长档案

成长档案是一种综合性的评价方法,它包括对幼儿在较长时间内的发展进行观察与记录,收集并分析幼儿的作品,经过整理后进行评价,以反映幼儿在一段时间内的学习过程与成长轨迹。(幼儿成长反思与计划表见表8)

表8 幼儿成长档案反思与计划表

幼儿姓名		年龄		教师		日期	
幼儿综合信息(喜好、朋友、家庭等)							
上一阶段发展情况综述							
本学期观察到的进步							
下一阶段发展目标							

4.表现性评价

主要通过作品展示、才艺表演、竞赛活动来评价。如:小巧手竞赛、故事大王、我型我秀、图书制作、科技小制作。

六 课程保障

(一)建立课程管理组织机制

园长:负责建立完善各项课程管理制度,领导课程实施方案的编制,对课程资源进行统筹协调。

教学园长:制定课程方案、完善课程目标和内容、审议课程、监督和审查课程实施情况、评价课程等。组织课程评价,并在动态的过程中,形成适合本园和幼儿发展需要的课程运作流程。

教导处:建立并制订幼儿园课程实施过程中的一系列基本规范和要求并落到位;组织教师开展"问题改进"的园本研修;并就课程资源的常规配置、课程实施中的相关配合与其他部门建立畅通的联系。

课改办:负责对幼儿园课程方案整理、筛选、修订和更新,对课程实施形式和策略改进等展开研究,进行课程资源开发和推广,以推进课程的有效实施和健康运行。

教研组长:制定教研组课程计划、监督本教研组课程实施情况、提出改进建议。

教师:制定教育教学活动计划、实施教育教学活动、反思教育教学并调整。

(二)建立课程质量保障机制

1.共同性课程质量保障机制

计划审阅制度:计划审阅聚焦课程实施中各类计划,包括计划的制定、实施与调整。教学园长审阅各部的学期保教计划、教研计划、课程与幼儿作息安排,以及抽查各部班级学期计划与周日计划、主题包等。审阅过程中发现的问题要及时交流与沟通,并进行调整完善。对计划审阅情况进行实时评价,评价结果作为教师学期考核依据之一。

听课评课制度:每个教师每学期安排一次推门课、一次预约课,涉及集体教学活动或半日活动。组织形式可以是一对一个体式,也可以由管理者组织教研组长、教师代表一同参与。对听课情况进行适时评价,填写相关评价表,并与执教者进行研讨交流。

2.选择性课程质量保障机制

幼儿需求为先:在选择性课程实施之前,以教师为主,请家长协助,以满足幼儿个性发展与需要为依据开发实施选择课程;在课程实施后,根据幼儿的选与表现反馈,对幼儿的需求进行再评估,以此为依据筛选和完善课程。

幼儿选择为主:幼儿选课主要包括课程宣传、教师指导。教师通过试讲、班级门口墙饰等方式对执教课程进行形象、全面的介绍。幼儿在家长和教师的帮助下选择课程,每月跨班选修课由幼儿自主选择。

3.课程审议与推进机制

预设计划与幼儿在活动中的实际进行应基本一致,但是随着实践活动的有序展开,原预设的计划应随着幼儿行为变化不断做相应的调整和完善。

设计计划时的关键点应聚焦于活动教育价值的分析、幼儿经验的分析以及开展活动的主要形式、资源挖掘等。

班级课程计划要体现当前主题活动开展的线索,活动之间要承上启下、互为关联。内容的选择与开展符合幼儿年龄段特点:小班——以点为主、中班——线形推进、大班——呈网状结构。

统筹整合各方资源,形成课程合力。一是整合自然资源;二是整合社区资源;三是整合家庭资源;四是整合教师资源;五是整合现有的课程资源;六是整合年级组资源。

课程审议:各班每学期生成一个活动主题,对于已实施过的班本课程,实施后要及时地进行反思、整理,成熟以后,年级组再进行评价审议,在此基础上再加以改进、整合,最后各班的主题合在一起便形成年级组的课程。在整合年级组主题课程的基础上形成的园本课程,园本课程建设完整成形。

（三）课程制度保障

1. 经费保障

建立课程研究专项资金,专款专用。配置课程所需的设施、设备经费。提供教师培训所需的资金。建立课程建设奖励基金。

2. 资源保障

建立课程资源库,及时提供所需的资源,(人力——做好互动;物力——提供图书、音像、器械等;社区——经常联系;家长——提供开发支持共享资源)建立网络资源。

3. 研修保障

通过园本培训,完善课程建设体系,提高教师的教育教学和研究能力。由课改组长、副组长、教研组长、保育组长、教导主任、骨干等人员组成园本课程改革行政教研组,针对课程实施过程中出现的共性问题,及时开展问题式园本教研活动,不断完善课程内容。

（四）方案修订机制

1. 园长召集行政教研制度

每个月由园长做召集人,召开课改领导小组成员会;每半个月由教学园长召集教研组长,召开课改推进会议,收集课程方案实施过程中的问题和意见,不断完善课程方案,优化园本课程,形成办园特色。

2. 全园教师共同完善课程方案

一是集体教研讨论方案设计,由各部教研组长主持研讨,集中收集全体教师对共同性课程实施、选择性课程的设计开发的总体意见;二是广泛征集个别建议,利用幼儿园网络平台、园长信箱等,给予每位教师提出疑问和建议的机会。

3. 吸纳家长资源完善课程方案

在课程实施和推进过程中,以班级为单位,多渠道收集家长意见,了解幼儿发展需求,积极挖掘和吸纳家长资源,拓展选择性课程内容。

(负责人:鲜文俊　成员:韦　燕　戈文莉
杨珊珊　陈红莉　邓小芹　王抗寒)

3 学校课程方案编制故事

3.1 初 战

"阳光总在风雨后,请相信有彩虹,风风雨雨都接受……"熟悉的手机铃声响起来了。

"南川区课程方案竞赛评比结果出来了,我已传到你的邮箱里,请查收!"电话那头响起了区教科所一位领导的声音。

"一年多7次专题研讨会,9次汇报交流,13次修改,其中4次颠覆性修改,无数个深夜的反复推敲,全体隆化一小人共同参与的结晶!"想到这里,其间的苦与乐,一幕幕浮现在眼前,特别是初战时那一段难忘的经历。

迷 茫

2014年11月12日,隆化一小会议室里课改小组全体成员又坐在了一起。

"南川区国家课改实验区成立,作为一所学校顶层设计的课程方案便成了重头戏。怎么写?南川区首席专家胡惠闵教授没有说,区教科所领导也没有一个框架格式。我们也从未接触过,我当了30年校长也还是第一次听说'课程方案'这几个字。"何家书校长说到这里停了下来。

他环视了一下会场,接着说道:"这件工作是国家改实验区成立以来的第一件事,做与不做的问题不容讨论,现在只有怎么做?怎么做好?希望大家各抒己见。"

"向重庆名校学习,我们与巴蜀小学是友好学习,可以借鉴一下他们是怎么做的!"副校长赵琪提议。

"也可以向网络学习,看看网上有没有相关的范例。"

"可以到重庆书城去看看有没有相关的书籍。"

……

大家你一言,我一语,向陌生的"课程方案"送出了自己的见面礼。

"这才是隆化一小'不待扬鞭自奋蹄'的精神,现在一头雾水是好事,证明很有做的价值与必要,今天开始分头重点学习,一个星期后汇总学习情况。"何校长布置学习任务并做了分工。

一星期的汇总会开始了:巴蜀小学只有《重庆市巴蜀小学校律动课程规划》,没有课程方案;网上查阅,上海一些学校有,但全是中学的,小学的一所学校也没有,而且都是 2011 年左右的;重庆书城也没有相应的书籍……

信心满满的大家纳闷了:以往要做的事,总能或多或少通过网络、交流等途径找到一些可借鉴的,可"课程方案"却不一样,难道这就是常说的"创新"?

但上交日期迫在眉睫,做了再说。第一稿《南川区隆化第一小学校课程改革、办学思想和实施的课程体系汇报》上交到教科所,未等专家到来,就被退了回来,要求重写。

探　索

"怎么办?怎么办?……"作为学校课程改革中心组一员的我不断地问自己,《居里夫人传》中居里夫人艰苦工作的情景此时又浮现在我眼前:每天穿着沾满灰尘的工作服,不停止地搅拌,烟熏得眼泪直流,而且是在一个极其简陋的实验室里,整整奋斗了 45 个月……

"不能轻言失败!一定可以找寻到基本的规律,我一定能行!"站在阳台上,眺望着远处永隆山上美丽的风景,我暗暗地对自己说。

"网上一些学校不是有吗?虽然是中学的,但只要是课程方案,一定有不少共性的地方,一定就有借鉴之处。"正在此时,电话那头传来了重庆一位好友的提醒。

"对呀!我们怎么就没有想到呢?"我兴奋地挥动着拳头,顾不上说一声谢谢,赶紧打开电脑,将能从网络上搜寻到的课程方案尽数浏览,从《上海市华东模范中学课程方案》到《上海市进才实验中学 2011 学年课程方案》,再到《上海市文建中学校本课程方案》……

在一次次的对比分析中我惊喜地发现,他们共有的文本结构:由学校简介,编制依据,课程目标,课程结构,课程实施,课程评价等几部分组成。但不同的是表述的先后顺序有区别;其次是各部分的名称有区别,例如有将课程结构部分命名为课程设置,将编制依据命名为学校条件分析,内容也有一定区别;再有就是"课程原则"等部分,一部分有,一部分没有。虽各有不同,但我庆幸自己从这些文字的背后终于发现了其中的一点端倪。

相同部分也就是共性内容,应当就是一个课程方案必须具备的。我这样认为,便开始了每一段文字的解读;原来课程目标就是通过学校课程的学习,小学六年后培养成什么样的人的具体表述;课程结构就是学校准备建立哪几类课程,每类课程中具体包含什么样的课程项目,通过这些课程项目的学习来实现课程目标;课程实施也就是怎么对课程结构中所设置的课程有哪些具体的措施推进等。

接下来就是不同的部分了,哪一个方案的究竟恰当一些呢?只一个笨办法,再比对,再分析,特别要仔细解读每一段文字背后要表述的观点。一部分方案的"编制依据"里包含了"学校条件分析",由此,我得出一个结论:应当使用"编制依据",因为"学校条件分析"只是"编制依据"的一部分,因为我仔细阅读了三所学校的课程方案中的这一内容,它除了"学校条件分析"外,还包括国家地方政策、学校教育哲学、学生需求等多方面,而且分自然段分类表述,很清晰,特别是学校教育哲学部分更是给我留下了深刻印象,使命、核心价值观及愿景是学校教育哲学的三部分,而且这也是对学校历史传承与创新的一个过程,也是对学校的过去与未来一个清晰的认识,结合时代的发展特点,开设更为科学合理的课程。这时,我心底闪过一句不知是哪位名人说过的话"从无到有一定不是无中生有!"原来课程方案的编写也一定是在继承中找寻灵感!

同样,面对不同方案中大致内容分别表述为"课程管理"与"课程保障"时,我也做了相同的比对,最后确定使用"课程保障",因为通过再解读,发现"课程保障"为了保障各项课程的实施,不仅包括各部门分工,还包括了各项制度、经费等的具体规定,而"课程管理"应当也只是其中一方面。

讨 论

就这样,每天晚上都沉浸在这些方案的比对与解读的喜悦之中,即使到了 12 点也丝毫没有睡意,特别是当从对比与解读中联想到隆化一小的相应部分时,更是欣喜得一整晚都睡不着,有好几个晚上索性不关电脑,不管什么时候,只要想到,就翻身下床,唯恐忘掉,赶紧记录在电脑中,第二天,将自己的思考与学校课程改革中心组的成员交流,无数次这样非正式会议也不知经历了多少次,特别是那一次"五彩课程"概念的提出时……

"何校长,我们隆化一小的办学理念是'五彩阳光,金色童年',昨晚我想到了以'五彩课程'来建构学校课程体系,你觉得怎么样?"一看见总是最早站在校门口迎接师生的何校长,我便按捺不住说出了自己昨晚的思考。

"说说你的看法,哪五彩?"何校长惊喜地望着我。

"美德、智慧、健康、艺术、创新。"我一面弯着指头数着,一面望着旗台柱上闪亮的"五彩阳光,金色童年"几个大字。

"好!德、智、体、美几方面全面发展,这样的课程一定可以培养出阳光的小学生!"旁边的副校长郑健赞赏道,"特别是美德,应当是学校最重要的一门课程。"

"我们学校每年三月文明礼貌月、九月尊师爱生月、十月'三爱'教育、十二月'感恩教育'等主题活动是不是美德课程的一部分?"也不知什么时候分管主题活动的王霞老师也加入了讨论的行列。

"当然是了,这些是我校多年来传统的主题活动,并且他们的目的都是为了培养学生言行文明,真诚友善,尊敬师长,诚实守信等优秀品质。"何校长肯定道。

也不知在旁边听了好久讨论的任晓玲老师问道:"那么,'花山领巾别样红'、'走进敬老院'等类似的实践活动也应当归入美德课程了?"

"是的！这些是促进一小学生养成良好的社会公德的社会实践活动,是比书本还重要的课程学习了!"我结合对其他学校课程方案的学习经历给出了有点武断的回答。我所阅读的课程方案里每个学校都有社会实践活动类课程,以此类课程引导学生走向生活、走向社会,在实践中学习,学生也更感兴趣。

我们就这样一直站着,讨论着,没有会议室,也没有记录者,但我知道,这样的讨论却印在了每个人的心中。旁边加入讨论的教师也越来越多,最后不知是谁问道:"开设的《品德与社会》该在这类课程中占什么位置呢?"

真是一句话惊醒梦中人,我们都只顾着讨论校本课程中所涉及"美德"的部分了,竟然把国家课程中的《品德与社会》给丢在了一边。他们之间究竟是什么关系呢?

大家都陷入了沉思。虽然我们都知道,国家课程占80％,地方及校本课程占20％,但真这么深入地思考还从没有这么系统,这么深入地思考过? 特别是面对这么多的校本课程如何开展实施,如何做好整合?

理所当然,这也就成了每一个参与讨论者思考的内容了,也就成了下一次见面后交流的话题了。

就这样,讨论一直这样延续着,从第一方面的编制依据到最后的课程保障。其中的每一方面,甚至于每一句话,每一个词,我们都这样交流着各自的想法,没有领导与教师之分,也没有对与错,只有怎么更合理,更恰当,更适合学生的发展,适合学校的实际情况。即使争得面红耳赤,大家再见面时,却同样是未完的话题——课程方案中的某一点,而且乐此不疲。

出 征

四个星期后,第二稿《沐五彩霞光,书金色童年——南川区隆化第一小学课程建设汇报》终于在反复研讨下,由我执笔完稿并上交了。

"区教委邀请了重庆的专家对上交的《课程方案》进行集中评比,下周一举行,请做好相关准备!"周五晚上我接到了区课改办的电话。

"欢迎光临美丽金佛山环绕的南川,在寒冷的冬季里,我想送大家一缕阳光。因为它把爱播撒给每一个人,滋养万物而不争;因为它以不言之教点亮每一个生命的智慧;因为它生生不息,充满生机与活力……"经过周末的紧张忙碌后,我站在了交流评比的讲台上。

从"编制依据到课程目标,课程结构与实施,以及课程评价与课程保障"我做了全面的介绍。当通过对"五级阶梯、五彩课程、五个舞台"一步步交流,最后呈现出"南川区隆化一小阳光课程体系——阳光成长阶梯",并对"阳光高度、阳光厚度、阳光广度"顺势表达时,更是让台下的专家眼前一亮,欣喜之余,眼角似乎看到了评委们不由自主竖起的大拇指。

这时,课程方案的神秘感与陌生感才在心头渐渐消去,我知道刚起步,才接触这一新生事物,有很多不足,但至少目前的课程方案得到了初步肯定。无数加班熬夜的辛苦都在这一瞬间逝去,化作无尽的甘甜,也挖到了《课程方案》编写的"第一桶金"——从无到有的团队创新精神。

幸 福

可最后的第 13 稿获得华东师大胡惠闵、朱伟强等专家教授的认可却是在一年之后的事了。其间,5 次与胡惠闵教授面对面交流,得到她亲自指导,甚是荣幸。在我 23 年的从教经历里,在大学教授带领下做一件事,是第一次;像这样面对面交流,更是第一次;获得细致而具体的指导,更是第一次。让从未踏过大学门口的我,享受了一番大学之旅,今日想来,不觉挺自豪的,特别是每次进步一点点,得到认可之后,那份喜悦至今想来都是甜蜜的。正如"拓展课程实施"部分,当我拿着听取了胡教授"课程就得有课时"建议后的又一次修改稿,向她请教得到认可时,我清楚地记得从教科所到回家的路上,似乎不是走回去的,而是跳着回去的。并且在假期学校课程方案培训工作会上,我总不忘加上这样一句话:华东师大的胡教授说,拓展课程的实施就应当是这样做,你们走的路子很对! 教师们一听,走得很对,而且得到了认可,干劲就更足了。

就这样,在一次次交流中才发现原来自己对课程方案认识的肤浅,胡教授无数亲切而中肯的话语至今仍回响在耳边:"课程目标稍微高了一点,可以再降一点,真正像个小学生的目标。人见人爱,不一定,做一个美德小孩就可以了;掌握多项体育技能高了一点;第五条太难了,可不可以描写像个小学生的样子,用'好奇心''不怕失败'等字眼来表述。"……

就这样,大到文本结构的规范,小到这样一个字一个字的指导,这样的语言会议记录上都有 20 几页,真庆幸能得到这样高屋建瓴而又落地生根式的指导,此时只能用一个普通但却是最能表达内心的一个词——"幸福"来形容整个修改过程,当今社会什么人对你最好,从课程方案修改的一路走来,我才真正明白:能像胡教授那样指出你缺点,并真心帮助你改正的人,才是真正对你好的人!

就这样,再探索,再讨论,再修改,自然也就会有了后面的 5 次专题研讨,7 次汇报交流,11 次修改,其中 4 次颠覆性修改。每一次,无不经历着初战时同样的苦与乐,此处暂且不表。

初战告捷时的兴奋,驱使我迫不及待地打开邮箱查看评比结果:南川区隆化第一小学校　第一名!

(隆化一小　蒋明权)

3.2　带着怀疑上"路"

"学洋思、学杜郎口、学衡水……我们学了全国这么多先进的学校,现在南川还搞什么课改实验区,难道这不是多此一举吗?完全是领导搞的形象工程。""对了,听说还是经教育部批准,国家课程中心安排专家指导……""什么专家哟,还不是理论上的纸上谈兵,把简单问题复杂化,把自己都搞不懂的问题弄得大家都搞不懂。"……南川课改实验区申报成功以后,一些老师在学校举办的"课改大讨论"上众说纷纭,对南川课改实验表现出了一种怀疑的态度。

其实,一直以来,我校始终以"秉持信念做教育,摒弃浮躁搞研究"的理念,致力于"优化教学模式,构建高效课堂"课改实验,在课改之路上苦苦的追寻着,先后多次派人学洋思、学杜郎口、学衡水……上世纪 90 年代,在南川区率先以"诱思探究"课堂教学改革为突破口,曾经采用行政命令,禁止老师在学生自习课上统一讲解等措施,培养学生的自主学习能力,着力进行课程建设。同时,继2001 年国家进行第八次基础教育课程改革以来,我校又于 2003年引进陕西师范大学张熊飞教授的"诱思探究"学科教学理论,并多次邀请陕西师大张熊飞教授来校亲自指导课改。在 2014 年初,也就是在南川区要求各学校成立课改办以前,我校就专门针对课改工作内设了一个机构——课改办,重点对学校课程建设进行顶层设计。

尽管如此,2014 年下期,学校校长梁正犹仍然对南川成功申报课改实验区充满信心,并亲自牵头组织课改办一班人按照南川区教委课改办的统一部署,落实相关工作,如:积极组织领导干部进行专题学习,将课改专题研究纳入每周行政办公例会议程,安排教学骨干参加聆听专家的专题报告,安排课改办核心成员到基地校学习等等。同时,将热衷于课改工作的我,作为课改办的核心联系人和学校课程方案的执笔人。

2014 年 10 月至 11 月,学校组织人员对学生的课程需求和发展需求、教师的专业知识和课改理论等开展了调查问卷,经过汇总,掌握了许多重要数据,特别是学生需求发展的数据。针对这些数据,办公例会结合学校的校情(办学理念、人的资源和物的资源等)开展了学情、校情 SWOT 分析,分析了学校内部环境因素,即S 与 W(优势与劣势),分析了外部环境因素,即 O 与 T(机会与威胁),并初步形成了学校课程改革的相关意见。

这期间的一天晚上,我无意间看见了区教委下发的一个关于确定"南川区课改核心研究成员"的通知,并反复看了几遍,都没有找到学校校长或分管教学校长的名字。顿时,我感觉到教委好像给我校课改推进工作泼了一盆冷水似的。性子很急的我,于是便拿起手机就给教委相关人员打电话,询问这是怎么一回事。没有得到满意回答后,又给学校领导打了电话,学校领导安慰我说:"没事儿,我下午就知道了。你要好好的干,我们搞课改一定要默默无闻,一定要摒弃浮躁,绝对不能去追求一时的名声。因为我们课改的目的不是为了让领导知晓,而是为了一中的每一个学子,让他们学有所获,学得幸福。"当天晚上,我想了很多,感觉整个晚上都没有入睡。

没有不透风的墙。后面的一些日子,学校更多的老师也对南川课改实验有了怀疑的声音,如:"我们学校分管教学的冯书记,来校工作了 30 余年,教学改革意识超前,并且成绩突出,凭资历,他应该是南川区核心研究成员之一。竟然不是,看来南川课改工作不务实,是在搞形式。""一中教育也是南川教育,怎么得不到公平的对待和偏爱呢?""一中是南川教育中失去关爱的留守儿童。"……这些是说得较多的内容。同时,有的老师对我校以前开展的系列教学改革也产生了怀疑,因为他们觉得我校曾经的课改没有受到区教委的青睐。

在各种怀疑声中,我仍然采用上网查找学校课程方案编写的案例,学习胡惠闵教授编写的《学校课程计划编制实践指南》和基地校的课程方案等方式,于 2014 年 12 月中旬形成了正标题为《文运南屏,科技一中》,副标题为《重庆市南川区第一中学校课程建设规划方案》的课程方案初稿,内容包括学校概况、特色定位与办学理念、课程顶层设计、课程开发与实施、条件保障等五部分,39100多字。12 月 20 日,我将形成的课程方案在南川中学陈述后,得到了胡惠闵教授等一行专家的肯定。同时,他们也指出:此方案存在校情分析、课程开发等无关内容较多,没有国家层面的《基础教育课程改革纲要(试行)》和重庆市级层面课程设置与实施的相关政策法规依据,缺少课程方案六大要件之一的课程目标等问题。说实在的,我当时真是受益匪浅。回校后,我按照专家的指导意见,对课程方案进行了修订,字数减少到 30500 多字,并将修订的课程方案编入了《南川一中 2014 年寒假课程改革学习材料汇编》,一是便于教师们学习,二是便于征求教师对学校课程方案的意见和建议。

2015 年春期,我校课程方案按照南川区教委安排"学校陈述—专家指导—学校讨论修订"的模式进行了四五次调整,字数也减少到了 9000 多字,内容六大要件由不明确到逻辑清楚。在这一学期,可能是长时间反复多次修改课程方案的缘故,大家更加怀疑南川课改实验的实效性,都感到这像是在做文字游戏,与具体提高教学质量没有多大关系，都感到这样搞课改枯燥无味，没有实质性意义。我也不例外，课改的热情也直线下降，对修订学校课程方案也越来越感到烦躁，甚至想向学校领导申请放弃干这事了。

转眼间到了 2015 年暑假，在区教委组织学校分管教学负责人召开的一次会议中，我校是党委书记冯绍松参加的。会后，他向校长汇报完情况的当天下午，就与校长一起立即组织学校分管教学的一班人开会。会上，冯书记传达完区教委将实施自主考核评价的会议精神之后，信心十足地说："我们学校教学改革起步早，时间长，经验丰富，对我们最有利的自主考核模块应选课程改革。这是彰显学校内涵发展的大好时机，请大家齐心协力，及早谋划，认真思考这个考核内容的评价体系。"同时，校长梁正犹也进行了强调，他指出："我们学校教学质量在上世纪八十年代，曾经荣获过南川区五连冠，学生由以前的几百个人发展到现在的三四千人，靠的就是教学改革。现在教委要求学校自选模块自主考核评价，这是对学校综合考核的一个创新举措，也是彰显我校特色发展的一个重要机会，我们一定要抓住这个机遇，充满信心，以当前南川的课改实验为平台，借助专家的指导，着力研究课程改革。"

从这以后，我们感到南川课改不完全是在做文字游戏，而是实实在在地进行着有效推进。那是在 2015 年的 9 月，区教委组织全区各学校领导在南川区书院中学召开了校本课程实施现场会，并邀请胡惠闵教授、朱伟强教授等进行现场指导培训，现场答疑解惑。指导培训中，胡惠闵教授结合书院中学校本课程实施案例，强调了学校课程方案要结合校情、学情的重要性。同时，朱伟强教授也指出："校本课程的实施，目标定位是关键，过高或过低都没有意义。一定要结合学校学生的发展需求、社区的发展需求，以及学校人的资源和物的资源状况，才能得到有效地实施。"这次指导培训，内容鲜活生动，给人的启示真的是无法用语言来表达，实效性太强了。当然，在这个过程中，我校课改的热情就不断地升温，至少学校教学管理的一班人进入了积极的状态。在 2015 年秋期一开学，学校为了进一步推进课程改革，又将冉颖、董太花两名优秀教师充实到课改办进行研究。

2015 年 10 月，在区教委两次组织学校进行课程方案陈述中，我感到胡惠闵教授等一行专家指导的重点内容不再是以前课程方案的宏观结构,而是落脚到了具体实施的内容要求,非常接地气,如:课程背景的针对性,课程目标的主体性和可评价性,课程结构的逻辑性,课程实施和评价的可操作性等。特别是第二次对课程方案的内容培训指导,胡惠闵教授的一席话,让我深受启发,一直成为我后来进行修订课程方案的指导思想,至今都还记忆犹新。她这样说——

作为学校课程方案的内容,总体上来讲,一定要明白易懂,一定要结合实际能够操作,能够实现。不得一味地去追求语言的华丽,结构的工整,做法的时尚。如果是要让你们的课程方案"高大上",没有实用性,那你们今天就不用集中在这里一起,我直接让我的学生去完成这事,绝对没有问题的,弄出来的课程方案在字面上绝对是优秀的。

回校后,在当周的行政办公例会上,进行到"课改专题研究"议程时,我说:"今天的内容是继续修订完善学校的课程方案。"我的话音一落,有的年级组长就轻声议论起来:"又是修订课程方案,好没有意思哟,建议研究点其他关于课堂教学操作方面的就好了。"这些话,我听在耳里,记在心里,又接着说:"课程方案是学校实施课程建设的灵魂,好比一个人的大脑,一个人的心脏。今天方案研究的重点是内容的可行性,实用性。"同时,我还把胡惠闵教授的那翻话说给了大家听,大家一致认为非常有道理。在接下来的讨论中,大家的热情非常高,昔日的怨声和杂音全然消失。在讨论到课程具体分目标时,更是争先恐后地发言,有一位副校长说:"目标一'积累人类生存所不可的核心知识(阅读、书写、口头表达、计算等)和学科基本知识;具备基本的技能——获取、收集、处理、运用信息的能力、创新精神和实践能力、终身学习的愿望和能力。'我认为语言不精炼,内容太具体,可以改为'热爱学习,形成多个知识领域的知识结构,具备一定的科学思维能力和较强的终身学习力。'"另一位年级组长说:"目标三'树立乐观的生活态度、求实的科学态度、宽容的人生态度,逐步形成正确的人生观、价值观和世界观,从内心确立起对真善美的价值追求,以及人与自然和谐和可持续发展的理念。'内容显得比较上位,不具体明确,可改为'树立合作与竞争意识,有积极的人生规划,能为幸福生活奠基,成为一名讲诚信、重协作的社会公民。'"……不知不觉,只是具体目标的研究就用了3节课,比以前研究的时间多了3倍。

像这样,我校后来对学校课程方案10余次的讨论修订中,不但管理者改变了以前很多错误的认识,连很多教师也积极投入到了学校的课程改革的浪潮之中,改变了以前对专家指导南川课改实验的一些错误看法,明白了专家反复指导修订各个学校课程方案的良苦用心,真正明确了"方向永远比速度更重要"的道理,真正明确了学校课程方案在学校课程建设中的重要作用,真正明确了区教委实施课改的长远战略举措。

截至目前为止,我校课程方案趋于成熟,不但文本较为规范,而且结构、内容也更为科学。如:一是课程目标由原来的"拓展学习领域,转换学习方式;培育正能量,促进正迁移;启迪专业选择,谋划职业方向;奠定未来高品质生活的基础。"改为"通过中学阶段的学习,学生能够:永葆激情、质疑善思、实践创新、友善合作,成为一名个性发展、幸福成长的一中学子"的总目标。同时,还界定了三个具体目标;二是将附件课程内容、课程设置与课时安排调整到课程方案的主体部分;三是将课程背景中的一些内容进行了整合,对一些模糊性的和不易操作的语言进行了修改,如:在课程评价中,对学生等级评价用语"一般、较差"修改为"合格、待合格"等,去掉了一些正确的废话等。在南川区教委组织的学校课程方案评选中,居然获得了一等奖。现在,我校还拟定了学校课程方案讨论修订制度,课程方案将永远伴随着我校的课程改革。

"为伊消得人憔悴。"一年来,学校校长和书记承受课改的种种压力,虽白发新增了不少,但终于度过了冰冷的寒冬,迎来了温暖的阳春。谈到我校的课改,他们脸上时不时会露出欣慰的笑容。

忆往昔,我校进行着"散打式"、"点式"的课程改革,趋于盲目性,缺乏系统性,并带着怀疑走上了南川课改实验区的课改之路。看今朝,我校上下一心,团结奋进,对课改充满了极大的信心,并将按照学校课程建设的纲领性文件——《南川一中课程方案》要求,不断向前发展,不断提升学校课程建设的内涵。我们坚信,课改工作没有最好,只有更好。我们将坚定不移地踏着南川课改实验区的春风,永远走在课改的路上,为振兴南川的教育添砖加瓦。

(南川一中 丁显均)

3.3 行走在"简单"与"务实"之间

2014年2月,韦磊调任我们大桥小学校长。此时,学校的状况是:规模越来越小,学生人数越来越少,教师越来越老。新年伊始,"咱们大桥小学今后的路该怎么走?"成了他与我们聊得最多的话题。

4月,区教委与课程教材中心合作建立"基础教育课程改革实验区"。面对这千载难逢的历史机遇,韦校长在学校教职工大会上兴奋地提出:"何不以课程改革为抓手促进学校内涵发展呢?"一石激起千层浪,会上大家你一言我一语议论起来。

"课程改革促发展?话好说——操作起来难⋯⋯"

"我们的经历也不是一回两回了,不就是听听报告,写写总结了事?"

"听说,这次是玩真的哟。"

"玩'真的'就好——形式和内容上最好别搞得太复杂。"

"怎么搞?"

"大家都琢磨琢磨,也许办法就出来了。"

⋯⋯

日常教育教学工作有条不紊地进行着,不知不觉已到期末,我们从未停止过思考与讨论。

8月25日,南川区课程领导力项目正式启动,拉开了基础教育课程改革的序幕。学校随即成立课改办,启动了学校课程方案的编制工作。

学习借鉴,羞涩成形

发达地区名校给我们呈现出来的课改方案林林总总,学校课改办的同仁们深觉"乱花渐欲迷人眼"。我们到底该学哪派哪宗呢?带着迷惘和困惑,我们上路了。

"通过专家们短短几天的培训就要炮制出一个像样的课程方案,对我们这些凡人来说还真是个棘手的活儿。"

"校长,我们都没写过,怎么写?"

"几天的培训,课程方案到底怎么写也没讲清楚。"

"谁来主笔呢?"

……

第一次课程方案编制工作会,就在大家相互"谦让"中,半推半就中落实了谁查阅资料,谁主笔,谁协助等工作分工。

课改办一周一次的例会也断断续续的进行着。

"我觉得课程方案的名字就叫若水育人课程。"

"我看了其他学校的课程方案,课程方案包括课程目标、课程内容设置、课程实施与管理、课程建设评价、课程实施组织保障五部分。"

"我觉得学习上海按基础型课程、拓展型课程、探究型课程分类。"

"我们的办学理念,可开发水文化理解校本课程。"

经过几番讨论后,课改办确定了"简单而务实"的编制方向,拒绝华而不实的"高大上"做法。

我们以《基础教育课程改革纲要》《教育部全面深化课程改革落实立德树人根本任务的意见》《重庆教育委员会关于调整普通中小学课程计划的通知》和《新课程标准》为主要依据,结合本土地域和我校实际开始了编制方案的工作。编制中,我们本着"弱水三千,吾只取一瓢饮"的做法对别人的成果进行学习和借鉴,课改办一周一次的例会也雷打不动。经过2个月的努力,带着浓浓的"城市课改"味道,我们以"学生在水韵般的校园里自主、全面、快乐地成长,成为身心健康、品行善良、学习勤奋、有特长爱好的若水少年"为总目标的课程方案初稿终于出炉了。

此时,该方案整体呈现出"无处不课程、无事不课程、无时不课程"的泛课程观。课程目标、课程结构、课程实施、课程评价均来自不同的学校的表述,如同印度的"万国牌"武器装备,拼凑而成,显得有些粗糙还带着羞涩。在初稿完成后的小结会上,我们课程编制工作的一行人喜忧参半。韦校长在会义结束前语重心长地说:

"学校课程方案的编制不是乱贴标签就成的应付工作。这不是我们最终所要的结果,接下来结合本校教育教学的实际进行修订完善的工作是必需的,也是迫在眉睫的。"

数次修订,务实求真

各校方案初报后,南川区课改办下发了修订学校课程方案的通知。为此,学校课程方案修订会照例如期举行。可在学校课程修订工作开始不久,学校又遭遇了尴尬的人事变动。

"我年纪大了,这些事让年轻人来干吧。"临近退休的郑泽焱主任要退居二线了。

"这是我考虑了很久的申请。"年轻的郑远刚主任因为家中特殊原因向学校递交了辞职报告,挂冠而去。

……

由于学校人事变动,主笔几经易主,后来"顺理成章"传递到韦校长手中。

2015 年 3 月,学校课程方案修订工作进入了攻坚阶段。课程教材中心专家频频现身南川指导,培训会、交流会、研讨会接踵而至。学习如何修订课程方案,成了第一要务。参加的工作会上,增加了课程领导力建设的培训内容;交流会上,陈述与点评课程方案成为核心;培训会上,方案编制成为主题;读书会上,《学校课程计划编制实践指南》成为学习重点。经过一次次培训,一天天积累,课程方案编制要领逐渐明晰,逐渐内化。

摸清校情成为我们方案修订工作的前提。组织发放问卷,调查学生的发展需求;安排教师访谈,问计校本课程如何实施;全面清理校产,摸清课程实施的家底;联系街道社区,整合社会教育资源。

一周一次的课程方案编制研讨会,一月一次教职工征求意见会如期举行……经历了五个月认真学习、深度思考和反复研讨,学校课程方案完善了的基本要件,终于改了头换了面。

2015 年 10 月 26 日,水江片区学校课程方案现场陈述会如期召开,教科所郑勇、梁川、潘远菊到会指导。

PPT 一张一张的展示,方案一个一个的陈述,问题一个一个的晾晒,疑惑一回一回的争论,与会专家对我们的方案进行了耐心细致的指导。

大桥小学课程目标主语是学生就好了。

课程结构一定要有逻辑性,课程的划分标准要一致,一定要画好一张总图和三张分图。学校课程结构总图由基础型课程、拓展型课程、探究型课程三类功能型课程组成,三类课程分别由那些具体的课程组成可按从属关系逐一用分图呈现出来,再对哪些是选修课程、哪些是必修课程进行说明和注释,这样一来,课程结构及关系许就明晰而具体了。

课程评价主要回答两个问题,一是评哪些方面,二是用什么方法来评。

方案定到位要实在,要回到学校本身,回到实际当中,回到学校层面来做,不要高大上。

行文风格方面要去掉过多的论述,以纲要的形式,纲领性的指导文件,就更能让人看得懂了。

课程的实施方式有多种,有主次之分,以课堂的方式居多,校本实施的方式更多的是自主探究。

……

经过教科所专家的点评,"课程目标与课程结构一一对应"、"课程复杂化、泛课程"、"课程实施与课程类型不匹配"、"课程评价最终是为了课程目标有没有达成"等制约方案编制的认识瓶颈得到突破,学校课程方案修改有的放矢起来。

2015年11月,南川区学校课程方案评比即将举行,驱动着学校课程方案修订也进入再研讨再完善阶段。

学校课程方案再次一点点发生变化:

《国家中长期教育改革和发展规划纲要》"修改成了"《教育部全面深化课程改革落实立德树人根本任务的意见》(教基二〔2014〕4号)。

(具体目标)

1. 通过基础型课程实施,主要让学生成为品行正,会学习,爱运动,美情操的水江人;

2. 通过拓展型课程实施,主要让学生成为有特长、能自主、善交流、求上进的水江人；

3. 通过探究型课程实施，主要让学生成为勇实践、敢创新、会合作、乐探究的水江人。

修改成了

1. 扎实的学习基础：学生学习兴趣浓厚，学科知识扎实，学习方法多样。

2. 良好的品德习惯：学生能自我约束、遵守公众规则，友好与人相处，有效与人合作。

3. 初步的实践能力：学生敢于提出问题，乐于探究问题，能将所学知识运用于生活实践之中。

4. 广泛的兴趣爱好：学生乐于参加有益的文体活动，具备基本的艺术欣赏能力，拥有一项以上的特长或优势。

英语学科拓展课程从"诵读英语"修改为"对话英语"，努力走出应试英语教学的传统观念。

文章题目从"小二黑体"修订为"方正小标宋"，文章内容从"仿宋三号"修改为"四号宋体"……文体格式进一步规范。

这样的修改，使我们的课程依据更加符合国家政策、课程目标更加具体明确、课程的整合与实施更加科学合理……同时，学校课程方案也走出了"课程目标与课程结构一一对应"这一认识误区；为了走出"应试"这一狭隘区域，努力走向"育人"与"育分"两不误的广阔天地，基础型、拓展型、探究型三类课程的比例分配和实施形式等都作了一系列的调整。正是因为有了这些简单而务实的修改，我们的课程方案得到了区教科所和外聘专家——胡惠闵教授的认可。

2015 年 12 月 17 日，全区学校的课程方案评比结果揭晓，大桥小学喜获一等奖，学校课程方案终于成型。

摸索前行，收获喜悦

俗语说"光说不练假把式"。我们在拟定、修改本校课程方案的整个过程中践行之路从未停息。一路上惊喜连连，我们仿佛步入了一条鲜花散落的芬芳小径。

点滴汇聚，浸润童心。古人云："少年之记如石上之刻。"良好的德性养成能赋予童心美的光泽,因此我们就把"正直善良、诚实勇敢、勤奋自强"作为能给孩子一生幸福奠基的正能量来进行渲染。在主题课程的实施中,我们把《中小学生守则》《小学生日常行为规范》与学校德育、安全、健康、文明、学习诸方面教育实际结合在一起,整理成了朗朗上口的《大桥小学一日礼》21条。于是,课前3分钟就在"一歌"的基础上还有了"一礼"课程,学生的行为习惯在知行统一中潜移默化的养成。

结合学校实际,我们积极完善将学生的学业成绩与成长记录相结合的综合评价方式,创设了独具特色的"笑脸银行"评价机制,覆盖所有课程。十个一级笑脸换一个二级笑脸;十个二级笑脸换一个三级笑脸……一月一次的"若水少年"的评比,已涌现出了一批又一批的"若水少年"。他们在国旗下的合影煞是好看:胸前戴着大红花和"若水少年"绶带,脸上洋溢着灿烂的笑容成了我们校园里最美的风景。

看似点滴的教育,却能以汇涓成河之势将现代公民的基本素养"正直善良、诚实勇敢、勤奋自强"有机地植入学校课程之中。我们欣喜地看到一颗颗童心在不知不觉中向美而生。

探究实践,充实童年。为了培养学生创造性学力,我们着眼于提出问题、探究问题和解决问题的能力,我们编辑了校本教材《水文化知识读本》。孩子通过调查、阅览、上网,了解了水的包容、坚韧等品质,知道了泼水节是傣族的节日,会讲大禹治水、哪吒闹海等故事,会唱《泉水叮咚》《让我们荡起双桨》等歌曲、有的会写"水"的多种字体……对水文化有一个进一步的认识和理解。

春天来了,学校组织学生开展水文化研究的社会实践活动。家乡的水厂、团凼儿河畔、污水处理厂、消防中队、水电站……凡是有水的地方都留下了孩子们的足迹。孩子们和家乡的每一处水源都有了亲密接触,学生获得关于社会、自然与个人情感方面的经验性知识,逐渐有了关注自然与环保的意识,渐渐养成了节约水资源的良好习惯,自觉加入了爱护水资源的行动中。

多元引领,满足特需。每个孩子都是一个独特的世界,学生的成长和发展是有个体差异的。集实用主义大成的美国教育家杜威说:"教育即生长,生长就是目的,在生长之外别无目的。"这里的

"生长"对学生而言即"成长和发展"。一个人成长中有比分数更重要的东西,这或许就是支撑其生命旋律中的重音。

于是,以走班为主,真实、纯任天性的兴趣拓展课程来满足孩子们的"特需"。学校设立了篮球、乒乓球、舞蹈、绘画、书法、手工、阅读、演讲、棋牌、合唱、器乐(口风琴)等多种课程。全校学生根据自己的爱好和需求自主选择参与热情空前高涨。每逢选修课他们总是争先恐后地从各处汇集,兴趣盎然地参与其中。让孩子们按照自己的期盼的方式去成长,每个孩子都沉浸其中,勾画着自己蹁跹的一页。说到这儿,不禁想起我们四(一)班那个"名人"的故事来。

全校老师和大部分同学对段贵川的事儿可算得上耳熟能详了。

这个孩子由于家庭的原因,行为习惯相对较差,并较早的表现出与他年龄不相吻合的叛逆。他较为自私,悄悄拿走同学抽屉里的东西是常事儿,与同学相处中以自我为中心的倾向尤其严重,不能和睦相处,自由出入课堂,课上装怪捣蛋。我作为他的班主任,在我的课上还算言听计从,可对于其他老师的批评和教育抵触情绪特别严重,曾一度以跳楼或撞墙来威胁和耍横。我常和他家长进行交流,家校共管,可效果总是不尽如人意。

记得一次期末考试中,他拿着书本在考室旁若无人地抄袭起来。金晓琼和雷江兰两位监考老师制止他的错误行为时,他跑出了教室又拿出自己的"看家本领"这可把她俩给吓住了。雷老师拉住他,金老师急忙跑到我所监考的教室寻求助。我快速赶到那里,与他进行了一阵交流,批评教育后,他重新回到考室,不再作弊了。可没到考试结束又不消停了,故意用脚踢同学的凳子……第二堂考试,我只好让他带着试卷到我所监考的教室,进行考试。这样一个孩子,在多数老师看来是要把他扶上正路,难度很大。可出乎所人意料的是在学校新的课程方案实施以来,我们惊喜地发现这个孩子的行为举止有了峰回路转的良好势头。了解到他对乒乓球较有兴趣,于是,我和班上的科任老师主动陪他打乒乓球,借此相互交流。

"老师,你打这边吧。"

"为啥子呢?"

"我喜欢'拉'和'攻',可又不太准,球会跑出很远,捡球困难。"

"没事儿,捡球也是锻炼。"

"我比你小,就让我多一些锻炼机会吧!"

"那好吧。"

……

一来二往,我们与他的距离逐渐拉近。后来他心爱的球拍不慎弄丢了,一直不开心。几十元一块的球拍在一个农村家长看来这么贵的东西,自己不珍惜,弄丢了,要再买就只能是便宜的了。我了解到这个情况后,立即与他妈妈联系,并疏导她看问题不能太短浅和狭隘,从孩子成长的角度来看问题。他妈妈终于转过弯儿来。为此,他球拍的问题得到了满意的解决,心里甭提有多高兴。

在兴趣拓展课上,他如鱼得水,脸上常常带着阳光的笑容。在这里的课堂上,他懂规矩,守纪律。同时,新课程方案的实施中我们对孩子的评价方式也发生了较大的变化:我们重视学生的分数,但决不唯分数论英雄。对段贵川的评价尤其是这样,只要他有点儿进步,我绝不吝啬表扬和"笑脸"。他往常的过激行为渐渐消除了,身上的小毛病逐渐减少,虽然隔三差五会有反复,但毕竟已朝着美和善的目标又靠近了许多。

孩子们徜徉在宽广的自由中,理想、希望和意志得到启发,效果不言而喻。近年来在水江片区和区级以上单位组织的一系列学生文体竞赛中,名不见经传的大桥小学均获嘉奖与殊荣,让远近的兄弟学校赞叹不已。例如,谭玉航同学多次在区级以上的绘画大赛中获奖;乒乓球队在南川区小学生乒乓球赛中连续两届获得嘉奖,征文活动中,我校学生多人屡次获国家级表彰……学校曾多次吸引来区里不少学校领导和教师来观摩交流。作为大桥小学的主人我们倍感自豪。

上述片言碎语是我们大桥小学在近年来课改洪流中跃出的一些小浪花。它饱含着我们大桥人对新课改的认识和理解。在"拟定—修改—尝试—修改—践行……"整个方案编制过程中,我们经历了一次次的摸索和学习,在学习中研究,在研究中成长。我们有一个共识:学校课程在"简单"与"务实"中实施,总有一天会在沉淀中化育成一种内生的力量,使孩子们的生命和智慧之花灿烂绽放,迎来属于我们的课改春天。

(水江镇大桥小学 郑泽明)

3.4 行路致远砥砺进

2015年11月25日,我校参加了南川区课程方案评比活动。12月17日,戴校长拿着一张纸放在我办公桌上,"向主任,你看看。"什么事嘛,不会又有什么任务吧!我心想。说实的,我这会真的忙得不可开交。我拿起一看,课程方案评选结果获奖名单,峰岩小学二等奖。"向主任,真的是辛苦你们了,我说嘛有付出就会有收获"。戴校长说。看到这个结果,当时我内心是五味陈杂,有辛酸、惊喜、幸福……

2014年4月,南川区成为全国课改实验区,课改的强风以一种新的方式吹到了教育相对滞后的西部小县城。在此之前,我也参加过各级组织的课改培训,利用空余时间翻阅了部分课改书籍和材料。对课改也只是一些粗略的了解和认识。刚接手学校教研、科研工作一年的我,期待与不安互相交织。期待:南川的教育将有大的腾飞,我也想经过这样的一次历练快速成长。不安:作为南川教育的大事,专业能力不足的我,能否乘着东风阔步向前。

2014年11月3日,南川区教委举办了学校课程领导力项目启动暨培训会。2014年12月10日,教科所发出通知,各校要根据学校文化、办学理念和学生需求编制课程方案。课程方案的编制工作由此开始。

雾暗云深彷徨行

2014年12月的一天中午,我正在教室辅导学生,突然接到了张校长的电话,"向主任,你在干吗,抽空到我办公室来一下!"完了完了,摊上大事了,我心中已知道了个大概。我马上放下手中的事情,忐忑不安的走到张校长办公室。"向主任,南川创建全国课改实验区是南川教育的大事,上级领导相当重视,同时我校也正在走内涵发展之路,这是机遇也是挑战,现在的首要任务就是编制课程方案。你是教科室主任,这件事就由你具体负责。"张校长安排了工作。"张校,我懂都不懂,我一个人怎么做嘛?""没事,各个学校都是摸着石头过河,都没有成功经验,你年轻,学得快,好好历练,按教委要求认真落实"张校长语重心长地说。就这样,我接受了领导安排的任务。

什么是课程方案,如何编制课程方案,在我的脑里是一片空白。几天下来,我只要停下手中的工作,脑海里全是编制方案的事情,没办法,只有借助百度查找了许多资料,粗略感觉课程方案就是根据培养目标,制定的有关学校教学和教育工作的指导性文件,具体规定学校应设置的课程,课时分配,如何实施等,是一个总的纲领。到底如何编写,需要哪些要素,更是无从下手。方案没头绪,我整日都是忧心忡忡。有几次在家中,我孩子都问我:爸爸,你这段时间怎么了,电视也不看了,经常在电脑上趴起,你平时很少玩电脑呀! 我总是一笑置之。

2014 年 12 月 31 日,教科所提出要求,课改推进二类学校可以推迟到 2015 年 1 月 30 日上交课程方案,这段时间认真修改。我居然像如释重负似的,给自己找了个借口,心想:时间还有一个月,还早嘛,再说我们这样的课改推进二类学校,专家这么忙,哪有时间管我们,到时随便编一个交上去,就糊弄过去了。

心存侥幸是要付出代价的。时间一天天过去,这期间张校长也问过我三次,记得一次是在 2015 年 1 月 20 日,张校长来到我办公室问我:"向主任,方案编制得怎么样了?""我正在弄,快了。"我随口说。"你一定要用心哦,25 日交给我看看。"张校说。我当时真是羞愧万分啊。

时间都去哪儿了? 距离上交的时间越来越近,我又重新开始思考,这种思考是痛苦的,落笔时是艰难的。我通过自己臆想,通过电脑剪切、复制、粘贴,通过组装修改,忙活了整整三个晚上。就这样,第一稿课程方案诞生了。

百转千回喜忧半

很显然,这份方案是完全不符的。教科所专家下的结论是:定位不清、要素不完整、没有可操作性。

2015年2月,我有幸拜读了上海华东师大专家教授编写的《学校课程方案编制指南》一书,但也只是粗略浏览了一遍,也只了解其基本框架。至于编制背景、目标定位、课程设置、课程实施、课程评价、课程保障如何根据我校自有条件,形成具有学校特色的课程方案,我思路不清,课程目标更是无法准确定位。于是我向校长建言:张校,我一个人做方案力不从心,我还在课程目标定位上徘徊,我觉得还要召集课改小组成员开会讨论。我校课改小组成员由戴明建校长、教导处梁正伟、总务处蒋明忠、德育处余琳、语数学科负责人和我7人组成。

我的建议得到了校长的认可,2月10日,张校长布置工作:课改小组人员认真准备、构思,主要任务就是确定学校课程目标,13日召开专题会。

2月13日,专题会顺利召开。会上各自都发表了想法,就如教导处梁主任指出:课程的实施离不开学生、课程、教师,目标可以从学生培养目标、课程发展目标和教师发展目标三个方面确立。总务处蒋主任指出:要结合学生的发展需要和学校课程资源,突出校本课程特色。戴校长指出:设置课程的目的就是要让学生通过课程的学习,让学生德、智、体、美、劳得到一定的发展,要从学生入手定目标。通过讨论决定了,课程目标就是要通过课程的实施,学生能够获得什么发展。但目标文本如何呈现,顿时沉寂了。最后会议决定,散会后各自拟定一个课程目标并提出如何进行实施,明天讨论。

这次会议气氛很活跃,争论之声不绝于耳,这次会议从一定程度上可以说是由一个人独立行走到团队挽手上路的蜕变。

第二天,从9:00到11:00,大家都沉浸在课程目标的探讨中,"到底要培养怎样的学生?"通过智慧碰撞,最终确定了课程目标:

1. 通过学校课程的开发,改变传统的课程观,设置可供学生选择的、灵活安排的课程,丰富学校特色课程资源,形成学校特色。

2. 通过学校课程内容的实施,满足学生多样化发展的需要,增强学生对学习内容的自主选择权。

3. 面向每一个学生,坚持全员参与,提高学生综合素质,促进学生个性发展。

4. 培养学生在学习活动中"学会做人、学会学习、学会合作、学会创造"。

同时也确定了课程实施的大致流程：

（1）国家课程的实施

1. 严格执行国家和地方课程计划。

2. 构建校本课堂教学模式，教学上重视学生自主、合作、探究的学习方式。

3. 强化常规、细化管理。

（2）校本课程的实施

1. 开发校本课程，这是校本课程实施的前提。关注区域资源，关注师资水平，关注学生需求，研发校本课程。

2. 分选修和必修设置校本课程。

3. 规范实施校本课程。

有了这个魂，在随后的几天里，为了静下心来，我都是每天带着资料回家，把自己关在书房，反复构思、斟酌、修改。第二天又拿到学校与梁主任坐到一起，互相交流思路、想法。2 月 21 日，第二稿课程方案形成。

其后，三月份、五月份又分别做了修改，形成了第三稿、第四稿。

说实在的，当时的我挺欣喜的。摸着石头过河，通过几次修改做成型了，有了点成就感。

6 月 19 日，南川区召开了学校课程方案研讨活动，各学校编制课程方案的负责人参会，由南川区教科所课改办专家团队指导。我有幸参加了这次研讨。本次对课程方案作陈述的几个学校都是得到专家多次指导的种子学校，对于我更是一次学习的机会。在陈述后的点评中，教科所课改办程在君老师指出：方案要全员参与，学生需求要有调查依据，要件要完整呈现。教科所夏川老师指出：目标定位要明确，要解决培养什么样的人，课程结构要对应。教科所课改办梁川副主任指出：应解决两件事就是要做什么和怎么做。

此次研讨真是"百转千回喜忧半"。喜，我对课程方案有了全新的认识，原来的我"不识庐山真面目。"在我的专业成长之路上又前行了一小步；忧，我校课程方案犹如一辆汽车正行驶在朝圣之路上,却又感觉路到尽头似半程,有些茫然。

拨云见日清风徐

　　有了前行的道路,我们定要拨云见日。回到学校,我们的工作没有一天停止过,说不辛苦是假的,毕竟还要面对本就繁杂的日常教学。

　　在争论中修改,在修改中完善。10月形成了第五稿。11月5日我们拿出了第六稿,就课程目标而言重新确定为:

　　1.掌握课程要求的科学、文化、艺术知识,学会学习、协作、劳动、生存等基本技能,并能在生活中运用。

　　2.通过学校课程内容的实施,培养学生具有文明、诚信、感恩、自信、热情的良好品质。

　　3.根据学生个性化需求,使每位学生能具备一二门特长,并能得到较好发挥。

　　之所以这样改,是因为我校是留守儿童多的农村学校,孩子在家庭所受的教育引导相对薄弱,学生的基础知识、基本技能有待提高,良好个性人格需要进一步引导,学生的特长还需彰显。

　　11月19日,带着方案参加了在福寿乡中心校举行的为期半天的课程方案研讨会,由教科所专家对学校课程方案进行一对一的指导。福寿的11月已有了一丝寒意,加之那天下着朦胧细雨,更显清冷。我们一行四人早早的来到了学校等待教科所专家送温暖。

　　在这次研讨会上,我陈述了学校课程方案,教科所课改办梁川副主任从各个角度对我校方案提出了建设性的指导意见,他指出:课程背景的学生需求不够明确,缺乏支撑;课程目标有待修改,定位大而空;课程结构层次不够分明;课程评价停留在评价原则上,不具备可操作性。也许是沉浸于他对问题的剖析中,他说的话,我记录本上一个字也没有,只是在方案上做了一些圈点、勾画。他说完后,问我:"你还有问题需要提出来探讨吗?"我来时想到的问题竟忘了。"梁主任,我在修改中发现了问题,再向你请教好吗?"我说。"行。"他回答我。

　　梁主任的指导如甘露降临,我如获至宝,在我的砥砺前行的路上又多了一缕曙光。

经过这次指导,虽然课程方案还有许多地方要修改,但是已无往日的疲惫,而是倍感兴奋。就在那周星期六,我校戴明建校长、梁正伟主任、蒋明忠主任和我在花山公园,边喝茶边谈问题。所谈问题始终聚焦于课程目标如何准确定位、课程实施如何更加有效、课程评价如何到位,如何构建长效的保障体制,等等。

从 14:00 到 18:00,每个人心灵都在沟通,智慧都在碰撞。没想到周末谈工作,也这么尽兴,这或许就是"研究"的魅力。

11 月 23 日,我们完成了第七稿。

总目标:学生成为人格健全、基础扎实、特长明显的峰小人。

具体目标:

1. 具有乐观、积极、自信的人生态度并学会劳动、生活。

2. 习得基础科学文化知识,并形成学会聆听、思考、表达、审美等基本能力。

3. 将剪纸、陶笛的知识技能在生活中应用,形成特色艺术技能。

这个目标的改变是考虑到第六稿的目标范围似乎大了,没有具体的指向性,所以又才作的这样的修改,让目标实实在在地看得见、做得到。

为了课程实施更有效,在前几稿的基础上国家课程实施增加了解读课标、明确目标、细化内容。一是解读课程标准,明确教学目标,制定学习策略。二是根据目标和教材制定学期教学计划。三是针对每周教学内容,开展超前一周主题备课。地方及校本课程的实施增加了课程实施做到"五"有,有计划、有教材、有备课、有课堂、有评价。使用其他书籍作为教材的,要根据学生实际校本化改造,并形成教案。自编教材的要有详细的文本或者讲义。

11 月 24 日,我把方案以电子稿发给了梁川主任,请他做指导。他百忙中抽出时间给我电话回复:"你们这个方案目标定位准确、要件完整、符合学校实际、有可操作性,我提那么一点建议……"他的指导至今都余音袅袅。

磨刀不负砍柴工,12 月 17 日,当看到方案评选结果的时候,付出的一切时间和努力都有了回报。也想明白了:人需要经历,在这条通向黎明的大道上,需一路披荆斩棘,方能到达;教育需要经历,经历的过程本身就是教育的规律。

路漫漫,吾将上下而求索;情切切,吾将砥砺而前行。

（峰岩乡中心校　向　化）

3.5　静待花开

花处深闺

我第一次接触"课程方案"这个词,是在 2014 年下半年区里召开的课程领导力项目培训会上。当时正值学校刚刚从原水江镇中心校分离、独立建校,我还沉浸在和旧同事的依依惜别和面对新岗位的不知所措中,一听校长说要我参与编制"课程方案",我的脑子完全是懵的,一头雾水。校长说:"你不要怕,大家都是先摸着石头过河的,你不去试一试,怎么知道自己行不行呢?"我无话可说了,嘴上应承下来,心里却不以为然。

可事实却容不得我冷眼旁观。很快,我就被"赶上架,"参加了学校的动员会、筹备会,培训会等系列会议,专门的机构也很快搭建起来了,学校成立了课改中心组,我也成为了其中的一员。"既然都成'鸭子'被赶上架了,姑且试一番吧!"我心里暗自琢磨着。话虽如此,可我心里直打鼓:课程方案要写些什么,基本框架怎么搭,以什么为理论支撑,如何实施,这些我全都不知道,怎么着手呀?

有同事听到我的唠叨后,笑了,说:"那还不简单,问问'度娘'不就知道了吗?"我一听,立即去网上搜寻,可搜来搜去,总觉得离我们学校太远了,找不到能切合我们学校实际情况的课程方案来借鉴。

看来,偷懒取巧是行不通的了。我开始静下心来,认真查看相关信息和资料,仔细阅读课程方案编制指南,还向课改办的郑勇主任求教。在面上有了一个粗略了解后,我开始着手拟写。

在思索编制依据时,我想到:我校是依托原国营宁江机械厂技工学校和国营宁江厂子弟校校址办学,宁江厂是党中央 60 年代"三线建设"时期兴建的大型国营厂矿,因此有"三线文化"的背景和"三线精神"的底蕴,那我们的课程方案何不以此为背景呢?这一想法得到了校长的支持。他斟酌了几番,将学校办学理念定为"三线精神,点亮人生"。于是我们将课程总体目标定为:

> 紧紧围绕教育部基础教育课程改革重庆市南川实验区三年工作规划要求、学校"三线精神点亮人生"办学思想及学校育人目标而建设。开齐开足各项国家课程,着力校园文化底蕴开发"三线文化"德育课程,让全体师生了解"三线"历史,传承"三线"文化,弘扬"三线"精神,致力于培养"传承、包容、自强、奉献"校风,力争通过3年左右的时间,构建符合学校实际的较为完整的课程体系,努力打造"三线"教育精品课程,促进学校特色发展。

把"三线精神"写进这个方案里,我们觉得多有意义,多么与众不同啊!我还为我提供了灵感而沾沾自喜了一番。我也试着设置了低、中、高三段的课程目标,制定了一些达到目标的措施和方法,对校本课程开发也提出了一些我的基本思路……那一段时间,我整个人时常都处于苦思冥想的状态中,按我妈的话来说就是"瞧,又在发呆了!"我还常常熬灯守夜,幸好,初稿基本成型了。

初闻花香

春来了,百花盛开的季节,在南川中学,我们迎来了胡惠闵、朱伟强几位专家,他们亲临现场,听取各校校长的课程方案陈述。我也默默地坐在角落里,心里忐忑不安:专家会怎样评价我校的课程方案呢?不会糟糕透了吧?那怎么有脸面对"宁江"父老啊!

在"一对一"的指导和培训时,胡惠闵教授说:"宁江小学的课程设置与课时安排是合理的,而他们做得最好的是在国家课程的课时安排后面,多了一个说明,就是那句'严格按渝教基〔2012〕21号文件要求进行设置',这是我今天看到的所有方案里,唯一的一个做了这个重要说明的学校。"我当时听了,脸微微地红了,心里却有一丝窃喜。看到校长嘴边的笑意,更欣欣然了。可接下来,朱伟强教授委婉的几个疑问,却犹如当头棒喝!他说:"三线精神"对小学生来说,能理解吗?是否太大了?给予学生的具体的实质的内容是什么?小学生如何来理解和践行"三线精神"?你们如何准确定位你们宁江小学的办学目标,有效推进国家课程校本化实施?

校本课程又如何体现学校特色?"这一番问题接踵而来,弄得我措手不及,犹如小学生般支支吾吾,说不出个所以然来。我心里的怨气、委屈,一下子全涌上来了!连我们最引以为与众不同而傲的"三线精神,点亮人生"的办学理念都被否定了,这岂不是对我们课程方案的全盘否定吗?岂不是要从头再来?想起那些挑灯夜战的日子,岂不白费功夫啦?重新再写,谈何容易呀!我白天要上语文课、改作业、辅导后进生,教科室的很多活儿都是自己挤时间在完成,重写岂不是要加班加点了吗?天哪……不敢继续想,一想起来就头痛!

令人头痛的事还继续着呢。回校后,我只有将满腔的不满压下,认真思考专家的建议和意见,组织课改中心组的其他成员一起,开始搜集资料,调查学情,思索、提炼"三线精神"里边与小学生年龄特点相匹配的契合点和相似处。那一周,我晚上加班看资料,白天在学校我也不休息,学生作业也没能及时批改。看到我的忙碌,有的同事觉得比较可笑,说"你啷个都像这个样子了哦,一天正事不做,就去搞这些空兜兜事情!"有的说:"课程方案嘛,按上级文件精神执行就是了啥,干吗一天变过去变过来的哟,好耍迈?"

我不知如何解释,沉默以对。校长也发现了老师们对此的不理解,影响了课程方案的修订。我认识到:这是学校的大事,不是哪一个人的事,也不是我一个人草草修改了事,就能算数的。课程方案的修订,需要集中大家的智慧,大家的力量,更需要全校老师的支持。我把这一想法跟校长一说,校长也正有此意。于是,在那周的周前会上,校长专门给全校老师"洗脑",讲述了编制课程方案的意义和重要性,鼓励老师们都参与进来,积极献计献策。看到同事们频频的点头,我知道,我不会再"孤军奋战"了。

后来,学校又再次召开专题会议,我组织课改小组的成员,专门学习胡教授、朱教授提供的相关资料和成功案例。在学习过程中,我终于明白了编制课程方案的必要性和课程方案的基本内涵以及基本框架。根据专家的指导,我抛出问题让老师们和我一起反思和寻找:我们的办学理念和办学目标究竟怎样定位,围绕目标如何构建学校的课程结构,有哪些具体措施来落实好国家课程,针对小学生的认知水平和目标达成,如何研究开发学校校本课程?

看似简单,但拟写起来这些问题真是让人头痛啊!在校领导的鼓励下,在三番五次的矛盾与纠结中,我们课改中心组的成员重新分配了任务,各自查找资料,找切合点,磨合相关问题,开始了新一轮的修改和打磨……

花香,似乎离我不远了!

含苞待放

接下来的日子,我开始了一段异常忙碌的旅程。午休、周末离我而去,散步、逛街离我而去,我给女儿的睡前故事也离她而去……"编制依据"里的一行行文字、"课程结构"里的一个个表格,在我的专注下渐渐跃然于纸上。

为方便我们搜集资料,提炼出更多跟拟写课程方案有用的信息,在学校蒋校长的精心组织下,我和中心组其他成员一起出外考察学习。我参加了成都宁江厂之行、南川原天星厂之行、贵州六盘水之行。通过走访宁江厂老工人,我深深感动于他们的吃苦耐劳、艰苦奋斗。可我同时也觉得:就算我们从"三线精神"里提炼出比较贴合小学生年龄段的"艰苦朴素""自强不息",可这又是当下的孩子们能深切领会的吗?这是他们最需要,对他们最有利的培养目标吗?我们的培养目标非要走这条线吗?何不换一种思考呢?通过问卷调查和访谈,我们发现,健康、快乐、自由是孩子们最向往的。这一发现被我在会上一提出来,老师们都热烈讨论。经过多次讨论和研磨,校长将原本空洞的"三线精神,点亮人生"的办学理念,调整为贴近学生实际的"自由呼吸、快乐起跑"。这一办学理念的确立,得到了全校老师的一致赞成。校长还跟大家说:"你们就按此办学理念来修改课程方案吧,课程的规划与实施都要力求体现这一核心理念,要一致哦"。

在大家的共同努力下,我们的课程目标改为了:

通过学校课程学习,具备基本的学习能力,形成正确的情感体验,养成良好的行为习惯,拥有健康的身体,善学上进、健康阳光,为自己的快乐成长奠基。

低段(1—2年级)重在养成教育和学习兴趣培养,规范行为,纠正不良的生活、学习习惯。中段(3—4年级)注重过程体验和方法指导,培养自主意识,形成基本认知。高段(5—6 年级)重在情感体验,强化自立自主意识、有初步的法治和道德观念。

我们依据此目标制定出了 9 条具体的措施,将国家课程如何校本化实施一一落地。大队辅导员金星老师建议:"将'三线精神,点亮人生'作为德育校本课程开发的主线,开发《过去的历史,永恒的精神》校本教材,在五六年级的学生中组织学习"。这一提法,获得了一致赞同;学校魏主任也提出:"我们要立足本土文化,开发'水江美'系列特色校本课程,在三年级以上的学生中普及了解……"这些精彩的点子,都在方案的各大版块一一亮相。不知不觉中,"花骨朵儿"就挺立在枝头了。

忙碌的日子总是过得很快,眨眼间,就到了 2015 年 11 月。水江片区学校课程方案编制研讨会于 11 月在我校召开。会上,我们的课程方案得到了教科所董静萍书记、郑勇主任等几位领导的肯定。董书记说:"宁江小学的课程结构安排合理,'大课''中课''小课'的形式,既保证了国家课程的有效开设,又很恰当地体现了他们'自由呼吸,快乐起跑'办学理念的渗透。""的确,宁江小学把办学理念抓准了,课程实施的措施也就结合实际情况挖得很准!"郑主任是这样总结的。我们顿时信心倍增。

会后,我吸取了梁川和潘远菊两位老师对我们方案结构和文本规范的建议,再次修改后上交。2015 年 11 月 25 日,南川区教科所下发通知,要在全区所有学校中开展课程方案评比活动。我们再次检查修改后,由魏主任将我校的课程方案上传了。等待的日子是煎熬的。12 月初,区教委将南川区课程方案评比活动结果公布出来了,我校的课程方案获得了一等奖……我终于尝到收获的滋味儿了,真正是笔墨不能形容的啊! 含苞待放的花儿终于得以盛开!

我们蒋校长在后来的会上总结说:"我校课程方案的一次次研改,不但促进了学校课程改革的深入人心,更推进了学校办学理念的形成和贯彻,增强了全体教师的职业素养,增强了社会对我们这所新学校的认同感,有利地推进了学校各块工作的发展。每一位编制课程方案的参与老师,你们辛苦了,谢谢你们!"那一刻,我的心,雀跃不停! 那些汗水、泪水、委屈、怨气,都随着这一刻的激动而烟消云散了……

这一刻，作为一个参与者，我深深地感到：我是幸福的，更是幸运的！感谢课程方案，给了我主动探索，付诸实践的机会；感谢课程方案，给了我耐心坚持、蜕变翩飞的机会。带着这份感谢，我愿意，在"课改实验区建设"这条芳草径上，尝遍芬芳，走出别样的美！课改路上，我的热情，直达心底！

时光不语，静待花开，芳香自会在！

（水江镇宁江小学　李　静）

3.6　课程方案修改"三部曲"

2015年12月17日，昵称为"五小行政办公室"的五小 QQ 群发出了"南教所〔2015〕7号重庆市南川区教育科学研究所关于学校课程方案评比结果的通报"文件："区教科所组成专家组，对全区66所学校的课程方案进行了评比，隆化一小、隆化五小等13所学校获得一等奖。"郑光灿校长首先竖起大拇指图标点赞，吴成福书记留言："很好，是一件值得高兴的事！"田淑兰、张涛副校长等行政领导和教师皆纷纷表示了祝贺。一个区级一等奖为何能引起如此波澜？怎能和我们获得的市、国家级的奖励相比？显然，学校领导们也体会到这次课程方案的修改历程得到认可实属不易，作为执笔的我更是彻夜难眠，享受着这其中的幸福，品味着其中的辛酸，领悟着其中的喜悦……

去年快暑假的时候，我开始接手教科室工作，负责教研和课程改革工作。张涛副校长微笑着对我说："昭伦，我的年纪有点大了，有时看字看不大清楚了，修改课程方案这事，我改来改去已经没有能力修改了，学校领导集体讨论修改只是辅助，主要还是靠个人修改了，修改课程方案的任务我就交给你了。"我推诿道："张校长，这个我一点不懂哟，还是你找其他的人啰。""没事，你年轻，你行的，今后每次培训让你去，尽力去做，课程方案是个新东西，我们一起学习就是了，能做成怎么样就怎么样，绝不怪你。"我想：你被喻为"五小余秋雨"的大文豪，你张校长所撰写的方案文质那么优美，内容那么详细，长达21页，要让我这个学生来改，我是不是班门弄斧? 何况我真是一头雾水,不知从何做起。转念一想:一开始接受任务就推辞是不是辜负了领导的信任? 即使你不会,不做也肯定不行的,而我又是一个要做就要把事做得更好的一个人。在迷茫与无奈之中,初生牛犊不怕虎的劲头上来了。于是我就这样硬着头皮接受了修改课程方案这个烫手的山芋。在这漫长的一学期里,我已记不清经过了多少次的修改再修改。回忆整个修改历程,给我印象最深刻的就是以下修改课程方案的"三部曲"。

学习借鉴曲

在领导的信任与鼓励下,怀着壮士断腕的决心,我义无反顾毅然决然地坐上了修改课程方案的专列,开始了这次痛苦的旅行!

2015年6月20日,在隆化七小会议室,召开了"南川实验区课程领导力培训会",我是第一次,也是仅有的一次参与了课程方案的修订工作培训会,真真正正聆听了胡惠闵、朱伟强教授等专家团队对课程方案的修改建议。这次会议首先让我明白了课程方案包括的六大构成部分:编制依据、课程目标、课程结构、课程实施、课程评价和课程保障。此时,我真羡慕隆化一小、隆化七小和木凉中心校等学校啊! 他们的课程方案是专家们一处一处提出的修改建议,哪里有一点点小毛病都是专家给找出来的呀。我才发现我校的课程方案和他们课程方案根本不是在一个档次,我校的方案已经落后很远了。朱伟强教授在解读隆化一小的课程方案时指出:"编制依据一般是三方面的,要有国家政策的支撑,要有办学需求和学生需求,你们的依据有点虚,离学校最近的依据要有;在课程实施部分内容里要删除'培养阳光教师'那部分内容,或者是在课程保障里面去也可以;课程评价要针对不同类型的课程,比如说基础型课程评价、拓展型课程评价和探究型课程评价;课程保障里要有课程资源的保障。"我从朱教授的解读里学习到了一些编制课程方案方向性的东西。胡惠闵教授解读隆化七小课程方案时说道:"你们课程目标里面的'养成好习惯,习得好基础,展示好自信'的'养成''习得''展示'均是结果词,要改成动作词;课程结构图太简单,还要用一张图加以说明;'调动评价主体积极参与'要删去,成绩评定要由老师或学校来评定,评价哪些科目? 各科目主要评价什么？我们怎么评？由谁评？都要说清楚；另外，课程方案是说明书，是执行文件，要规范加特色，你培养什么人？怎样培养？"精辟的点拨，让我学习到了课程方案编制的实质性的东西。

专家团队的一席话，拨云见日，对我而言真是胜读十年书啊！我拿着我校的课程方案，有些控制不住自己的喜悦。我想：原来课程方案就这么回事，修改并不难呀。因为我至少能修改"大文豪"的作品哪。于是我结合所学习到的理论，同时借鉴隆化一小和隆化七小相对比较成型的课程方案，并结合我校实际，对我校的方案进行了修改：按国家政策、办学需求和学生需求三方面编制课程依据；课程目标要根据学校积淀的文化底蕴制定适合我校学生实际特点的课程总目标和具体目标；课程结构要明晰化；课程实施要便于操作；课程评价要多元化；课程保障要做到落实。经过反复的思索和几个深夜的加工，终于完成了自认为比较满意的答卷，并自豪地呈送在张校长的办公桌上。张校长说："辛苦了！我看一下，再召集我们学校课程改革办公室的核心成员讨论一下。"在讨论过程中，我修改的课程方案中的部分内容得到了肯定，但还是出现了很多无法解决的问题：我校原方案设定了"基础型课程""拓展型课程"和"探究型课程"，在拓展型课程中分为"求真学科辅助课程""求真德育课程"和"求真艺体课程"三类，如在"求真学科辅助课程"中包含的"花山综合辅助课程"中设定的课程内容为"花山体育有田径、篮球、乒乓球、羽毛球、足球、跳绳、体操等；花山艺术有合唱、舞蹈、绘画、书法等。"而"求真艺体课程"中也有体育和音乐等相关内容，这不是我们的课程前后重复和矛盾了吗？"求真德育课程"中的"花山社会实践"和探究型课程中的"求真科技劳技课程"重复了吗？花山合唱队、花山舞蹈队、花山演奏队、花山书画队；花山艺术节。庆"六.一"、"个人才艺展示"、校级、班级文艺展演；绿色环保宣传；水质污染情况调；生活节能状况调查研究；公交道路状况及改进意见调查。这些只是我校开展的一系列活动，不是课程和活动混淆不清了吗？没有具体上课程表的课程等等一系列问题。我们都陷入迷茫无法修改之际，我只好建议学校聘请专家指导。

2015年10月13日下午，区教科所领导一行五人到我校指导学校课程方案的修订。在董静萍书记主持下,先是张校长对隆化五小课程方案的出台过程和方案内容作了全面细致的阐述,接着教科所领导从不同角度对五小课程方案提出了修改意见。罗晓敏主任指出:课程背景分析要考虑学生需求,要有学情调查依据;课程目标要站在学生立场,目标与内容相匹配;课程结构要遵循内在逻辑关系。梁川副主任指出了方案中办学哲学的不足,对课程的实施和评价,提出了可操作性的建议。郑勇主任从"分析有理要有用,目标明确要合理,结构逻辑要遵循,实施落地要务实,评价有效要可行,保障有力要执行"几方面对该方案作了细致的分析。陆清华所长表达了参加这次活动的感受,提出了建议:方案制定要增强准确性——理解准确、定位准确、表达准确、操作准确,还指出了方案中一些前后矛盾的地方。最后,董静萍书记对本次活动作了总结。这次为期半天的专题活动真是"拨开云雾见青天"啊!教科所领导们从整个方案的每一个细节,特别是对课程结构和课程实施这两块给我们提出引领性的、建设性的意见。我于是根据活动成果大刀阔斧地对我校课程方案进行了再修改:把"基础型课程""拓展型课程"和"探究型课程"修改成"国家课程"和"地方及校本课程"两大类,使课程结构更清晰明了,有理有据了;严格按照《重庆市教育委员会关于调整普通中小学课程计划的通知》(渝教基〔2012〕21号)所规定的课程设置了切合我校实际的地方课程及校本课程;删除了我们开展的一切活动,就留下我们的课程。我们根据课程目标,设置了"花山童心养成""花山童心自主""花山语文""花山数学""花山科技""花山体育""花山音乐""花山美术"8门地方及校本课程,把这8门课程根据上级文件精神规定的各年级的地方课程和辅助课程的情况,排进到我校的课程总表之中去。这样既落实了课程方案的同时,又为课程实施和课程评价定下了基调,整个课程方案在学习中发生了质的改变,在借鉴中学习,在学习中修改,最终更趋向于成熟了。

反复论证曲

我从修改课程方案的一团雾水到沾沾自喜到矛盾重重,再到专家引领,静心修改,让我深刻意识到:课程方案的修改犹如人走路一样,开始从起点走,行到了一段路后又停滞不前了,再行一段路后再回首,又捡回一些中途丢弃的东西,再往前走……永远无止境。我觉得整个过程就是不断论证的过程。

我在修改课程目标的时候就发生了这样的事:从培训学习中得知,课程的目标是课程方案的核心,我在修改课程目标的时候特别用心,我们学校诞生于1906年,地处东城花山居委,是一所依托花盆山成长的普通城区小学。这个现实载体孕育了一代代蓬勃向上、拼搏进取的花山人。学校在传承花山文化的基础上,在陶行知"千教万教教人求真,千学万学学做真人"思想影响下,坚持"教人求真,学做真人"的办学理念。于是我校课程方案原定的课程目标是"教人求真,学做真人"。通过胡惠闵等专家在对其他学校方案的修改指导中我明白了,制定课程方案首先要根据学校实际确定课程目标,定位要准确,如果目标定位不准,方案就会偏离航线。我觉得"教人求真"是对教师的目标,而整个方案是学校针对学生发展而制定的,所以就删除了"教人求真"和教师培养目标相关的内容。同时,我又思考:"学做真人"是不是太笼统?于是我又加成"学做真人,追求真善美",同时给具体目标加上"求真""善学""健美"的相关目标。交给学校课程改革办公室讨论,经过反复推敲,大家一致认为:如果加上"追求真善美"为总目标,"追求真善美"的"真"和"学做真人"的"真"又重复了,胡惠闵教授在指导隆化一小课程方案编制课程目标时指出:"做一个人见人爱的美德小孩""掌握多项运动技能,做一个多才多艺的小孩"这些目标太高大上,这些目标要求太高了一点,再降一点,要写得像一般的小学生一样。我们的目标是不是也犯了同样的错误呢?"追求真善美"只能是"学做真人"这个总目标中的部分细化和延伸,即课程的具体目标,于是最后确定了总体目标:"学做真人"。具体目标:"学会做人,人格健全;学会学习,头脑灵活;学会生活,身体健康。"所以,我们在修改课程目标过程中,是在不断论证中确定的课程目标。

又如,《重庆市教育委员会关于调整普通中小学课程计划的通知》(渝教基〔2012〕21号)规定了小学一二年级包括体育、艺术、科技、手工和书法各1节共5节辅助活动课程和2节地方课程,小学三四年级包括体育、艺术、科技、书法和校本课程各1节共5节辅助活动课程和 2 节地方课程,那么我校开设的 8 门地方及校本课程怎样和重庆市教委规定的辅导课程和地方课程完美吻合而又不冲突呢?于是我就反复论证推敲:设置"花山童心养成"和"花山童心自主"两门课程,一至六年级每周各 1 课时;设置"花山语文""花山数学""花山科技"等三门课程,其中"花山语文"和"花山数学"一至六年级每间周 1 课时;设置"花山体育""花山音乐""花山美术"三门课程,"花山体育"一至六年级每周各 1 课时;"花山音乐"一至六年级每周 1 课时,其中一二五六年级以合唱校本教材《花开的声音》为内容,三四年级以器乐——葫芦丝为内容;"花山美术"一二年级每周 2 课时,其中,一年级手工剪纸 1 课时,铅笔书法 1 课时;二年级线描画 1 课时,铅笔书法 1 课时;三四年级钢笔书法每周 1 课时,五六年级软笔书法每周 1 课时。就简单的数字"8"却让我们课程改革办公室的核心人员绞尽了脑汁,可以说是日思夜想,梦里也是那个"8",功夫不负有心人,最终,在反复论证下,我们还真正做到了重庆市教委规定的辅导课程和地方课程完美吻合。这个完美之作,让我在修改课程方案旅途中尝到了深山野林中的一泓山泉,它清甜可口,饱含最原始的大自然清香!

细节完善曲

据不完全统计,我校课程改革办公室成员共召开课程方案专题会 8 次,个人修改 30 余人次,从每一个标点(如"打造求真文化立足学生基本素质"一句中"打造求真文化"加一个逗号;每一个用词(如在"能合理锻炼身体"中加为"能科学合理锻炼身体";每一个图标(如每一个箭头的长度一致否方框对整齐否);每一句话入手(如"国家课程校本化实施'和"校本课程特色化落实"的对仗)等等,从细节做起。同时,我通过把方案发送到学校教师 QQ 群,让每位教师参与修改,大胆建议,老师甲建议:我们学校的课程设置中没有什么特色,于是我们"花山音乐"课中在三四年级设置了以器乐——葫芦丝为内容,正在打造特色葫芦丝学校;老师乙:我们学校在区里开展的一系列体育活动每次均能取得好成绩,能不能在有限的场所里发挥我们的传统优势,于是我们设置了"花山体育",从周一到周五,有效分布到各年级和各班;通过学习和借鉴其他学校的方案,我在借鉴时不照本宣科而是根据学生特点和学校实际情况进行借鉴。特别是在东城片区课程方案编制研讨交流时,潘远菊副主任说我们的课程方案比较繁琐,于是我又静下心来"忍痛割爱"进行删减;陆清华副所长说的我们的方案还有个别标点符号用得不准确,于是我又请我们学校语文功底好的老师帮助我修改字词句段篇……通过种种渠道,不断修改和完善方案。为了让我校老师进一步了解和参与修改方案,我特将方案制作成8页读本,配上封面,每位教师人手一册,12月26下午,我在学校会议室组织全体教师进行了为期半天的专题学习活动。首先是我对学校课程方案的编制和修改过程作简单介绍,其次是重点解读了课程方案,然后语文和数学按年级分组,其他各学科教师分组讨论学习课程方案,并就自己学科还撰写学习方案的体会。最后,郑校长语重心长地总结道"我们学校的方案现已基本成型,下一步就要靠我们在座各位去尝试、去摸索,更进一步完善我们的方案,以达到'学做真人'的课程总目标。同时课程改革办公室,特别是张昭伦主任在整个修改过程中,付出了不可想象的艰辛的心血,我们全体职员工应该为他们点赞!"在掌声中,我幸福而又辛酸的泪水在眼眶转了一圈,又被吞咽到肚子里,长长松了一口气:工作总算搞了一个段落!

其实,课程方案修改的脚步并没有停止。我尝到修改课程方案旅途的甜头后,更大胆地潜心于课程改革工作。根据方案要求,我建议学校把设置的课程全部排入课程表,老师严格按照课程表上课,在实践中去发现问题,提出问题并及时修改。同时根据课程目标要求,我还组织了骨干教师编撰了具有五小特色的校本教材《花山语文》《养成教育》和音乐合唱教材《花开的声音》(还有《花山数学》等教材正在编撰中)。我觉得课程方案的修改注重的是方案的实效性:要让方案落地接地气,而不能让方案成为一纸空文;要让方案具有动态的、变化的生长的特点而不是一成不变的一种设计。所以我总是做好每一个细节,总是走在不断完善课程方案的旅途中。

回首,酸甜苦辣;前瞻,任重道远。这次课程方案的修改旅行让我深刻地领悟到:只要不断摸索论证、不断学习借鉴,只要做好工作中的每个细节,成果就会出来的,成功的喜悦就会品尝到的。虽然我校课程方案在南川区评比中获得了全区一等奖,但它只是我和我的学校在不断成长、不断进取、搏击中流过程中绽放船头的一朵美丽的浪花,前面的路还很长,所以前行的脚步永远不会停止,我和我的学校将永远努力行走在创造更多辉煌的道路上!

(隆化五小　张昭伦)

3.7　课程方案编制,我们努力着

"哟! 我校的课程方案获得了一等奖!"教科室的程主任陡然从座位上站了起来。"是吗? 是吗?"教科室的其他老师赶紧围向了电脑,"我看看,我看看。"刚刚踏进教科室,看着老师们的兴奋劲儿,我悄悄地退出了门口,不想影响他们。一校之长的我却陷入了沉思。

我校作为一所片区农村单设中学,一直在构建鸣中特色的课程道路上不断探索着。尽管以前做了许多事,但总感觉缺乏高度,持续性不强。"我区实验区建设的主要抓手就是课程领导力项目,其突破口在于编制学校的课程方案。"在全区的课改工作会上,区教委领导安排着工作。"什么是课程领导力? 如何编制课程方案?"一连串的问题在我的头脑中闪过。会后,我把区教委下发的《学校课程计划编制实践指南》带回了家,用了一周的时间把它看了两遍,并在书上进行了勾画和圈点,"嗯! 有些启发。"我的心中有了些底气。

我随后把这本书在学校课改办成员间传阅。学习之后,我先让他们谈学习后的体会和收获,然后和他们一起就着手编制课程方案了。花了半个月的时间,初稿出来了,大家都长长地出了一口气。第一次专家"集中诊断",我校的课程方案几乎全盘否定:要素不齐全、目标指向学校和教师而不是学生……下来后,按照专家的修改意见,我组织大家对学生进行问卷、座谈,与教师进行交流,与课改办成员商讨。这次,我亲自执了修改方案的笔。经过努力,方案修改好了。我又先后3次组织课改办成员讨论,次次都有一些小改动。

2014 年 12 月 21 日，我在全区学校课程领导力项目培训会上向华东师大胡惠闵、朱伟强等专家陈述课程方案后，专家团队指出：课程方案编制没有体现国家和地方课程政策、学校办学目标理念太大；学校办学历史和办学哲学挖掘不够深入；课程目标着重于教师，没有依据学生的现状，定位不够准确；课程设置及结构指向不明，关系不清，没有层次性。等等。我"哐当"一下就茫然了，自认为都已经努力了，而且和前面的方案相比较，不知好了多少倍。

在后来的专家"集中诊断"活动中，已经没有了我们鸣玉中学的座位了，理由是缩小专家指导的面。"韦校长，算了吧，既然上面把我们刷脱了。"课改办的个别成员开始泄气了。说实在的，我的心里也何尝没有委屈？何尝不想打起退堂鼓？但我是校长，我不能这样做，更不能说出来。非但如此，我必须要努力抓住这个机会，鼓励大家把编制工作继续下去。"怎么这样说呢？你看，专家上次不是说我们在分析学生需求时还可以吗？这说明我们有进步啥。更何况现在的方案修订是我负责的，要说也是我最难受啊。走，大家辛苦啦，我犒劳犒劳大家！"在桌上，与平常的欢快气氛相比，我明显感觉今天比较压抑。

郁闷归郁闷，工作还得做。我不时与兄弟学校的相关领导一起交流、商讨。有思考的时候就和区课改办的教研员一起探讨。如：在课程依据、课程目标的确定，特别是具体目标如何表述以及课程结构如何体现等，他们总是很耐心，从文字的斟酌到目标的定位、课程的结构、课程的组织实施、课程评价及管理等都一一地坦诚与我交流。更让我感动的是，教科所、课改办的教研员还三次到学校来，与我们一起挖掘学校的办学积淀、提炼学校的办学哲学、探讨课程目标的定位、优化学校的课程结构。在他们的帮助下，我们重拾了信心、坚定了信念。

我继续通过培训学习、校际研讨、参加校长论道等活动提升素养。在区课改办组织的几次课程方案的研讨会上，我都积极争取作陈述和交流，广泛听取本土专家和同行的意见和建议。每次下来，我都按照意见和建议认真组织了讨论和修改，特别是在学校课程目标的定位和课程结构的呈现上，学校课改办核心成员及部分骨干教师各抒己见、畅所欲言，有时大家还为如何用一句话表述争得面红耳赤。就拿那次讨论课程目标来说吧。课改办一位成员说:"我认为课程目标中第一条'举止端庄大方,具有美好心灵,学会感恩,学会明礼,诚实守纪的进取的人'中的'进取'改为'文明'好些,其理由是这是德育类的目标。""我认为还是'进取'好些,因为'文明'太宽泛了,可以是'精神文明''政治文明'、生态也能说'文明',所以不改的好。"话刚完,另一位的课改办成员就提出了反对意见。就这样反复讨论、斟酌,最后还是觉得"进取"好些。

我校的课程方案在参加区级第 4 次修订时基本定稿,也得到了专家团队的较高评价。在编制过程中,我组织专题研讨 12 次,十易其稿,参加区级及专家会诊 6 次。学校课程方案有很大的改进,如:学校课程目标主体是学生,学校根据学生学习基础差、学习习惯、行为习惯比较欠缺、留守儿童多、单亲家庭现象尤其突出的现状,将课程目标的总目标确定为:每一个孩子发展自我、完善自我、成就自我,成为自信、自立、自强和学思并重、厚得善行的初中生,并对具体目标按德、智、体三方面进行了表述;课程设置和课程结构是针对初中三年的,更加规范合理,有逻辑性和层次性;课程实施按照国家课程校本化、校本课程特色化,基于标准,体现学情。在一次次不厌其烦的方案修订完善中,我深刻感悟到:课改不是一个人,要有一个团队,要形成合力;学校课程方案要反复研讨,从校长到主任,到每一位教师,要得到大多数人的认可,全校教师要知晓,一看就懂,决不能高大上和玩文字游戏。过程是艰难的,收获是丰实的。在编制的过程中,对我校的历史积淀、教育底蕴、教育优势等进行了深度研究,进一步掌握了学生需求和师资状况,优化了课程结构,使之更合理、科学,有利于凸显我校的办学特色。

岁月不居,风雨兼程。课程方案得到肯定,更加坚定了我校的课改之路。展望今后,或许我们仍像刚走路的孩子一样步履蹒跚;或许我们仍要付出比别人更多的意想不到的困难。但我校将在实施中总结、反思和完善课程方案,让它更好地指引着我们在课改的路上奋进。

(鸣玉中学 韦济学)

3.8 我很累,但不能退

这个世界上有两条路,一条是自己选的,一条是别人给你选的。或许是因为责任,或许是因为信任。总之,我选了,无论是否成功。我拼了,无论是否坚强。

2014年8月28日,盛夏那种让人无法躲避的酷热,真使人心烦,不论走在烈日炎炎的大路上,或是已进入树木、房屋的阴影里,都给人带来一种夏日的烦躁。当我步入南川实验区课程领导力项目培训会的会场,从胡惠闵、朱伟强教授精彩的报告里听到"课程领导力""学校课程方案"等耳目一新的词语时,心里却感受到一丝清凉。走在回家的路上,感觉知了的叫声也不使人感到特别心烦,空气也变得清新了。

两天的培训结束了,开学上班了。我还沉浸在盛夏烦恼中,沉浸在专家精辟的报告里,心里正规划着新学期班级教学的工作打算。

"王红,等一会儿,到我办公室来一下"。正准备离开开学工作会会场的我被校长叫住了。

我来到校长办公室,校长热情地招呼我坐下,并递上一杯清茶,问了些暑假过得怎么样的闲话后,马上转入正题。"今年,分管学校教学和课改工作的庞主任要到山区支教一年,经校委会研究,由你来接任他的工作比较合适。我们都相信你能干好这项工作,庞主任也极力推荐了你。"由于事情突然,我没有任何心里准备,迟疑了。或许是出于领导的信任,或许对工作的责任,或许是同事的情面,看着校长期待的目光,我答应了。校长让我做好工作交接,安排好新学期工作后,就立即着手编制学校课程方案。

这样,一条别人给我选的路,我便走上去了。

夜已深了,忙碌了一天的我回到家,给孩子辅导完作业,待孩子睡下后,便来到书房,开始了我的"家庭作业"——编制学校课程方案。看着手里的《教育部基础教育课程改革重庆市南川实验区三年工作规划》,翻着课改培训会上记的笔记,却不知从何动笔。什么是课程方案?有哪几部分组成?编写些什么具体内容?我一次一次地问自己,心中一片迷茫。

"百度一下,找啥来啥。"同事在办公室经常说的一句话突然提醒了我。于是,我立即按下电源开关,启动电脑,点击浏览器,输入"课程方案",百度一下。有求必应的互联网,今天也跟我过不去了,30分钟、1小时、2小时……我想找的课程方案怎么找也没找到。白白耗费一个晚上,却一事无成。我隐约感到了一丝的劳累。

课程方案上交的时间越来越近了,没有像教学计划那样可以有现成的模式可循,面对"课程方案"这一新生事物,我是丈二和尚摸不着头脑。教学上是别人经常向我请教,现在,我也决定求助。业务会上、办公室里、楼道走廊都成了我向别人请教如何编写课程方案的场地。"我很忙,教学任务重,我哪有时间想课程方案。""我又没有参加过培训,连什么是课程方案都不懂,怎么帮你?""这是专家和上面领导干的事情,我不会写,也不知道怎么写?"

我傻眼了,这就是我虚心请教、求助同事得到的结果。校长交给我的第一项工作眼看将无法完成。同事的话语在耳边回响:"当老师多好呀,只要尽责任教书就行了,单一又清闲。""老师书教好了,学生喜欢,家长信任,领导表扬,你却要去当管理人员,一天多累呀!""当领导也千万不要去当教学分管领导,那是最累的差事,你犯傻呀!"我心里开始打退堂鼓了,我真想对校长说,我完成不了,你另请高明吧。

放弃吧!退却吧!难道真要这样做吗?一向不服输的我不能回避责任。既然承担了这项任务,就是犯傻也要傻一回。总之,我不放弃,不会退。因为,我相信,头破血流拼一回,总好过懦弱的退却。

既然不准备逃避,就用全部力气好好地拼一回。白天忙完繁杂的学校教学工作,疲惫的我回到家里,简单准备了一顿晚餐,草草地改完孩子的作业,口里念着"早睡早起身体好",哄孩子早早地上床睡觉后,便一头扎进编制课程方案的"苦海"里。书桌上堆满了各种资料:文件、通知、书籍、草稿……我的书房早已变成了办公室,一会儿翻笔记,一会儿看书籍、一会阅文献,一会儿查资料……一直忙到深夜一两点钟。几个不眠之夜过后,一份自认为还拿得出手的学校课程方案出炉了。

2014 年秋,云淡风轻,苹果红了,梨子熟了,丰收的季节景色宜人。南川实验区学校课程方案陈述会在隆化一小召开,辛辛苦苦编写课程方案的各校同仁们早早地来到会场,希望方案能得到专家的认可,盼望着收获辛勤劳动的果实。

陈述会按顺序进行着,每个学校的代表逐一登台,陈述着各自学校的课程方案。该我上场了,当我面带微笑,走向讲台的那一刻,我兴奋,为能在这种场合展示自己的成果而感到兴奋;我紧张,看到台前正襟危坐的专家而感到紧张;我迷茫,听了前面几个陈述了结构各不相同的学校方案,怀疑自己即将陈述的是否是课程方案而感到迷茫。

"下面,请东胜小学陈述课程方案。"主持人的话让我回到了现实。"尊敬的专家、领导,各位同事,下面我就我校课程方案作陈述,不当之处,敬请批评指正……"我照本宣科,读着方案,同步播放着连夜赶制的演讲课件。一切都在有序地进行着,我微笑着,尽情地展示着自己辛勤劳作的成果,还不时伴有一定的手势。"我的方案陈述完毕,谢谢大家。"此时,耳边也听到台下传来的阵阵掌声。

专家点评开始了,朱伟强教授先礼节性地说了几句客套话后,话锋一转。"东胜小学的课程方案根本不能叫课程方案,课程方案没有这样写的,课程方案应该具体的要素在陈述中完全没能体现……"我一听,懵了,脑子里一片空白,我夜以继日的成果在专家眼里却一文不值。多少个日子里忍受着孩子责怪的眼神,丈夫埋怨的话语,熬夜编制的课程方案就这样被专家无情地否定了。

我一心向阳,所以,觉得自己无畏悲伤,无畏劳累。直到今天,所有的努力化为乌有,不得不接受失败的现实。这一刻,我感受到的并不是悲伤,而是一种心底里发出的疲劳,一种累。

一同参会的谢主任在回校的路上告诉我,专家还给我们编制的方案指出了许多问题:"学校简介,办学理念、宗旨、目标、教学、学风叙述较多,占用了太长的篇幅,冲淡了主题。""课程目标没有针对性,课程主体不明白。""课程结构关系没有厘清,具体课程未列出""如何实施课程没有具体措施……总之,学校课程方案必须重新编制。"南川区首批课改实验学校也与我校无缘。

灰沉沉的天底下,忽来一阵阵冰凉的秋风。

回到学校,已得到结果的校长并没有责怪我,而是鼓励我重头再来,要充分发挥集体的力量。他说别的学校能编好,想信我们也能编出适合自己学校的课程方案。

我深深地感受到编制课程方案特别累,不得不承认,这种累,让我想哭,想用尽力气大哭一场。可是回过头来看看,走过的路,不尽全是泪水,有期盼的眼神,也温暖的话语,还是一次真正的历练。

"姐没有承认失败,谁敢定输赢。"《撒娇女人最好命》里的这句话一直是我的座右铭。现在,我正在被"累"包围着,然而,我选择坚强。

我很累,但不能退。

为汲取前次的教训,我决定不再"独著"。学校课程方案编写攻艰会在校长亲自主持下召开了,会上课改办成员不再沉默了,纷纷放下手头的工作,各抒己见。有的说:"我认为编制课程方案,原来不是我们老师的事,学校也没有老师编过,应该请专家到校指导。"有的说:"应组织人员到上海实地学习、考察,借鉴先进经验,才能编出自己的方案。"有的说:"专家很忙,也请不起,外出学习不现实,还是订些相关书籍,加强学习、领会。"有的说:"加强校际间联系,与兄弟学校合作研讨,共同编写。"还有的说:"学校是搞教育的,还是多学习上级相关的课程规划、课程计划和学科课程标准,这样编写的方案才不会跑题。"

这次会议开得相当成功,会后学校购买了《学校课程计划编制实践指南》,下载打印了《基础教育课程改革纲要》《重庆市教育委员会关于调整普通中小学课程计划的通知》等资料,做到课改办成员人手一册,供大家学习研讨,并定期召开研讨会。通过培训学习和不断探索,形成共识:学校以课程方案的制订和实施为抓手,力争通过内涵发展、特色发展,以满足社会对高质量教学的强烈需求。学校课程开设的目的是解决学校发展中的问题,促进学校的发展。编制的依据应按专家讲的那样,查找教育的相关纲领性文献,引用有关培养目标的表述。课程目标是编制课程方案的关键,应综合各学科课程的培训目标,再结合学校办学及育人的目标来进行表述。校本课程的设置不能追求新、奇、多,要结合学校现已开设的课程辅助活动课来设置,更有利于规范教学。课程方案的实施就是我们平时教学管理的过程,以确保教学质量的另一种表述方式。学校课程应有特色,我校地名报恩寺,感恩教育可作为学校的特色课程写入课程方案等等。

正所谓"众人拾柴火焰高。""洋芋搓洋芋,越搓越干净。"团队成员对课程方案的见解和建议,使我感到不再是孤军奋战,领导的关心,同事的帮助,教师们的理解是我坚强的后盾。再加上我连续观摩了两次区级课程方案编制培训会,再次聆听了专家们对课程方案编写的指导,我对编制课程方案少了一些迷茫,多了一份自信,于是,我再次投入到学校课程方案的编写工作中。也记不清多少个忙碌而紧张的日子过去了,当我将第二次编写的课程方案打印出来,交到同事们手中让他们提出意见并帮助修改时,听到的多是赞许的言语,看到的是肯定的目光。

"王主任,你编写的课程目标既有学校发展方面的,又有教师成长方面的,还有学生培养方面的,比较杂。我记得专家讲的是课程目标只针对学生层面写,应该着重写培养什么样的人。""王主任,课程实施既要像你方案中讲的那样实施好国家课程,我认为还应讲一讲校本课程怎样特色化实施。""方案中课程结构图就一张总图,还是比较全面,但太复杂,虽然说方案要各具特色,我建议还是借鉴兄弟学校经验用三张分图来表示,更能厘清各级课程间的相互关系……"他们提出的意见非常中肯,建议价值很高。我结合同事们的建议,反复修改,确定了课程方案的第三次定稿。

2015年的秋天,秋风吹过,树叶发出哗啦啦的响声,好似在鼓掌欢庆丰收的景象。东城片区学校课程方案编制培训工作会召开了,我再次登台就学校课程方案作陈述,台上的我却少了些激动,多了一份平淡,语气中也多了份自信。

区课改办充分肯定了我们学校的方案:"文本结构合理,要素齐全;课程背景能结合符合校情,编制依据较为充分;课程目标与学校发展目标紧密结合,针对性强;课程结构关系图明确,课程科目具体,分类较为准确,各类课程能相互照应;学校实施课程保障措施具体而全面。"专家同时也提出了修改建议:"课程编制依据要体现国家地方的政策、学生发展的要求和办学理念；课程结构要充分尊重国家课程，一定要有逻辑性；校本课程的名称不要太抽象，要挖掘内涵，朴实无华才是美；在课程结构图后还应附相应的具体实施情况说明；整个课程方案整体要一致，环环紧扣，从背景分析能看出依据，从依据能看出指导思想，从指导思想能看出课程目标，从目标能看出结构，相互照应。这次，你的方案总体来说是可行的，但还要做修改，待进一步完善后交区教委参加南川区课程方案评比。"

那一刻，我明白了，其实，我从未失败过。因为，我所收获的经历，要比成功来得珍贵。

得到专家的肯定，知道了问题出在何处，也明白了努力的方向。我信心倍增，不再迟疑，也不再迷茫，我再次召开课程方案修订工作会，会上就专家的建议逐一强调落实。为编制出满意的课程方案，学校课改办成员再次作了分工："金主任，你负责专门查阅相关指导性文件和条例，提炼相关编制依据的具体表述，结合校情、办学目标和问卷调查结果，撰写课程编制依据和课程目标；庞主任，你负责研读《重庆市教育委员会关于调整普通中小学课程计划的通知》和《学校课程计划编制实践指南》，确定校本课程名称，制作课程结构图表和实施情况说明；谢主任，你负责结合学校办学目标、管理理念、评价制度拟写课程实施、课程考核和课程保障措施；我负责给每段文字提炼'中心词句'，并审查方案中'编制依据、课程目标、课程结构、课程实施、课程评价、课程保障'各要件是否完整。然后，我们将各板块集中进行整合形成完整的学校课程方案，交学校教职工大会讨论，征集广大教职工的意见，进行再次修改。最后，将我们第五次修订的学校课程方案上交区教委参加评比。"

冬天的夜晚并不是只有严寒和寂寥，还蕴藏着无数的美丽，这种美丽来源于内心，是内心深处一股袅袅的炊烟。2015年腊月22日夜，区课改办潘主任打来电话："王主任，你校课程方案在评比活动中得到专家的充分肯定，将作为南川区实验成果在刊物上发表，请你明天……"听着电话的我眼睛湿润了，多少个日日夜夜的辛劳，多少次跌倒后再爬起，今天，终于得到了回报。此时，我想放声大哭,又想对天长笑。

哭也好,笑也罢,既然,已经走在课改的路上,即使跪着也要走完。

我很累,但我不能退。

（东胜小学　王　红）

3.9　千淘万漉虽辛苦　吹尽狂沙始到金

"人间四月芳菲尽,山寺桃花始盛开"。回首走过的课程方案修订历程,正如《养花》中写道:"有喜有忧,有笑有泪,有香有色,有花有果。"半年多来,我有过彷徨与辛酸,也有过成功后的快乐与喜悦。

南川实验区 2015 年课程改革推进会的召开,声势浩大,规模空前!"课改工作从制定课程方案入手",是会后首要的任务。

我校是一所乡镇小学,办学条件比较落后,教学质量也较差,想要在全区 70 多所学校脱颖而出,争取到屈指可数的实验项目种子学校,可谓难上加难。校长感受到了空前的压力,他把自己关在办公室里,为急于赶制学校课程方案的事绞尽脑汁。在我的潜意识里,课程方案这种高大上的东西也只有校长才会做,我只是看看热闹的局外人。往往事事难料,几天之后,他来找我说:"课程方案初稿已经基本形成,你作为业务分管领导,向专家陈述和修订的重担就交给你了。"

新接手课程方案的工作,我一筹莫展,哭笑不得。第一个任务就是到区教委会议室向专家作课程方案陈述。初见胡教授,她亲切的话语让我逐渐消除了紧张的情绪:"作为乡镇学校,你们能积极参与进来,第一次做,我觉得已经很好了,课程方案是一个学校课改的纲领性的文件,以后所有的课改要以它为蓝本去实施,所以要站在学校发展的高度去全面审视。既然在开始做了,我们就要有把这个事情做好的信心和决心。你校的课程方案中办学理念的内容太多,太复杂,一共有十几条,不光学生记不住,就连学校领导和老师们也记不住。其实一个学校的办学目标就一句话就够了,师生都会记在心里,更便于去实施。"

回归原稿,按专家初步的意见,请示校长同意后,我着重修改了办学理念的内容,删除了办学理念、育人目标、校风等具体描述的内容:

办学理念:生机、生命、生长

育人目标:学会学习、学会生活、学会创新

校风:静、净、敬、竞、进

将这部分内容调整为一段综合性的描述:

我校是一所九年一贯制学校,我校课程追求的是让每一个生命实体(学生)在良好的条件下,健康、快乐、自然、和谐地学习、发展、生长。基于对以上教育思想的理解,我校以"生态文化"为出发点,确立了"学会学习、学会生活、学会创新"的育人目标,"生机、生命、生长"的办学理念,已形成初步的课程哲学,构建了"生态课堂"教学模式。

对课程目标也重新进行了调整。由原来的

通过三级课程实施,使学校在课程的统整下形成特色,使教师专业得到发展,培养"习惯良好、充满活力、和谐发展"的社会人才。

调整为与育人目标相一致的学会学习、学会生活、学会创新。

缘于全区课程方案的编制才刚刚起步,我只是按自己的理解去做的,把最原始的内容呈现给专家看,更多的期待是跟进的专题培训,所以对课程方案修改的也不多,从头到尾还是一个人的方案,只不过从校长换成了我。没有引起足够的重视,没有潜下心来去认真思考研究,对方案的修订也就抱着侥幸心理,一切都想依赖于专家的指导。

10 月 8 日、9 日,在全区课程领导力建设培训会上,我又一次向专家组陈述了课程方案。跟第一次以鼓励为主不同,胡惠闵教授对方案本身做了更详细的指导。听完陈述后,她严肃认真地对"我的方案"提出了批判性和建设性的意见:"你们学校的这个课程方案要好好去思考,既然是基础薄弱,教学质量一直很差,首先你的课程目标就不能过于高大上,得根据你们校情、学情认真思考,订出适合你们自己的课程目标,我建议可以考虑用"身体健康、基础扎实、兴趣广泛"之类的目标,也许更适合。整体方案必须针对全体学生,以学生为主,让每位学生都有发展,要充分体现学生需求,可以先做一个调查问卷,然后再根据问卷分析出学生的兴趣爱好再去课程设置,让他们自主选择。"

胡教授的指导意味着对我校课程方案的全盘否定,从制订适合校情和学生学情的课程目标,到课程设置、实施,再到课程评价和保障都得做全面的修订。

以前只专注于日常常规教研和一般性的事务,居然要起草学校纲领性的文件,角色根本转换不过来。这项工作真像烫手的山芋儿,我该从何入手?我能完成得了这么艰巨的任务吗?我质疑了,徘徊了,甚至想过打退堂鼓。正在我犹豫的时候,校长一语惊醒梦中人:"你还年轻,能力强,有上进心,专家面对面指导的机会不是每个学校都有的,得好好珍惜成长路上来之不易的机会,好好跟专家学习。"

在冷静、反省许久后,渐渐地我明白了校长对我的良苦用心,他很爽快地"放权",原来是对我的信任与考验,是在有意磨炼我,我不能辜负他,更要对得起专家教授苦口婆心地指导。于是我更加坚定了决心,不但要做,还要做好。

说干就干,我反复观看了专家指导过程录成的视频,根据专家的修订意见对课程目标、结构、实施和评价各个要素进行了认真的分析。我们不是有乡村学校少年宫吗,很多校本课程我校已经很好地开展了,只是我没把这两者结合起来分析。我终于明白了,要做好课程方案,需要统一认识,群策群力。方案的课程的结构、设置、实施、评价等内容,不是凭空捏造,而是平时怎么做的就怎么写。一个新的课程方案的思路在我脑海里逐渐明晰了。

接下来的一个月的学校工作以课程方案编制为中心。我几次参加了行政班子会和学校教师会,制订出了学校自主发展方案,并对学校全面工作做出了五年规划和年度规划;召开了家长会和学生会,对课改工作进行了积极的宣传,争取家长的配合和支持。

之后经过课改核心成员讨论后,我第三次修订了课程目标:

原有的课程目标是"使学校在课程的统整下形成特色,使教师专业得到发展,培养'习惯良好、充满活力、和谐发展'的社会人才。"重新调整为"做'身体健康、品格高尚、基础扎实、兴趣广泛'的合格学生"。

同时还对课程内容进行了增减。问卷调查与分析整理后,增添了学生自己喜欢的魔方、七巧板、车船航建模、机器人等校本课程,突出了智趣特色和科技特色;取消了典雅课程中的家长课程。另外,对课程结构图、课程设置明细、课程评价等内容都作了详细说明,增强了操作性。

"失败乃成功之母",正是有了这次惨痛的失败经历,才迸发出了我思维的火花。我真正意识到抓好课程方案,才能成为领导力建设的突破口,制订出适合学校发展校情的课程方案不是玩文字游戏,必须要集中学校领导班子、教科室、全体老师,群策群力,发挥集体智慧,必须重新审视和拟定学校自主发展规划,得把学校办学理念目标与课程目标有机地结合起来。正如胡惠闵教授说的"方案就是要回归学校本身思考,要回归到课程规范上来,以学生为中心,朴实一点。"

10月29日,南川区教科所以片区为中心对每个学校的课程方案做了面对面的指导交流。区教科所课改办专家对方案从文本上做了详细而规范的指导:

方案必须包含依据、目标、结构、实施、评价、保障六大板块。一是课程方案必须要认清重点,80%的国家课程的校本化实施和20%的地方校本课程的个性化实施;二是方案中基于学情和学生需求的分析要有理有用,目标要明确合理,要件要完整分散,内容要匹配一致,语言要简练规范;三是课程改革要把"1+5"、"2+2"、少年宫和课程辅助活动有机融合;四是课程方案一定要具有适合性、操作性、目标性三大原则,保障中一定有制度机制,才能真正落到实处。强调课程方案件要件完整、语言要规范;基于学情的分析要有理有用目标要合理;国家课程的校本化实施是重点,要把课程辅助活动和校本课程特色化实施有机结合。

这是一次非常接地气的指导,是对专家意见进一步的深化和落实,也让我对课程方案有了更深入的理解。我茅塞顿开,一种责任感油然而生,如今的我,不再是一个局外人,已经不再是看热闹的"外行"了。

2月1日、2日我再一次获得跟胡惠闵教授面授机宜的机会,她语重心长的话我至今都记忆犹新:"其实每个学校的课程方案都还不够成熟,有待改进的细节还很多,我们各个学校一定要强化团队意识、研磨意识、成果意识,才能真正地去指导以后的课改工作,所以我们还要进一步科学地去规范,从内容到文本必须严格要求"。

根据她的指导,我多次对课程方案逐字逐句的审核、推敲,检查文本格式上的缺陷,加以补充和完善,主要从以下几个地方加以修订:

1. 课程总目标的表述

"健康快乐"还是"身体健康"?经过认真思考,仔细推敲后觉得"身体健康"目标较窄小,我们的学生不仅要有健康的身体,还要有心理健康,尤其是目前独生子女的教育上,我们首先应该注重对学生的心理疏导,保证身心健康的前提,才会去努力学习,养成良好的行为习惯和学习习惯。所以"健康快乐"更适合我校乡镇学生特点。

"品格高尚"有点高大上的感觉,调整为"习惯良好"。

2. 在课程具体目标的呈现上逻辑不够清晰,不能用表格的形式。具体目标是对课程总目标的具体描述,最终呈现为:

掌握有关身体的健康知识和科学健身方法,坚持锻炼、增强体能,养成健康的生活方式,形成积极向上、乐观开朗的生活态度。

养成自尊自爱、注重仪表、诚实守信、礼貌待人、遵规守纪、勤奋学习、勤劳俭朴、孝敬父母、严于律己、遵守公德的良好习惯。

掌握国家课程要求的各学科基础知识,学会听、说、读、写、算的基本技能。

学会艺术、体育两项基本技能和至少两项个性发展的特殊技能,具有广泛的兴趣和爱好。

3. 其他部分内容的调整删减

2016 年 1 月我校按上级主管部门要求进行了改制,从九年制义务教育学校转为完全小学,由原来的"我校是一所乡镇九义学校"改为"我校是一所乡镇完全小学",相应的国家课程设置中七八九年级的部分内容就删掉了;删除了课程结构关系图,添加了把国家课程 80%、地方及校本课程 20% 中的两个百分数,把校本课程之间的关系等内容放到了课程结构图中。

4.对各个图表进行了规范。连续编号,在每个图表下方补充了说明,让人一目了然。

"千淘万漉虽辛苦,吹尽狂沙始到金",至此,一个成熟的学校课程方案在终于尘埃落定了。

收获是努力这一过程后的回报,收获是奋斗后取得成功的激动,收获是经历风雨取得成功的愉悦。如贝壳中的石头在贝壳中千锤百炼荡涤下的珍珠,也像辛辛苦苦的蜜蜂在日积月累中采集的蜂蜜。虽然它们收获的不同,但付出了努力与拼搏是相同的。

课程方案一路走来,历时半年多,我向专家陈述交流、接受指导5次,接受区教科所领导指导10余次,组织会议讨论修订20多次,逐渐走向成熟。在课程方案编制修订过程中,我经历了起初的茫然、到编制修订时的艰辛与挫折,收获的却是欢笑与成功。2015年12月,我们的课程方案在全区的课程方案评比中脱颖而出,一举获得了一等奖。拿到证书的那一刻,我尝到了成功的滋味,似一杯清茶,因苦涩而甜蜜;像一壶浓酒,因辛酸而难忘;如一朵野花,因坚持而美丽……

"修德有道,润物无声"。从课程方案的编制历程出发,一路走来,尽管历尽坎坷,却如铁轨般坚定地从一个起点向着下一个崭新的起点延伸!"路漫漫其修远兮,吾将上下而求索!"

(木凉镇中心校　赵太云)

3.10　想说爱你不容易

风和日丽的三月艳阳高照,教委四楼会议室挤满了黑压压的人头。来自十五所中小学的四十多人挤在面积不到四十平方米的小会议里安静地等待教育部课改专家的到来。八点半左右,三位专家在大家的掌声中落座。教科所主持人宣布今天上午会议的主题是:课程方案交流展示会。第一个上场交流的是学校的蒋主任,蒋主任铿锵有力地介绍学校的课程方案,点击着生动活泼的PPT。介绍毕,他所做的PPT得到教育部课程发展中心胡惠敏专家的赞扬,在场的我也暗暗高兴。不料后面指出的全是问题,我也为专家全盘否定而愤愤不平!心想:专家也太挑剔了吧。

"学校与课程有关历史要深挖,课程哲学要体现课程使命、核心课程价值观和课程愿景,课程目标要突出学校特色,要培养什么样的人就应提供什么课程大餐？课程结构要与课程目标一致,逻辑性要强,不要有包含关系。课程的实施要分别写清楚学生要干什么？教师怎么做？学校做什么？……"

一语点醒梦中人,专家们的点评一直萦绕在我的耳旁,也开始质疑我们的课程方案的操作性了,学校的课程方案到底应该如何体现专家的意见？我不停地在书上和网上寻找源头活水,《基础教育课程改革》《上海教育》《人民教育》《新课程》《课程论》等,凡属与课程有关的书籍我都会如饥似渴的阅读,特别细读了上海市教育委员会教学研究室主编的《学校课程计划编制实践指南》,一心只想找到修改和完善学校课程方案的"救兵"。

四月底正当我"山重水复疑无路"之时,得知北京清华附小要在重庆大渡口小学展示"1＋x"课程,我如鱼得水,立刻带领三位主任前往观摩学习。观摩了清华附小的"1＋x"课程,同时也到谢家湾小学学习"小梅花"课程,了解他们是怎样把国家课程整合成六大类的。听了两个学校的介绍,看了他们两个学校的视频资料,虽然收获很大,但我还是没办法把专家意见落实到我们学校课程方案的修改。无奈,我只好再一次在《学校课程计划编制实践指南》中寻找灵感。细读了上海育才中学的"三自"培养目标和"三自"课程结构,结合分析学校的课程背景和教育部课程发展中心领导和专家的意见,我反复的对比,苦苦地思索……

"众里寻他千百度,蓦然回首,那人却在灯火阑珊处。"一个令我兴奋的课程结构和课程目标跃然眼前:"1＋2＋3"的课程结构,"1＋2＋3＝6"不正是我校提出的"三好"、"六能"的培养目标吗？于是学校的课程目标也脱颖而出。(即:总体目标:"全面发展,争做'六能'小学生"具体目标:能有美德、能有智慧、能有才艺、能有好的身心、能有好兴趣、能有好创意)有了课程目标应该有与之对应的课程结构:以国家课程为基础,以地方辅助课程和社团活动为拓展,以校本课程为综合。具体结构如下:

"1"指国家基础型课程的有机整合。在减轻学生学习科目多、学习内容复杂的同时形成一种综合的能力。

"2"指国家课程校本化后确立的必修课程和选修课程。

"3"指必修课程和选修课程中分为基础课程、综合课程、拓展课程。

针对课程目标、课程结构,我对课程内容也进行了全面的思考:

1. 整合基础课程的内容:国家课程整合为阅读与科学、数学与审美、品德与健康、英语与艺术四大领域的课程。

阅读与科学:整合语文、科学、综合实践,有利于学生通过大量的阅读提升科学素养和实践能力,同时通过科学实验和丰富的实践丰富阅读和写作。

数学与审美:整合数学、美术、书法,学生在数与形中感受美,在感受美中强化数、形概念。

品德与健康:整合品德与生活、品德与社会、体育、健康教育、心理健康、法制教育、环保教育等,使学生形成乐观向上的心理品质和勇敢顽强的意志力。

英语与艺术:整合英语、音乐、美术学科,让学生在美的音乐、美的形体下学习英语,又让英语的表达提升音乐、美术的表达效果。

2. 综合课程的内容:综合实践活动、社会实践活动、班队活动、学月主题活动等综合提升基础课程,使学生的实践创新能力得到全面发展。

3. 拓展课程的内容:学生个性化发展的课程包括课程辅助活动、社团活动、兴趣活动。

时间飞逝,学校的课程方案又到了第五次交流展示的时机了。我想:学校以前的"五彩课程方案"从课程的背景到课程的实施问题总是那么多,我现在学习了上海、北京有名的课改学校又有了自己新的思考。编制一份合格的课程方案,应该没什么问题了。正巧"主刀"课程方案的蒋主任外出学习了,该由我这个主管教学的副校长上了。于是我信心满满地用了五个晚上才将课程方案重新编写,课程的背景整整写了三页,课程的目标、课程的结构、课程的实施几个部分全都脱胎换骨了。编写完后我捧着自己的"杰作"品读欣赏,特别为我的创造性而自鸣得意。我沾沾自喜地将自己用一周写出的新方案去"求助"南川有名的课改专家,甚至还洋洋得意地"请求"过胡惠敏教授给我写的方案提意见,希望得到他们的肯定。

2015 年 5 月 22 日的早上,我兴致勃勃地到了学校阶梯教室等候着领导和专家的到来,巴望早些亮出自己的"杰作"。主持人宣布课程方案展示交流会的程序后,第一个登台亮相的就是隆化一小,我窃喜地扫视了四周,落落大方地走上讲台,亮开嗓门细致地读着自己的"作品",生怕哪个地方读错了或者读漏了,专家没听明白而有提出一大堆问题。解读完后,我彬彬有礼地致谢,用余光扫视一下台上的专家,以为他们会赞许的点头。可他们却面无表情、甚至"藏"着不满,凭着自己的直觉我就知道"不对味",心里直打鼓。这次又出问题了,可能问题还更大,为体现我的素养,我不停地给自己打气"慌啥?专家还没说话",于是强打精神、耐着性子静听专家点评。

"学校办学历史只写与课程有关的内容无关的全部砍掉、课程目标不能太大、课程结构中 20% 的校本课程 80% 的国家课程非常混乱,课程的实施不是课题研究的实施……",胡惠闵专家点评时还风趣地说:"你们学校的课程目标学生读完小学六年实现后都可以不读初中和大学了……"在场的人哄笑起来,我脸红一阵白一阵,羞愧得想找个地缝藏起来,笑声在我的脑子里回荡,委屈的眼泪在眼眶里直打转,强忍着眼泪我记下了整整十一条问题,面对如此多的问题我的第一个念头就是:怎么办?是放弃还是重整旗鼓?面对冷酷的字眼,回想那刺耳的哄笑声,一种不愿再写的冲动从脑子冒出来了……

"叮铃铃……"电话响了,我烦躁地抓起电话,还没等我开口,电话里传出了惊喜的喊声:"赵校长!您辅导我设计的拓展课程设计发表在《师资建设》上了。"他的话一下子把我从郁闷解脱出来,也不由得为她的成功而高兴,她发表的这篇教学设计从开始到现在不是也经历了好几次磨难吗?最终还是经过五六个人多次研讨修改才有今天的结果。陈老师报喜的电话激励我,给我增强了"从头再来"的信心,"雄关漫道真如铁,而今迈步从头越",看来是孤掌难鸣,只有依靠大家的智慧才能共度难关。于是我召集了学校课改办成员和学校十多名校级名师共同针对问题开展研讨。

　　三天后,学校小会议室聚集了十五名课改办成员和十九名校级名师共同研讨学校的课程方案,会前我把专家点评的意见打印下发给他们,并面带羞色的述说着自己交流课程方案的窘迫……有几个课改办成员为我的委屈而鸣不平,还有一个年轻气盛的老师说:"我们的方案问题那么多,叫专家给我们写好了……""把大家是集中起来,不是宣泄和抱怨的,而是来共同研究落实专家给我们提的问题并明确修改方向的……"坐在中央倾听和思考的何校长迫不及待地说话了。在何校长的引导下大家心平气和下来,开始逐条研讨解决问题的办法。

　　首先研讨的是学校课程目标的定位,学校确立的"五彩小孩"的具体目标不能相互包容,应该去掉一些相互包容的词句。后来大家一致通过的总体课程目标是:孩子在五彩阳光的沐浴下,全面、自信、健康快乐地成长为最可爱的阳光小孩。具体目标为:

　　1. 养成良好的社会公德,言行文明,真诚友善,尊敬师长,诚实守信,做一名美德小孩。

　　2. 养成良好的学习习惯,勤于思考,乐于表达,善于学习,爱好阅读,做一名智慧小孩。

　　3. 养成良好的卫生、生活习惯,积极参加各项体育活动,学会一项以上运动技能,能积极向上地面对自己的困难和挫折,会释放和排解自己和他人烦恼,做一名健康小孩。

　　4. 养成良好的审美情操,能歌善舞,琴棋书画,吹拉弹唱,做一名优雅小孩。

　　5. 养成乐于探索、不怕失败的习惯,充满好奇心,善于发现问题,解决问题,做一名创新小孩。

　　紧接着应该落实的是课程结构。特别是课程结构中"五彩课程"不能包含国家课程,"五彩课程"只是国家课程的补充,于是,借鉴了上海市的课程结构,重新确定学校的课程结构为:基础型课程、拓展型课程、探究型课程。基础型课程主要就是国家课程确定的科目,拓展型课程又包括三种类别(即:学科类拓展课程、教育类拓展课程、社会实践类拓展课程)课程结构的每一个版块之间形成稳定的相互支撑、相互补充的整体。每一个版块的课程又应该有相应的内容和科目……

  经过一半天的研讨学校课程方案的雏形出来了,胡惠闵、朱伟强等专家的点评意见也逐个得到了落实。最后大家还是推荐蒋主任"主刀"修改,蒋主任依据大家的修改建议重新写出第六稿课程方案。之后学校的课程方案分别还在在教科所三楼会议室和学校阶梯教室进行交流,教科所和课改办的领导第七次、第八次提出了一些修改意见。

  如此反复修改十二次,学校的课程方案终于得到了胡惠闵专家的认可,南川隆化七小的会议室,隆化一小依然是蒋主任第一个交流,蒋主任的话音刚落,我看到胡惠闵教授廋廋的脸颊上挂着灿烂的微笑。眼睛里流露出满意的神情,"你们的方案不仅在重庆市是较好的,再修改一下还可以拿到全国去参评……"胡教授的话似春风让我们云开雾散;似甘泉令我们回味无穷。

  十二次的修改就是十二次风雨的磨砺。有辛酸、有汗水、有窘迫……"彩虹风雨后"学校在学习修改和反复的研讨中逐渐走进课程改革,逐渐形成了以学生发展为本的课程观。我们是辛苦了,但学生的发展有望了,我们感叹:课程方案我们爱你不容易!

            (隆化一小 赵 琪)

3.11　几经沉浮的课程方案编制之路

想要揭开你的神秘面纱

  "张校长要去北京学习一个月了!"这个消息在校园里不停地穿梭,传遍了每间办公室。在这一个月里,同事们非常轻松、愉快地进行着教学。少了校长的校园,则少了一些拘谨,少了一些胆怯。

  一个月很快过去了,张校长从北京回来了,我和同事们都以为张校长又要开始从清早到夜晚不停地巡视校园了。奇怪的事发生了:张校长从北京回来之后,没有像以往一样到处巡视、到处检查。我们只常常看到他一个人呆在办公室里,面对电脑不停地敲敲打打。我心中充满疑点:张校长这是怎么啦? 这次培训给他吃什么药啦? 差不多敲打了半个多月的时间,张校长突然要召开一线教师会。在会上,张校长才道出了他回校之后敲敲打打的就是——学校课程方案。这是个什么东东? 我怎么从来没有听说过? 我心中的疑虑更深了。又一想,张校长怎么对她如此着迷呢? 张校长在会上信心满满的说:"我把学校的课程方案大致的思路已经厘清,现在就由课改办的人员进行进一步的加工,之后学校课程方案要在教育部专家面前进行陈述。"他一个人在主席台上洋洋洒洒地说了这么多,听得我满头雾水。我以为只有我不明白,转过头,看看周围的同事们,一个个脸上全是茫然的表情。还没等我们去弄清楚、想明白。张校长又发话了:"现在,我宣布我校课改办成员的名单:庞××、罗××、……"等等! 等等! 怎么有我的名字? 我还不知道课程方案为何物呢!

课程方案,不管我知不知道,课改办成员知不知道,它都向我们走来。张校长召集我们课改办成员开会,开会之前,把他理好的学校课程方案分发到每个人手中。我们开始认真研读我们从未见面的课程方案。我从第一页翻到最后一页,又从最后一页仔仔细细地翻到第一页,就这样看了好几遍,心里止不住地嘀咕:这是什么呀? 有的同事开始说话了:"课程方案到底是什么呀?""这个课程方案需要我们做些什么呢?""课程方案与我们的学科相关吗?"……问题还真多,我们用期待的眼神看着张校长,结果张校长微微一笑,本来躺着靠背上的身子坐直了,说:"课程方案嘛! 课程方案嘛! 到底是个什么? 具体的,我也不知道。我只知道要做这个事情,也知道做了对学校有好处。我就开始做啦!""啊?"初次的见面,你显得更加的神秘,我则满心期待着揭开你的面纱!

你一次次地伤害了我

不管怎么样,学校课程方案的陈述是板上钉钉的事,必须做! 张校长呢,认为这个事对学校有好处,不管懂与不懂,他都要试一试。陈述的前一天,恰巧是星期五,张校长在课改办的群里通知大家:"今天下午 3:00 在会议室开会,课改办的所有成员按时参加,不得请假,不得缺席。""还不得请假,又不得缺席,是什么事情这么重要呀? 既不得请假,又不得缺席。这不是一个意思吗?"我们来到会议室,张校长很早就在哪儿等着了,看到我们进来,又递给我们一摞纸,我只看到表面的那张表格上写着:会知礼、会学习、会健体。这三个大项下面还有很多很多的分级框框。我们拿到纸都坐了下来,他说:"看到第一个表了吧! 这就是我们学校课程方案的目标结构图,还有一些方框的填写就需要你们动动脑筋啦。当然,后面还有一些东西需要完善的,课程设置呀! 课时分配呀! 课程结构呀等等。""这个知礼里面可以有个待客之人。""学习下一级可以有个思考之人。""健体里可以增加善动之人。"……一级目标完成,又开始冥思苦想二级目标,到了三级目标,每个人都已经面红耳赤了,头上都已经抓出几个"大坑"了。"吱嘎"一声,门开了。学校的计算机老师进来了。"咦? 他不是课改办的,来干吗?"张校长说:"代老师,快进来! 我需要你的技术支持。"原来明天的课程方案陈述,还需要PPT演示。我们完成一张表格,就递给旁边的代老师,我们就不停地玩转脑袋。时间一分一秒地过去,开水也不知加了多少次。"啊!""啊!""啊!"……房间里此起彼伏地疲惫声响起。终于,庞主任发话了:"张校长,你看,现在都已经8点多钟了,我们是不是把饭吃了,再来接着弄。"张校长转过头,满眼的血丝,满头的油光,"哦!""这么晚了呀!"他从窗户看出去,才发现已是夜晚了。"好吧! 我们就去吃点简单的,吃完后,接着弄。"张校长话一出口,全部人员立起疲惫的身子,起立的时候不忘同时捏捏自己的腰。当天晚上,我们一直奋斗到12点半,全体课改办人员才得以回家。第二天清早,我们就来到教科所,看着来进行陈述的同行们,心里不禁觉得自己太无知了:这么多的学校都在干这个事,这么多的同行都知晓课程方案,我却什么都不知道。方案陈述开始了,两个学校为一组,我校作为第二组发言的学校。专家开始点评了,我用余光看着张校长,张校长的表情像是信心满满的,我想:可能他对昨晚的加班很满意吧!"第一:基本格式都不对,五大板块都不齐;第二:缺少背景的介绍与分析;第三:学校的现有资源有哪些? 第四、第五、第六……""好! 格式的问题说完了,现在我开始说你们这几个看起来非常'漂亮'的表格。你们这几个表格的内容呀! 覆盖面可真多! 不过,你们小学就把这些都教完了,别人初中、高中、大学干什么?"听完专家的点评,我觉得满满的十几页文字,没有一个是合格的! 其余的学校也都和我们落得差不多的下场。我恍然大悟,原来大家都还在摸着石头过河的阶段。

回到学校,我们课改核心成员开始了张校长一样的生活。每天面对电脑,根据专家的建议,又开始了新一轮的学校课程方案的编写,开始对学校目标进行定位。我们虽然继续着课程方案的编写,心里却无比忐忑:再次进行陈述会是怎样的结果?这次会不会和上次一样白费功夫呢?第二次,专家没有像上次那样指出很多很多的问题,只是围绕课程目标问了一个关键性的问题:你们是一所乡村小学,那里的孩子缺乏的东西是什么?你们要让乡村的孩子在小学阶段学到些什么?一句话问得我们哑口无言,原来,目标定位得不明确,目标的定位要根据孩子的实际情况来定……就这样,来来回回7、8次。同事们曾开玩笑似的说:"我的身上已经遍体鳞伤了。"

走进你、靠近你

专家的一次又一次的否定,并没有浇灭张校长编制课程方案的决心。虽然有几次陈述之后,他都对我说:"下次我是不来了,专家怎样建议的,你也听了,你自己下去改,下次你就自己来!"可是一回到学校,他就又开始了紧锣密鼓的忙碌。召集课改办的成员一次次的开会,课改办成员忙碌的身影穿梭在校园的各个角落:到档案室寻找学校以前的背景,依托原有的背景进行校园办学理念的提炼;到各个办公室与不同年级、不同学科的老师们进行交流和探讨,嘴上没空:"你们年级的学生在生活上最需要学习的是什么?你班的孩子在学习上遇到的最大的困难是什么?……"手里还不能闲着,笔尖"沙沙沙"地写着:低年级的孩子自理能力很差;五六年级当中,留守儿童的身高偏矮,部分孩子身体较差,经常容易感冒;学习上,主要存在做作业不细心等等。在操场、走廊、教室里也有课改办成员的身影,他们与孩子倾心交谈:"孩子,你觉得学校的生活你开心吗?""还行。""还行是什么意思呢?"孩子摸摸后脑袋,腼腆地笑笑,可是并不回答老师的问题。"没事,你把想法都告诉我,我们才能让你们的小学生活更加快乐,不是吗?"经过这位课改办成员的开导,孩子终于开口说话了:"我在学校与朋友们一起玩耍我高兴;老师很关心我,我也很高兴;学校的各种活动我也很喜欢。可是,在学校要完成的作业太多了,我没有那么多时间可以去玩;体育、音乐这些课太少了……"课改办的成员们把各自调查的资料进行了汇总。又一次聚集到小会议室进行分析和探讨。彭老师首先发言了:"通过我的调查,我认为课程方案的目标中必须加上培养学生体能方面的内容。"她一发言,老师们的话匣子一下子就打开了:"我们是山区小学,教会学生基本的生活技能是有必要的。""学生的兴趣很关键,课程的设置必须要是孩子们所喜欢的。""我们的学校方案必须要容易实施的。"七嘴八舌的,你一句我一句,说个不停。课改办主任埋头不停地写呀写呀,他恨不得把老师们说的每个字都记下来。

又一次陈述方案的时间到了。我们一行人又浩浩荡荡地从大有出发了。在车上,我还开玩笑地说:"张校长,又要被打击了哟!"张校长笑着说:"没事,现在我的抗打击能力已经很强很强了。"快要轮到我校陈述了,我的手心里全是汗水,罗主任坐在我身边,感觉他也在微微地颤抖。在极度紧张中,陈述结束了。轮到专家们点评了,胡惠闵教授面带微笑地说:"这次大有小学的学校课程方案很不错。与他们所处的地理环境,学校应有的资源十分相符。目标呢! 也不高大上了,我们就是要去除这些高大上的东西。设定的学校目标是用来达成的。像大有小学那个,就是小学生只要愿意伸伸手就能够触摸到的东西,孩子就不会产生畏难情绪。"朱伟强教授也说:"今天我看了这么多份课程方案啊! 终于看到比较好的。"走出陈述厅的大门,我校的庞老师,把课程方案捧在胸前,低下头不住地亲吻。我们看到这一幕,每个人的眼里都噙着泪水。努力了这么久,终于与你越来越近了。

恋 上 你

2015 年 11 月,南川实验区要进行最终的课程方案评比了。今天是公布评比结果的日子。清早,就有老师跑到教务处,一推开门,就问:"评比结果出来了吗?""滴滴滴"罗主任的 QQ 响起了声音,我们立即把头凑过去,看是不是教科所发来的信息。我们就这样焦急地等待着、迫切的希望着。上午 11 时 38 分,这是我永远不会忘记的时间。教科所的文件终于发出来了。我们七、八只脑袋在电脑前面,眼睛死死地盯住电脑屏幕,我们一字一句的念着颁奖文件,生怕落下一个字。"一等奖大有镇中心小学校""耶!耶!耶!"我们几个老师紧紧地抱成一团。明明满脸的笑容,眼泪却止不住地流。这是幸福的泪水,亦是辛苦之后收获喜悦的泪水。课程方案的编写确实让我校取得了很大的成就:一个名不经传的乡村学校,居然在六、七十所学校中获得了一等奖。我校的孩子通过课程辅助活动的开展,发现了学校学习的更多乐趣。老师们也对课程方案的编写有了极大的兴趣,很多老师都跃跃欲试。

回首我们的课改路,真可谓是"路漫漫其修远兮"。打开电脑,把学校课程方案这个文件夹点击打开,看到密密麻麻的排列着很多的文档和很多的幻灯片。"2014 年 3 月,学校课程方案陈述 1;2014 年 4 月,学校课程方案陈述 2……"PPT 同样是这样的。现在没事的时候,经常把以前的方案拿出来读一读,幻灯片也放出来看一看。一位同事看见我许多次地在回顾这些历程,跟我开玩笑到:"你把这些方案当成你的情人了吗?感觉你恋上它了。"

(大有镇中心校 韦 宇)

3.12 向青草更青处漫溯

在南川城区九鼎山下,有一所美丽的学校,走进校门,你会感受到山之陡峭,石之坚韧,果之丰硕,林之茂密,同时还有浓浓墨香扑鼻,各种书体浸目,这就是有名的书法特色学校——南川区隆化第三小学校。乘着南川课改的东风,隆化三校课程方案就在这片沃土中孕育、诞生、成长……

2014 年 12 月 11 日,天公不作美,太阳也捉起了迷藏。第一节课我刚下课,就接到刘校长的电话:"乾端,马上到办公室来一下!"什么事这么紧张?我马不停蹄,跑步前行。"接教委通知,要编制课程方案,20 号进行陈述,你们教科室要按时完成任务。"一走进校长办公室,刘校长就把教委的文件递到我手里。哦,我想起来了,10 月 29 日到 11 月 1 日,南川区教委聘请了专家,进行了为期三天的"课程领导力"培训,并落实了课改工作的首要任务——编写学校课程方案。没想到任务来得这么快!

"编制课程方案,应该由课改办公室完成,我能行吗?""不行也必须行,这是教委的任务,你也是课改办成员,也是你们教科室的工作!"课程方案,对于我来说,还是个新名词,我怎么编制?盲目是不行的,还得请领导出谋划策。"刘校长,编制课程方案,还真是个问题,请你给我指点指点?""办法总比困难多,我已经给你拟了个提纲,剩下的就是你的事了,不过明天必须拿出初稿。"在领导面前,再多的理由也是没有理由,只有顶着头皮上吧!

接下来就是抱着一万个不愿意的态度收集资料,编制我心目中的"课程方案"。我认真解读了教委的文件:课程方案的编制必须符合学校的历史文化、办学理念。嘿,我们学校在进行校园文化建设的时候不是对"办学理念、特色文化、课程建设"有过阐释吗,我曾经还写了一段介绍学校概况的文字,那些现成的材料不是可以借鉴吗?找到了捷径,心情也轻松了许多。于是通知相关人员把所有资料传到我的电脑,就连记者采访刘校长的新闻稿件也没有落下。接着就是上网搜索"课程方案",查阅资料,然后梳理思路,筛选文字,剪切、复制、粘贴。经过文字的堆砌,第二天上午,我如期完成了我校第一份课程方案——"立足果林文化,深化两课建设"。该方案分为六部分:办学理念篇、内涵发展篇、特色文化篇、课程建设篇、课堂改革篇、机制保障篇。

我通过 QQ 传给刘校长,并附上文字:"刘校长,稿子是拼凑的,请审阅!"之后就是漫长的等待。十分钟过后,刘校长的电话来了:"辛苦了,请到办公室来,当面交流。"说得多委婉,其实就是不满意。不敢马虎,马上到位。走进校长办公室,刘校长仍然专注于电脑,我一瞧,在看我的稿子,不过稿子变了样:有的文字加粗了,有的文字变色了,有的文段换了位,而且还增加了许多文字,附上了批注。这么短的时间,修改了这么多,我心里涌起一阵不安和感激!刘校长见我来了,点了点头,微笑着说:"不错嘛,一个晚上就完成了。不过内容太多,重点不突出,特色介绍不够,我给你修改了一些,也提出了一些观点,你看有没有用?""有用,当然有用。"仔细一读,校长的建议真是高屋建瓴,画龙点睛!再次上网搜索,翻阅书籍,敲打文字,熬到深夜,第二稿成型了——"果林文化塑精彩童年,两课建设铸有为人生"。全文分三个部分:历史积淀奠定基础、两课建设目标定位、措施保障扎实推进。还好，通过领导验收，任务顺利完成。不过在 20 号的陈述中，我校被确定为教科所指导的课改实验学校，没能实现"课程中心指导的学校"这个目标，心中不免有些遗憾。

2015 年上期，我就忙碌于一个班的语文教学，学校的教研科研工作和课程方案的编制这三方面的工作，经常是忙了这头丢了那头。特别是编制课程方案，教科所三天两头要求修改，要求上交。我有时想，一个人要是有分身术就好了，很多工作就不会落下。有时又发牢骚：教科所成天就知道修改、上交，我校的课程方案到底哪里不合格，给我提点建议不行吗？

终于迎来了学习的机会。2015 年 5 月 6 日，教科所在隆化七校举办了课程方案交流会，我有幸聆听了课程中心指导的几所学校的课程方案介绍，加上教科所也出台了"课程方案编制要点"，课程方案的形象在我的脑袋里也逐渐清晰起来了。紧接着就是给课程方案进行大手术。虽然是依葫芦画瓢，但是课程目标和课程结构这两方面却难住了我。我认真学习了其他学校的课程目标，仔细参阅了《学校课程计划编制实践指南》，最终从"德、智、体、美、创新"等几个方面确定了课程目标；并根据重庆市教委《关于调整普通中小学课程计划的通知》和我校现有课程设置的情况绘制了课程结构图。经过多次修改，自己觉得我校的课程方案总算有了个模样。可是后来听说前面交流的部分学校的课程方案被课程中心的专家否定了，真是迎头一盆冷水，我真是不知所措，又是迷茫，又是彷徨。

2015 年下期，我区的课改进入了深水区，要求各校拿出完善的课程方案。我深知编写课程方案的辛酸和苦涩，也认识到个人的力量毕竟是有限的，决定给学校领导谏言，要发挥团队的力量。学校领导采纳了我的意见，我校"课改办公室"才真正开始了工作。在学校领导的亲自参与下，在教科所部分领导的亲临指导下，我校课改办成员进行了编制课程方案的大讨论。经过思维的碰撞，我们达成共识：课程依据要列举国家和地方的文件，要包含学校的办学哲学，要调查学生发展的需要；课程目标分为总目标和具体目标，都以学生为陈述对象，并且符合学校的办学理念；课程结构总体分为国家课程、地方和校本课程,校本课程中突出特色课程(书法、诵读、习德);课程实施要分别介绍国家课程实施、地方和校本课程实施;课程评价主要是对学生的评价;课程保障包括组织保障、制度保障、资源保障。目标明确,分工合作,我校的课程方案得以脱胎换骨,旧貌换了新颜。

10 月 23 日,教科所在我校举行了"西城片区课程方案编制交流会"。不知是什么原因,我校被安排到了最后。上午交流下来,部分学校的课程方案被领导批判得遍体鳞伤。我要代表学校交流,内心忐忑不安。不过比较而言,我校的课程方案相对要成熟些,内心略略得到点安慰。

"各位领导,各位同行,我代表学校交流……"我一上台,就用比较标准的普通话和带有磁性的声音道出了开场白。毕竟是东道主,当然有底气。当我的交流结束,会场响起了热烈的掌声,我心头的那块石头终于落了地。不过还要看领导的点评。

"隆化三校的课程方案已经比较成熟了,结构完整,各部分内容有理有据。"教科所的郑主任首先发言,"目标定位准确,符合山石果林和翰墨书香特色学校;课程实施有实效,特别是国家课程的二度开发是一大亮点。"

"隆化三校的课程方案就是一个范本,希望其他学校据此修改。"梁主任接着发言。

"当然也要给你们提出更高要求。"潘主任最后强调说,"希望你们在地方及校本课程的设置上更具科学性,语言运用上更加准确,文档格式更规范……"

我校的课程方案终于迎来了灿烂的阳光!

说起编制课程方案,几多伤感,几多忧愁,几多汗水,几多迷茫,不知改了多少次,不知上交了多少回。不过,看到成熟的课程方案,看到收获的硕果,曾经的辛酸都成了过眼云烟。"塑造精彩童年,起点有为人生",是我校的办学理念,也是我们三校人一生的追求。在课改的路上,我们一路追寻,"撑一只长篙,向青草更青处漫溯",因为我们知道彼岸,定是姹紫嫣红,风光无限。相信总会有那么一天,我们会"满载一船星辉,在星辉斑斓里放歌"!

(隆化三小 张乾端)

3.13 陌上花开我独醉

当一份获得专家认可的课程方案摆放在我的面前，欣慰中有苦涩的泪。我不曾记得多少次咬着笔头对着电脑莫名其妙的进入了发呆状态，我也不曾记得多少次双手抓扯着本已稀少的头发而歇底斯里。一年，整整一年的课程方案修订历程中，我无数次想冲进校长的办公室对着校长咆哮。如今回想着一年中的故事，嘴角会莫名其妙地露出微笑，如果成为事实，也许是我当前三十多年的生命历程中最值得骄傲的情节。

塑 形

2014 年下期寒假，学校在南川区教委的统一安排下，制定《书院中学课程方案》。当校长把学校的课程方案制定工作交给我，并大肆赞扬我的"教育思想"的时候，我无地自容；"基础型课程"、"拓展型课程"、"探究型课程"，当一系列在网络上并不是最新的概念摆在我面前的时候，我真的莫名其妙。我承认，我是学过教育学，不过那似乎是十五年前的故事了。十五年前的故事中我的眼里不仅仅只有教育学，还有更多五颜六色的缤纷多彩。这活我真不想干，也真不能干。但校长的命令对于谨小慎微的我来说只有去执行。

那年寒假，为做"课程方案"，我在诸多专著中去寻找，我在繁多的网页中去追寻，迫切的希望能够找到一份与我们学校情况相近的学校课程方案来交差。但人生不如意，十有八九，网络上那么多的课程方案，就硬是没有我喜欢的一朵。学校多次召开专题会，相关的领导走进我的办公室，给我指导他们的想法，每一次会议上大家七嘴八舌，扯东扯西，总是在不了了之中结束着一次次毫无意义的会议。因为课程方案对于全校的教师来说就是一个新鲜的名词，直到半年以后我才知道，距离重庆直辖市只有 40 多公里的南川区没有一个学校有过课程方案。

"空谈误国"，虽然只是一份课程方案，还没有达到这么严重的后果，但至少在我的脑海里有了一个概念：不管这份课程方案是否合格,必须要有一个课程方案的蓝本摆在课改办成员的面前,所有的讨论和会议才是切合实际的。这个观念以后一直影响着我现在的工作,在没有借鉴的情况下,先做起来,才是完成工作的关键。

咬着笔尖,凝视着电脑,寻找着全国各地名校的课程方案的共同点,我慢慢地在笔记本上写下了搭建学校课程方案的要素:

在做的,要做的,能做的。

我首先从学校"在做的"入手梳理课程方案的脉络。学校从2011年开始实施课程建设,借鉴各地学校的经验,构建了"导学练,互助教学"教学法,但当时的改革立足点是课堂教学,通过行政的强力推进扭转教师一言堂的教学局面,让课堂由教师为主体转变为学生为主体;为每一位教师购置了《新课程便准》(试行),但并没有进行专门的解读与学习;建立了教学资源库,但在更新上不及时;打破了按成绩分班的传统,实施平行分班;在七年级和八年级实施课程辅助活动,但只进行了一学期就宣布失败,因为这个事情还遭受了一顿臭骂;实施文化建设,构建了学校的文化理念,明确了学校的办学方向……

仔细的梳理了学校已经在做的事情,忽然发现课程方案中的课程背景已经开始逐渐地清晰,并且学校"要做的"的事情也逐步的在脑海中开始成形。

"万事开头难,作好开头好行船!"悄悄地在自己的QQ日志上写下了这句俗语加领悟的押韵式"创造发明"!

接下来我所思考的内容就是学校"要做的"。对于我一个平头老百姓来说,上好自己的课,提升学生的成绩是一直所思考的内容,理所当然的可以用"不在其位,不谋其政"来推脱。如今要让我站在学校的高度来思考学校未来发展的方向,确确实实觉得勉为其难了。

隐隐约约记得哈佛大学教授加德纳的"多元智能理论"里提及"学校要为学生提供多方面的发展途径",而指导专家胡惠闵教授和朱伟强教授都来自于上海,应该说上海的经验是最值得借鉴的,当然也是最有机会通过的。经过讨论,我决定借鉴上海学校的经验,引入基础型课程、拓展型课程和探究型课程,通过三类课程的建设来促进学生的全面发展。如今回想起来,当时的选择是很明智的,尤其是拓展型课程和探究型课程的开设,既尊重了全体学生的选择权,也照顾到了有发展潜力的学生,同时,这两类课程也获得了家长和社会的大力支持,南川和重庆的多家媒体以此为着眼点对我校进行了专题报道,提升了学校的知名度。

　　课程如何开设?开设哪些课程?如何让老师认真实施课程?一系列的问题接踵而至。我校虽然是一所有二百多年历史的学校,但生源一直是困扰学校发展的重要瓶颈,学校位于城中心,教师的年龄结构偏大,场地、师资等系列问题能否满足课程方案所提出的要求,这些都是我在做课程方案中不得不面临的问题。

　　"课程方案的设计必须是学校在未来五年之内能够实施的。"

　　"当课程方案中出现的困难和问题是学校竭力都不能解决的问题的时候,课程方案只是一纸空文!"

　　"不要用制度和钱来作借口!"

　　"不能解决的问题,避开就不是问题!"……

　　我在脑海中烙印这几个原则,认真地调研学生的需求和学校的师资与场地配给,在请示了学校领导以后,构建了学校的拓展型课程的五个板块:德育类、人文类、体健类、艺术类、阅读类;构建了探究型课程的两个板块:实验研究类和文献研究类。其中,文献研究类是在胡惠闵教授的提点下后来补充的。

聚　神

　　当洋洋洒洒的一万多字摆在我的面前,整整三十三页的课程方案已经成型,我忽然觉得自己还是有点光彩。认真地修改文字,交给教科所,我的任务已经完成。举起双手,一杯香茗,一支香烟,当然晚上再给自己来杯小酒,人生在艰辛以后却能换来幸福细胞的绽放。然而专家的一番指导,却让我从此跌倒。课程方案必须要有学校的特色,必须结合学校的实际情况来制定,才能具有学校的魂。而课程方案的魂则是结合学校的实际情况制定出合适的课程目标,所有的课程都必须围绕课程目标来开设并实施。再一次敲响键盘,一次次的又开始发呆。当然,如果跪键盘能够解决不改方案的问题,我宁愿罚跪在键盘上。

静下心来想想,不得不赞成专家的观点。书院中学办学这么多年来,在有考证的历史中,我们虽然有办学目标,但我们的办学目标更多的是直接套搬国家的教育方针,根本没有学校的特色,更不用说去追溯悠久的书院历史。2010年,学校开始实施的文化建设,才界定了学校的办学目标是"明德弘道,成己达人",更不用说要有自己的课程目标了,这也许是书院中学的发展一直遭遇瓶颈的原因之一。

但我们的课程目标究竟应该怎么定位呢?

"课程目标是学校办学理念下的一个子目标,课程目标是办学理念的具体体现。"胡教授的话萦绕于耳。

书院中学的办学理念是"明德弘道,成己达人",文化渊源是"书院精神",文化主题是"书院文脉,润泽后生"。这是通过职代会讨论通过的,至少不是我一个人能够去改变的,唯一能够改变的是围绕这三点来制定课程目标。

上千年的书院文化,传统的儒学精髓,这是书院中学课程目标挖掘的源头,追溯书院中学发展的历史,"德"字无论在何时何地,都是教育的先行,更不用说追求文化底蕴的书院中学。回顾我所接触到的书院中学新生,他们刚进校门的时候是沮丧的和无所谓的,因为他们都是南川中学和道南中学的落榜者。沮丧者需要拯救心态,无所谓者需要约束行为,"德"成为了必不可少的良药。而要做到"德",前提是学生要有自我约束的心态和能力,也就是自律性,在管好自己的前提下才能够做到知书达理,身心健康,进而帮助别人。想到此处,迷茫中的我忍不住笑了,用力的在纸上"刻"下了"德—自律性—知书达理,身心健康"。

我不希望学生进入高一级学校以后得到"时间加汗水考上的高中"这一评价,我也不希望我的学生今后沦落为"宅男"或者"宅女",我希望某年某月的某一天,许多学生能够回到校园真诚的谢谢老师,谢谢老师让他们学会了生存,学会了更好的生存。而放眼世界的视野,勤于动手、善于合作、善于思考是学生能够更好生存所必备的品质。书院中学是一所单设公立初中,应该对学生的未来负责,更应该让学生在进入高中或者进入社会以后有更大的发展潜力。带着得意的笑再次"刻"下了"才—创造力—合作思考,一技之长"。

……

浏览着草稿纸上"刻"下的一栏栏潦草字迹,殚精竭虑地推敲着字里行间的逻辑联系,认真分析当今时代教育发展的现实要求、学校的课程历史,结合学生的实际情况和发展需求。我,一个普通的中学二级老师,为二百五十七年历史的书院中学确定了此生的第一个课程目标。当然,也要感谢学校陈维华副校长的启发和修改。虽然不算好,但却不得不让我自己铭记而全文引用:

书院中学课程总目标:激发每个孩子的主动性、自律性和创造力,让学生在校园里自主、全面、幸福成长,成为有德、有才、有风采的书院学子。

书院中学课程分目标:一是学生成为具有主动性、热爱学习、关爱生命、具有健康的身心和良好的个性的书院学子;二是学生成为知书达理、学识渊博、身体健康、有一技之长的书院学子;三是学生成为勤于动手、善于合作、善于思考,有创造力的书院学子。

课程目标确定以后,必须围绕课程目标规划并确定相关的课程,通过课程的开设来达成课程目标。我归纳了学校领导的意见,决定以德育课程为突破口,通过开设梦想奠基礼、礼仪、主题活动等课程,点燃学生的学习热情,让学生学会主动学习;规范学生的行为,让学生具备自我约束的能力。以课堂为主阵地,让学生热爱学习;以拓展型课程为辅助,让学生学时渊博、身体健康,并为具备一技之长打下基础,同时为有创造潜质的学生开设相关的探究型课程,激发学生的创造力。

想到此处,我无数次的微笑。写到此处,我再一次笑了,带着醉意的微笑。如果有一天,我能够为书院中学写校史,我一定会在课程目标上浓墨重彩,细致入微……

修　味

二十多年前,那时候的我只是一个十多岁的学生,庆幸着自己不会去城一中学(书院中学前身)。父母也常常这样教育我:南中出人才,城一中学出鬼打架。那时候城一中学学生在人们心中就是这么一副景象:头发被鞭炮炸过,手臂被芦苇割过,脑袋被飞机撞过……

二十多年过去了,漫长的岁月里,城一中学经历了沧桑与坎坷,经历着形与神的蜕变,逐步得到社会的认可,已经更名为书院中学。学生也已经清除了当年的堕落之味,走在大街小巷,已经很难分清楚是哪一个学校的学生。右手中指与无名指轻敲桌面,感叹学生之味,有德、有才、有风采的书院味学子是现在乃至今后书院全体师生共同的追求。但似乎作为书院中学的课程方案也应该有自己的味道:坚守、书香、与时俱进。

2015 年 5 月,课程方案专家现场指导在书院中学举行。新任校长熊勇、常务副校长陈维华和我坐在专家对面。我们对于专家睿智与一目十行的文字感应与理解能力更是佩服得五体投地。对于我们方案的德育课程,专家认为德育是贯穿于学校教育的时时处处,不应只是从一门课程入手。对于这一点我内心深处是反对的。我在自己的笔记本中记载自己的观点:

课程应该是对日常教学活动的归纳、总结与理论提升,书院中学的学生状况必须要求我们要重视设置德育课程,因为这是学生需要的……

到现在我也不知道我的观点是否科学,但在当时我坚持把德育课程继续在方案中保留,学校的两位校长也比较支持我的意见。如今看来,当时我的坚持应该是有成效的,至少在我们实施课程方案的时候,学校的班主任和相关德育工作处室知道了德育不是随心所欲,应该有系统的规划,应该主题方向明确。

2015 年 10 月,学校如火如荼地开展拓展型课程和探究型课程,一位社会人士对我校的课程进行了质疑,认为把时间花费在这些课程上,将会严重的影响学校的教学质量,而且告诫我们要注意社会的影响。当时的我虽然唯唯诺诺,但不曾动摇内心的想法。

"如果学生的成绩只是依靠一周多几节课来实现,那我们完全可以把在校学习时间延长到晚上 12 点。"

事后,我调侃似的对校长提出我的观点,现在想来,真要感谢学校校长们的坚守。2015 年下半期,学校成绩不曾遭受任何影响,2016 年,学校的这些课程将会不断优化实施。

2015 年 9 月 1 日,学校开始按照"课程方案"实施课程建设。我们解读课改理念,解读课程标准,细化学习目标,认真分析学生成绩落差原因,找准小学课程与初中课程的切入点,努力提高教育教学质量。在七年级和八年级开设"课程超市",开设拓展型课程和探究型课程,围绕课程目标认真实施,但在课程实施中我们遇到了三大难题:一是教师的第二课堂能力不足,课程的督查、考核与奖惩制度不健全,教师的积极性不高;二是课程的评价太单一;三是我们的课程虽然广泛,但不够特色,和书院二百多年的历史不够紧密。尤其是第三个问题直接摆在了我的面前:怎么样让我们的课程方案具备书香味,让书香味融入进我们的课程?

课堂是关键,不管是国家课程,还是拓展型课程与探究型课程,他们的共同点都是在课堂上完成的,当然这个课堂不仅仅是教室里的课堂。作为学校的管理,只能从评价的维度出发进行引导和督导。"雅、趣、实、活、精"五个字进入了我的脑海。搜集相关资料,加上自己的理解,从评价的维度来展示课程方案的书香味:

"雅味"来源于学校的校训"博达通雅,至善至诚",要求教师在课堂上谈吐文雅、富有激情,引经据典、语言动人,学生通过学习能够具有绅士淑女的儒雅风范;"趣味"则要求课堂"趣"字当头,让学生精神饱满,兴趣盎然,积极参与;"实味"则追求课堂的朴实和实效,抓实基础,抓实学习效果,夯实学习目标,力争让每一位学生在课堂上有切实的收获;"活味"则要求在课堂中杜绝灌输,通过学生自学、小组讨论,互助交流,学生质疑等多种方式,让学生在自主、合作、讨论中养成良好的学习和思维习惯,培养学生的创新能力;"精味"则要求教师实施精讲、精练、精点等画龙点睛之笔的引导,精妙突破重难点,欣赏学生的精彩瞬间,在满足大多数学生学习要求的同时,能够不经意的照顾班级中的精英学生。

在课程的设置上,也应该具备书香的气息。"琴棋书画"四个字在莫名其妙中进入了我的视野。而生活的前提是身体健康,自作主张加上一个健康的"健"字,却又似乎不够和谐,斟酌一番,换成"体"字,"琴、棋、书、画、体"照应"雅、趣、活、实、精",在我的大斧头下进入了课程方案与学校的课程管理。

今后,学校课程的评价维度参照"雅、趣、活、实、精",需要自有课程的增删紧紧向"琴、棋、书、画、体"靠拢。此时此刻,无酒自醉!

"海纳百川,有容乃大",这句话蕴含的书院精神应该纳入学校的课程方案乃至所有的教育教学活动中。只有这样,学校的课程方案才能够在不断修订与完善中与时俱进。从 2015 年 9 月开始,针对学校课程师资不足的情况,我们外聘了部分教师,并与国家级示范职中隆化中学合作,引进他们的教师资源,相应在课程方案中增加了外聘教师制度;针对教师的积极性不高,我们在课程方案中增加了课程考核与评职晋级相挂钩的规定;针对课程开设过程中评价过于单一的问题,我们在课程方案中增加了家长评价课程,学生评价课程,社会人士评价课程等制度。

一年多的辛苦,书院中学的课程方案顺利"竣工"。感谢给我们辛勤指导的胡惠闵教授与朱伟强教授,感谢给予我支持和建议的学校领导,也感谢相关的老师对我的帮助。在我校的课程方案编制过程中,虽然自己是最辛苦的,但我也是最"沉醉"的。

(书院中学　吴　尧)

3.14　拨开云雾见青天

2015 年 12 月 17 日,星期四,阳光正好透过窗玻璃投射进来,办公室明亮了许多。

"姐,我们的课程方案只得了个二等奖。"桌对面课改办主任小吴有些沮丧地对我说。

接过他递来的文件,我会心一笑:"嗯,结果还算不错啦,我们接手这项工作时间这么短,能迅速进入状态,给自己点个赞吧!后面根据学校实际情况,再修改和完善,辛苦你了,我们继续努力。"

目光在获奖名单里搜寻了一遍,在二等奖的后面找到了"隆化六小"几个熟悉的字,五味杂陈,编制、修改方案的一幕幕在脑海里回放……

云里雾里

2015 年 8 月 20 日,白花花的太阳炙烤着操场,空气中弥漫着塑胶的味道,电锯切割瓷砖扬起阵阵灰尘,发出刺耳的"呲呲"声,学校假期的维修工程进入尾声,我也长吁一口气,心想"分管后勤工作虽然琐碎,也还是能找到成就感的。"还没来得及好好品味这成就感,被校长叫到办公室,一起被叫来的还有另一位副校长。"你们两个年轻人都不错,都爱学习,有个事情和你们商量沟通一下。根据你们的工作经历,兴梅一直没有离开课堂,在教学一线,是从教导处成长起来的,我看你来分管教学。夏校长也是从教导处成长起来的,但是有教委上挂的经历,对后勤、安全工作可能更加得心应手,就分管安全。意思就是将你们的分工重新调整了一下,你们看有什么意见没有?"

"哦,好吧。"我和夏Ⅹ异口同声。

"教学工作管理,你多向黄校长请教学习,现阶段除了思考常规工作以外,学校课程改革这项工作你也要多一点心思。课改办梁主任给我说明了想再生小孩的特殊情况,下学期不再承担课改工作。你和小吴主任都成了新手,你们要和梁主任多沟通,了解前阶段的一些工作,迅速将学校的课程方案修改一下。8月24—26日,南川区有一个'校长论道'活动,在我们学校有一个场地,你来学习了解一下……"李校长语重心长地说。

我飞快地在本子上一边记录,脑子里"突突突"十万个为什么直往上涌:"课程方案是个什么东东? 是期末放学时请教科所过来指导的那个文本? 就是学校开展的课辅活动情况汇报、计划? 前面的方案通过了没有? 编到什么程度了? 是做文字游戏,还是可以落地实施? 对教学有没有帮助? 校长论道,论什么道? 课改不是一天都在改吗? 又要怎样改? 课程方案……"

回到办公室在工作日志上写下:"今天分工调整,接到新的任务,了解课程方案……"在旁边重重地打了一个"△"提醒自己,这是工作重点。

8月21日到8月23日。"课程方案、课程方案……"这几个简单的汉字就成了魔咒,天天在脑袋里转啊转啊,既没有现成的资料,又因为是假期,也不好打扰别人,只有求助万能的"度娘"了。

百度知道:课程方案是根据培养目标制定的有关学校教学和教育工作的指导性文件。具体规定学校应设置的课程,各门课程开设的先后顺序,课时分配和学年的编制等,并对课内的教学和课外活动等方面作全面安排。

课程是指学校学生所应学习的学科总和及其进程与安排。广义的课程是指学校为实现培养目标而选择的教育内容及其进程的总和,它包括学校老师所教授的各门学科和有目的、有计划的教育活动。狭义的课程是指某一门学科。

方案是进行工作的具体计划或对某一问题制定的规划。"方"即方子、方法。"方案",即在案前得出的方法,将方法呈于案前,即为"方案"。

看了这样的解释,我实在是有迷迷糊糊,仿佛懂了一点点,但仔细一想又还是什么也没有明白。"课程方案"到底为何物?长什么样?在我心里就是一个谜,像雾蒙住了我的眼。这三天,做梦都是"课程方案",说梦话都是"课程方案",这云山雾罩,云里雾里的感觉真是煎熬啊!

云雾交织

8月24日,天气仍然很热,一大早就来到办公室。一来看一下会场的准备情况,二来找一下期末研讨时的那份文稿,上面有自己当时作为一个听众,仅从字面意义上的一些理解和疑问,不知和其他什么材料裹挟在一起了,翻了好几遍都没有翻到。此时,论道的校长们已陆陆续续走进会议室。

会议开始了,主持介绍,本组是完全小学组,请每个校长一一论自己学校的课改之道,介绍一下自己学校的课改工作,谈谈对课程方案的一些认识,以及课程特色……极力认真地听了几位校长的发言,有的估计也是对课改比较慢热,对学校的全面工作进行了总结;也有的介绍了自己学校的一些特色活动;还有的谈了自己对课改这项工作的认识和决心。通过他们的谈话,对方案编制工作我了解了一些信息,赶紧罗列在自己的笔记本上:

1. 6月25日,南川实验区分为中学及学前组、小学组分别在隆化一小、隆化七小举办了学校课程方案专家指导培训会(可以向七小领导请教)。

2. 华东师大胡惠闵教授、朱伟强教授可以为课程方案编制工作做指导(有外援智力支持)。

3. 课程方案有六个要件：编制依据、课程目标、课程结构、课程实施、课程评价和课程保障（简称方案六要素吧）。

4. 课程方案，是对学校的课程做一个全面、深入的梳理、总结、思考、提炼的过程，是对国家课程政策不断深入解读、明晰的过程，是不断深入了解学生、分析学情的过程（还是不太明白课程方案为何神圣）。

5. 现在全区学校都在编制课程方案（看来课程方案这个词算是今年南川教育的年度热词了）。

一边择其要点记录，一边暗暗思忖。最终结论：片区内隆化七小的方案比较成熟，可以借鉴。目标："七小"。

会议间隙，赶紧蹭到七小周校长旁边的座位，向她求助："亲，你们的课程方案得到了专家的肯定，听说已经达到了出版的水平。我们的方案第一次陈述时，没有入专家法眼，没有得到专家亲自指点的机会。现在让我接手这个工作，真的好焦虑。能不能把你们的方案传一份给我学习一下，给我这个后进生提供一点帮助？"

"可以啊，不要担心，妹妹，刚才我们两个讨论的时候我看你有很多自己的思考啊……"周校长非常爽快地答应了我的请求，并给我鼓励。现在想起来，肯定是自己当时可怜兮兮的样子让她不忍拒绝吧。

浏览完他们的方案，才见方案真面目啊。感谢！七小。

8 月 26 日，在隆化职中会场举办"南川区 2015 年校长'课改论道'活动"。议程摘要如下：

一、骆永杰所长总结课改工作

2011—2012 年课堂教学改革为中心。

2012—2013 年课程建设，课堂改革，两课建设为中心，泛模式化。

2014 年 10 月与国家课程中心签订协议，南川成为课改实验区。

一个目标、两大抓手、四大工程、六大机制。

活动：校长论道、教师论战、学校论坛、专家论助。

二、分组综述：小学幼儿园一组；小学二组；第三组（九义校）；第四组（初中组）

三、学校展示

隆化一小《校本化课程路上的行与思》

隆化七小《我们一起在课改之路上前行》

民主中心校《扎实开展课程改革,促进学校内涵发展》

南川中学校《在建设有学校特色的课改之路上风雨兼程》

四、区教委领导讲话

现阶段学校课程方案的设置完善,方案是突破口。

方案要考虑到学校实际,教师实际,齐步走,不是几个人的事。

至此,通过会议对课改工作有了一点了解,对课程方案的编制略知一二,自己在工作日志上批注了 3 个词并打了 3 个大大的问号:规划？计划？方案？

9 月 3 日,中国人民抗日战争暨世界反法西斯战争胜利 70 周年,全国放假 1 天。看完阅兵式,拿起学校课程方案,仔细研读,打了很多问号,勾画了很多句子。"课程目标"这四个字,直击我心"何为课程目标？"在课程目标的旁边一口气写下"办学目标、培养目标、课程目标、教学目标"4 个词语,看着它们,尽量搜刮自己脑海中有限的认知来描述它们的关系:

办学目标范围最大,涉及到学校硬件软件要达到怎样的目标;培养目标最远,比较理想化,符合核心价值观的未来小公民素养;课程目标最实,应该是每一门课程 6 年学习后要达到怎样的目标;教学目标最细,应该要紧紧围绕国家课程标准,每节课上通过学习达到的目标,形成的能力……

自己感觉好像对又好像不对,深深的感受到自己理论功底的不足啊。仍然困惑迷茫中。

9 月 9 日,教师节前一天下午 4 点,教科所召集部分学校召开"课改推进会筹备会"。布置了一大堆任务,要交汇报材料,还要录制视频。逼迫我不得不尽快看清"课程方案"的真面目。

9 月 10 日,教师节未放假。去向最先执笔写课程方案的梁主任请教,她传给我学校课程方案的最新版本,我看到题目上备注了"隆化六小课程方案 10 稿"。急忙向她了解前阶段的工作,通过她的回顾,我获知了以下信息:

1. 2014 年 12 月 11 日,区教科书发出通知"各校根据学校历史文化、办学理念和教师特长、学生需求,编制课程方案,在 12 月 15 日进行陈述,拟确定全区各校的实验层级。"

2.2014 年 11 月,南川区教育委员会举办"学校课程领导力建设项目启动暨培训会"。

3.学校按照课题研究方案的格式、配上相关图片佐证,梳理出学校的"课程方案",可是没有实现"课程中心指导的学校"这个目标,只被确定为区教科所指导的课改实验学校。

4.12 月 28 日,领到了教育部基础教育课程教材发展中心特向我区赠送了课改刊物《基础教育课程》(2014 年 1~6 期),同时领到一本"圣经"——由上海市教育委员会教学研究室主编,华东师范大学出版社出版的《学校课程计划编制实践指南》。

5.梁群作为课程方案执笔人,读了《学校课程计划编制实践指南》后形成学校课程方案雏形。

6.第二稿传到教科所,返回评价"方案六要件完整,课程依据太泛,课程目标和办学目标混淆,课程评价与课程目标不匹配……"

7.几经修改,在书院中学和隆化一小召开指导培训会时,学校课程方案第八稿接受莫景祺、胡惠闵、朱伟强教授面对面指导修改。胡教授连讲带问:"建议你从国家课程、校本课程上处理课程结构,不要混淆逻辑,不要把课程目标与课程结构一一对应,你看,这礼仪课是达成学会做人、学会做事的课程目标,难道品德课,语文课就没有?只不过一个是达到目标的主要课程,另一个是达到目标的辅助课程……"

8.对照专家指导意见,借鉴一小、七小较为完善的方案,李校长组织课改办成员讨论,修改,修改,讨论……完成第 9 稿,其中争议较大的就是开设哪些校本课程,师资怎么解决,场地如何规划?

9.几经讨论,2015 年 7 月 1 日,方案编写"课程实施"部分终于走出瓶颈。隆化六小课程方案第十稿诞生。邀请教科所莅临指导。

真有如获至宝的感觉。9 月 11 日,午休前,轻轻翻开胡惠闵教授主编的《学校课程计划编制实践指南》,被封底的一段话吸引,再获至宝,摘录如下:

课程方案包含编制依据、课程目标、课程结构、课程实施、课程评价、课程保障等要素。明确了课程背景是学校课程所依存的'土壤'。背景分析的目的在于细致地寻找解决课程问题的主线,并以此解决课程问题。课程目标是学校设置和实施的所有课程和教育活动在促进学生发展方面预期要达到的结果。课程实施是对预设的课程目标和课程结构在事件中如何运转进行的文本设计。课程评价是通过衡量课程实施中的落差有多大,偏离到怎样的角度,从而减少'落差'。课程评价与课程实施是共生的过程。课程计划是一个系统的、动态的、不断循环的过程……

20天的时间,围绕学校课程方案编制,通过蹭会、向同事了解、向同行请教、查阅资料书等等,终于对前阶段的工作终于有所了解,对"课程方案"这个名词少了一些陌生。但是云雾交织,看似明白了一点,却又仿佛有一层轻纱笼罩,隐约可见又朦朦胧胧看不真切。

云开雾散

庆幸自己终于和"课程方案"相识了。

9月23日,周三,下午4:30分,教科所紧急会议,六小任务:基于课程目标下的课程体系构建,10分钟以内短片汇报。28日交作业,29日召开推进会,播放。加速了我近距离、更深入了解和修改学校"课程方案"的步伐。

回到方案上,第10稿方案"课程目标"是这样表述的:

1. 学会做人:学生具备良好的道德品质及行为习惯、身心健康、言行规范、讲究公德,成为现代合格小公民,实现我校"明礼"办学理念。

2. 学会做事:学生掌握适应终生学习的基础知识、基本技能,掌握学习的方法,具有初步的创新精神、实践能力、科学和人文素养及生活自理能力;养成健康的审美情趣和生活方式,综合素养有所提高,实现我校"善行"办学理念。

暑假教科所指导时重点说了这个目标不合适,要以学生的角度来表述,需要修改,可一直没有修改。就从这儿入手吧。

9月23日,凌晨2点,一边思考一边赶写视频录制的脚本。

9月24日,周四。暑气未退,思考热度未减。和小吴主任拿出学校课程方案,直奔主题:"小吴,我昨晚把课程目标部分做了一些修改,你看课程总目标改为:雅健于体、礼让于人、成志于学、善行于事。行不行?"

"我想的是品德成人、做事成功、勇于承担这几个词。"小吴接过话茬,"我们都再看看、想想。"

我有些着急:"小吴,你看我们学校和一小、七小,和其他学校比较一下有什么优势,有什么劣势,你觉得我们最需要的是什么?我们的特色是什么?"

"我们的最大特色就是说起很有特色又好像没有特色,好像哪个学校的都差不多。"小吴有些无奈。

我迫不及待地把自己昨晚的思考竹筒子倒豆:"我认为学校的优势有三个:已经成熟的学校文化、学校科研实验的历史和已有的兴趣小组开课经验。"

看他一时没有明白,赶紧补充:"你看啊,学校 1986 年建校,落址三圣庙,最初校名'实验校',近几年做校园文化建设挖掘了三圣文化,明确了以'礼'为核心凝练了'明礼善行,德润人生'的办学理念,建构了'礼让三分'课堂教学模式,师生心中都已高度认可。第二,得名于'实验校'就有教育科研的传统与底蕴,现在学校 80% 以上教师参与过不同层次的课题研究,具有行动研究能力。第三,3年前学校就已经免费开设课外兴趣小组活动,每周一节,学生自主选修;学校校本国学课程 3 次修订已经开发了 2 套校本教材。"

看到我对学校优势的分析,小吴也眉头舒展:"嗯嗯,对,我们还是有信心的。"没想到,我话锋一转:"第四,既是优势也是劣势,就是学校的现状:随着城镇化进程加快,学校所处位置已然成为城中心,城市的整体规划与学校的硬件建设跟不上人口增长的速度和家长对优质资源的诉求。近几年社会对学校的认可度较高,学生人数激增,但是教师队伍逐渐老化。你看去年,我们一间功能室也没有,现在 13 亩的校园容纳了近 3000 人,学校四栋教学楼围成一个"井"字形,3000 人只有一个"7"字形通道和一个"Y"字形通道。在局促的空间里,你发现没有,老师、学生、家长都有一定程度的焦虑与浮躁。在这样的背景下,学校给学生可以提供什么样的课程?应该提供什么样的课程?达到怎样的课程目标?是我昨晚一直思考的问题。"

因为有些激动，我喝口水继续陈述："我认为既要看到现状，方案设计能实施，可操作；又要长远于现状，高屋建瓴，不能亏了我们的学生。场地虽然局促有限，但是不能限制我们的身体健康，心灵优雅，所以要雅健于体；在狭小的空间相处，更需要我们懂得礼让，把空间尽量留给对方，所以要礼让于人；尽管我们在四方井一样的空间里，但是我们不能做井底之蛙，同样要帮助学生树立鸿鹄之志，所以要成志于学；有了远大的志向，强健的体魄，优雅的内在还要勤于思，敏于言而善于行，所以善行于事。"

"所以我拟写的课程总目标是：雅健于体、礼让于人、成志于学、善行于事。你看行不行？"

小吴看我一条一条的分析，一边点头，一边说："我赞同你的思考，看来我的思考还是浅显了些，只是去想怎样换个词语表达，而没有像你这样去想为什么换。"

因为太兴奋，也没有注意到李校长也在旁边，他说："嗯，我觉得这个课程目标是可以的，比较符合我们学校的现状，但是可不可以改为康健于体呢？健康的康。"

"我觉得'雅'比'康'好听点，雅包括文雅、优雅、儒雅、雅致等等。"我和小吴异口同声地说。

李校长习惯性的儒雅的笑笑："也可以，你们思考得更深入细致一点，现在来不及了，就这样暂时确定下来，以后边实施边修改也是可以的。"

9月25日到28日，4天时间，加班加点完成视频录制。

9月29日，在全区"课改推进会"上播放。

时至国庆，课程方案中的"编制依据""课程目标"两个版块被逼着挤出来，略见成熟。"课程实施"版块已形成共识，"课程保障"版块前面略作修改。看来，不折腾是不会成熟的，自己不思考，完全依靠专家是不可行的。到现在只剩下"课程结构"和"课程评价"两个版块的修改和完善了。

拨云见日

国庆小长假，以为可以好好补偿补偿自己这一个星期的觉。

却接到教科所通知："10月8日,在隆化七小参加'南川实验区2015年秋期专家指导培训会'"虽然有些难过,这国庆不能好好玩了,可又有些期待,终于有机会向专家请教了。

10月8日,节后第一天。在隆化七小会议室,终于得以见到胡惠闵和朱伟强两位教授,还有何博士。心想:如果有机会一定要厚着脸皮把自己修改后的方案给他们看看,好给我指点一下。

按照日程,先观看视频,再听取教研员工作的汇报,然后逐一点评指导,最后对几个学校的课程方案面对面的指导。可是我们学校没有在指导之列。只有自己好好听,举一反三了。看完学校的视频后,胡教授说:"隆化六小的视频思路很清楚,从目标到实施都有自己的想法,介绍得很详细,不错。学校就是要有自己的思考从自己的实际出发,才有自己的特色,确定的目标才准确,不然就会是放之四海而皆准的了。"

胡教授微笑地看着我们:"我建议:在呈现的时候,可以不用版块,校本课程教师讲授的画面可以直接用学生的活动场面来呈现。第二,纪录片可以采用为什么开—目标—内容—学习方式—结果怎样—怎么评价—保障这样的逻辑顺序。第三,课程开设背景,学生的兴趣要问卷调查,目标不只是知识技能的目标,还有情感态度价值观。第四,课程评价多种形式,作品呈现要交待年级、学生,要用学生作品,让学生说自己的话。"

真是"听君一席话,胜读十年书。"啊!不愧是专家,一眼就看出学校所作的思考,这么多天的辛苦没有白费。一针见血地指出存在的问题,撩开了笼罩的轻纱,拨开了心头的迷雾。对"课程结构"版块的修改已有思路:按照重庆市渝教基〔2012〕21号重庆教育委员会"关于调整普通中小学课程计划的通知"中"重庆市小学课程安排表"的要求,可以按照课程三级体系分为国家课程、地方及校本课程两大板块。既清楚明了又满足了课时要求,还能满足学校的国学、礼仪课时。"课程评价"也相对应的分为对国家课程的检测评价和对地方及校本课程的过程性评价。回想曾经仿照过上海学校的划分方法,参照过其他学校的划分方式,越分越乱。走了一大圈的路,虽然又绕回到起点,却是一个新的起点。

11月2日，隆化一小多媒体教室，再一次聆听胡教授指导。听了一节阅读课后，胡教授说："国家课程校本化实施，课程方案是基础，往下走就是课程纲要，课程计划，目标（学段—学期—课时）"

回到学校，再次拿起"课程方案"，对"课程实施"又多了几分思考。和小吴主任以及课改办的成员又多次讨论，跟领导陈述，论证，一次一次刷新自己的认识，一次又一次地突破自己思维的局限，最终将修改的课程方案呈交到区教科所，接受专家评判。

从8月20日到12月17日，100多个日夜的思考，得以呈现。回头看看那些天真的、跃动的、沉思的文字像自己亲身的孩子一样可爱；那些深深浅浅、或浓或淡的笔痕，也多了几分风姿。

日子，就在这修修改改、走走停停中渐次厚重、亮堂。当你拨开云雾，那天一定阳光正好！

（隆化六小　黎兴梅）

3.15　磨砺中绽放自信的光华

沙砾或石子儿等硬物一旦进入蚌壳，蚌体会本能地分泌一种液体，连同蚌肉一起将硬物包裹，经历千万次的蠕动磨砺，才能诞生出光华璀璨的珍珠。

基于国家课程标准和校本实际，以"养成良好习惯，习得扎实基础，拥有自信品格"为总目标，得到专家同行高度认可的《南川区隆化第七小学校课程方案》，其编制也经历了"拟定文本—专家指导—深入反思—反复修改"这样一个循环N次的研磨过程，正如蚌磨珍珠充满着喜怒哀乐，并绽放出自信的光华。

还记得学校向专家团队作第一次陈述的情景。陈述之前，区教委组织学校校长、主任和部分骨干教师参加了几次课改通识培训，作为分管学校课改工作的我也参加了。培训结束后，我大体知道：课改就是要落实国家课程和地方课程，开发校本课程；基本路径就是"国家课程校本化""校本课程特色化"。其实如今回想起来，当时留存在脑海中的，也就这两句话和其他一些非常粗浅、零碎的想法而已。

怀揣着这些"宝贝"知识，我和我的同仁们自信满满地踏上了学校课改之路。2014 年 12 月,区教委组织区内相关学校校长进行方案陈述比赛,校长唐科忠代表学校向专家团队作了陈述。会后返校,我们几个课改核心小组的成员就围着校长,一边观察他的面部表情,一边叽叽喳喳地问了起来:

"校长,今天陈述得怎么样?效果好吗?"

"是呀,校长,专家是怎么评价我们的方案的呀?"

"校长,比赛的结果出来了吗?我们学校排在第几呢?"

……

校长说:"专家点评时说,七小陈述的只是一个课改思路而已,课程方案的内容要件和基本格式都不正确。"

大家听到这个评价结果,都傻眼了,场面顿时安静下来。我心想:怎么会是这个结果呢?标准的课程方案又是个啥样呢?接下来这项工作到底该怎么开展?

正当大家六神无主的时候,校长分析了首战失败的原因,归结为大家思想准备不足,课改理论知识缺乏,特别是课程方案文本编制的相关知识几乎为零。

"我安排一下最近一周的工作,希望我们在座的各位围绕课程方案编制工作,立即展开研究,查找相关资料,向兄弟学校请教学习……"校长作了指示后,我们领命而去。

一周后,课改方案编制专题会召开。学校课改核心成员共十二人齐聚一堂,在各自汇报完这一周的学习、搜集、思索、交流等情况之后,校长组织大家重点讨论了如何围绕国家政策要求、学校核心办学理念以及学生需求,来明晰培养目标,表述课程目标;还讨论了课程方案的结构、实施建议、课程评价等内容;确定了方案执笔人,安排了相应的研讨、修订活动。

经过几个晚上连夜赶稿,学校课程方案初稿终于诞生。下面是初稿的一些相关内容:

学校核心办学理念:习惯奠基,铸就自信人生

学校的课程目标:培养自信的七小人

课程结构在初稿中是这样表述的:设置"品德与健康,语言与阅读、数学与科技、艺术与审美"四个学科门类,对应培养学生"身心素养、人文素养、科技素养、艺术素养"四大素养。

关于评价,初稿这样表述:

(一) 课程开发的评价体系

(二) 课程评价内容及评价指标体系

(三) 学生评价

(四) 教师评价

……

在会议室,课改核心成员们拿着这个洋洋洒洒近 10 页的方案初稿左看右看,觉得挺不错的。我也觉得方案结构清晰,表述清楚,具有校本特色,特别是四个学科门类对应的四大素养,涵盖全面,对应工整。大家只是对个别语句、标点符号作了修改。我觉得这个方案交上去,应该不错了吧,说不定还能得到领导和专家的表扬呢。

终于盼来了 2015 年 1 月 13 日全区学校课程方案的第二次陈述活动。本次活动在书院中学召开,南川课改实验区首席指导专家——华东师大胡惠闵教授及其团队亲临现场面对面逐一指导。陈述现场人山人海,各校校长、分管校长、主任、方案执笔者、核心成员、教研员共聚一堂,对专家的指导非常期待。我校仍由唐科忠校长做主陈述。

当唐校长陈述完后,胡惠闵教授发言了。她对我校提出的课程目标"培养自信的七小人"提出质疑:

"小学阶段是不是主要培养自信?一个学校的'课程目标'不能只说'自信'。'课程目标'的表述应该是指向学生的,就是学生在校通过六年的学习生活,到毕业那天,以一个什么样的形象展现在世人面前?要用精准的话语勾勒出孩子的形象……"

胡教授同时指出:

"'课程目标'与'课程结构'这样一一对应是值得商榷的。而且,'评价'部分应该只是针对学生的评价,不涉及对课程本身的评价等内容。"

我们沾沾自喜、引以为傲的课程方案被"枪毙"了,这下可糟糕了。我知道课程目标拟定不准的严重性,如果课程目标被否了,后面的课程结构、实施、评价不都得重来?

我抓住机会向专家讨教:

"胡教授,我们学校地处城郊结合部,接收的学生多为打工子女和留守儿童,学生习惯较差,学习、生活上自信心不足。当然有家庭的原因,有社会的原因,也有学校教育的原因。我们想从'自信'这一个切入点去整体思考我校的课程目标……"

一石激起千层浪,与会者也纷纷发表意见,参与讨论。

胡教授进一步从编制依据开始引导大家思考,要求结构、实施、评价几方面的表述要统一严密。说到课程结构时,胡教授诙谐风趣地说:

"结构的层级不能混乱,就好比家族里的辈分不能乱一样。家族里有爷爷、父亲、儿子、孙子等等,对应到课程上来说,国家课程、地方课程、校本课程它们是一辈的,就好比'爷爷'辈。我以隆化七小的课程结构为例,国家课程下一层级的语文、数学等9门课程与你们校本课程里的"习惯健康类""基础拓展类"等属于'父亲'辈,而这几类校本课程下辖的"主题阅读""灵动数学"等就应该属于'儿子'辈了。我们不能把属于'儿子'辈或者'孙子'辈的概念放到'父亲'甚至'爷爷'辈那里并列,要不,这个'家族'可乱套啦……"

我认真聆听着,详细记录着,争取不落下胡教授所说的每一个字。

在返校的路上,我内心百味杂陈:我校的课程方案存在这么多问题,这个课程方案还编制吗?如果课程目标都有问题,那结构、实施、评价都得重新思考了。怎么样的课程目标才是科学正确的,才能得到专家的认可呢?

我发现自身对课改的认识还不够准确,理论知识浅薄,思考上也缺乏系统性。

"哎,这项工作我可能干不下去了,太煎熬了。"我打起了退堂鼓。

执笔人也找校长说另换人吧,他不知道如何去写这个方案了。

学校所有核心成员的自信都不同程度受到了影响。

当天下午,校长召集我、执笔者以及其他几个核心成员到他办公室开会。会前,室内鸦雀无声,弥漫着沮丧的气息。

校长开门见山地说:

"想一想我们的'七小精神',嗯?——'学习永不停滞,工作永不言败'！怎么了，一个个垂头丧气的？"

"不就是一个课程方案吗？一所学校，应该有自己的课程方案，居然做不出来？我偏不信！"

"事实摆在面前，我们不能灰心，不能放弃。"

慢慢地，与会人员一个一个地把头抬起来了。

校长继续说：

"人心齐，泰山移。我相信我们在座的一班人一定能把这项工作做好……"

大家清了清嗓子，开始发表各自的看法。从课程目标开始，到编制依据，逐条逐句逐字斟酌。一时讨论不出结果的，作为任务安排给大家，会后思考求解。

整整半个月，《学校课程计划编制指南》《基础教育课程》月刊就是我办公桌上的主要研读材料。我像一个饥渴的课改乞丐，贪婪地吸食着专家和智者提供的课程营养。走在路上、回到家里、甚至吃饭喝水的工夫，我都在琢磨方案编制的事情，都在推敲课程目标的表述，都在思考如何才能解决专家提出的课程目标与结构、实施、评价相匹配的问题。

翻资料，找行家，不断学习，不断请教，不断思索，不断研磨，认真修改，完善。大家的热情持续高涨，一个个进入了方案修订的"磁场"，想停都停不下来，相互碰撞的思想火花不断绽放：

"我觉得编制依据太冗长，我们要找出主要的国家政策依据，截取里面最经典的语言引用到方案里来。"向涛这样说到。

"'培养自信的七小人'作为课程目标的确不准确，胡教授也明确地给我们指出过。我们可不可以根据学校的核心办学理念，紧扣'习惯''自信'等元素来思考。"我抛出了我的看法。

"那学生在知识、能力方面，我们又如何在课程目标中来体现呢？这应该是主要的目标吧？"唐校长立即发表意见。张季松、向涛也有同感，我也觉得应该这样去思考。

经过反复商讨，字斟句酌，大家一致倾向于把"养成好习惯，习得好基础，展示好自信"作为我们的课程目标。这是从小学生应该具备的核心素养出发，围绕学校办学理念，提取"习惯""基础""自信"三个词，用"养成""习得""展示"三个指向学生的动词来描述。

"关于胡教授讲的课程目标与结构不要机械地对应，每门课程它可能都指向培养目标的，只是有个主次而已。针对这个问题我们又如何克服呢……"执笔人又抛出了新的问题。

思考在继续，讨论在继续，我们每一个人脸上的茫然在减少。不知不觉，天黑了，该下班了，大家领着任务回家，为下一次的进一步研讨作准备。

"课程目标里的'展示好自信'，上一次胡教授在点评时也说了，有点别扭。这段时间我也在反复咀嚼，发现是有问题。大家说说，怎么表述更好呢？"新一次研讨开始，唐校长拉开讨论序幕。

大家你一言我一语说了起来。有的说用不着改，听起来没大问题。有的说是有点问题，摆出很多种说法，都没一个最佳的，只好暂时保留着。（直到后来，经过胡教授点拨，把"展示"改成"拥有"，听起来才顺溜了许多。但是"好自信"一词听起来还是有点别扭，又经专家指导，最后确定这样来表述：养成良好习惯，习得扎实基础，拥有自信品格。）

"课程结构我们可不可以参照《学校课程计划编制实践指南》中第70页'上海市育才初级中学课程结构'的形式来思考我校的课程结构呢？我觉得这个图表简单清晰，层级清楚。"得到与会者的初步认同后，我又开始着手梳理我校的课程结构，并立即在草稿纸上以图表的形式写着、画着。

"关于评价，我觉得既要体现结论性的，也要突出过程性的。"

"对！我还觉得国家课程的评价和校本课程的评价应该不一样，而且校本课程我们还应该分门类去思考"大家七嘴八舌地又讨论到评价上来了……

我们激烈地争论，也会为了找到一个恰当的字眼来表述而冥思苦想半天、一天、甚至几天……不经意间，我们的课程意识得到了培养，课程领导力得到了提升，编制并实施课程方案的自信也在滋长……

在历时一年半的方案编制过程中，我也曾消极过，也曾私底下埋怨过：

"搞这个东东，是何苦呢？"

当看到大家伙都没松劲，我又宽慰自己说：

"哎,那就继续编制吧,不就是写个文本出来吗?"

在后来的一次指导活动中,华东师大朱伟强教授说了一席话,犹如当头棒喝,让我羞愧不已:

"我们编制课程方案,不仅仅是形成一个文本。它的本质意义在于这是在对学校的课程进行顶层设计,进行一个较为长远的规划,其根本目的就是为了提高质量。让这所学校不会因为一个好校长,不会因为几个好老师的离去而止步不前甚至质量下滑。"

原来,这项工作有这么重大的意义!那我还有什么理由不全身心地投入其中呢?

听说有学校领导也曾给胡惠闵教授建议,请他们直接在学校的课程方案上修改就行,用不着三番五次地、大老远地从上海飞到南川来组织方案的陈述和点评。对此,胡教授这样说:

"我们直接修改很简单,甚至可以给每一个学校都做一个漂亮的课程方案出来。但关键是,我们做出来的方案不适合你的学校,你实施不了,而且校长、教师也得不到专业成长,大家的课程意识无法形成,课程领导力难以提升。只有'逼'你们亲自编制方案,体验全过程,经历深思考,事情才有真价值……"

原来,经历这一切,是必须的。就像一个医生,只能给病人问诊把脉、开方配药,不能替代病人吃药一样。

于是,大家又继续深入学习、潜心研讨、不断修改。我校的课程方案全面修改了 9 次,小修改了 21 次。一次次修改形成的电子文本多不胜数,我们只好把修改日期作为文件名进行保存以便分辨。

2015 年 4 月,全区学校课程方案第 N 次陈述活动在我校举行。我们陈述的课程目标为:

总目标:养成良好习惯,习得扎实基础,拥有自信品格。

具体目标:

(一)养成文明守纪、健体乐学的良好习惯——热爱祖国,热爱家乡,热爱集体,热爱家庭。关爱生命,遵守公共秩序,有安全卫生意识,懂得自我保护,举止文明有礼。勤于思考,乐于阅读,善于学习。喜欢体育活动,积极坚持体育锻炼。

(二)习得知识全面、技能明显的扎实基础——掌握课程要求的文化科学、艺术审美基础知识。学会听、说、读、写、算、书、唱、画、踢、跳、跑等基本技能。在学习和生活中能运用所学体现创新。

（三）达成敢于展示、擅于展好的自信品格——能正确评价自己，赏识自我，大胆展示，大声表达。在交流与合作中学会尊重和包容，能取长补短。能在活动中选择恰当的方式展示自己的长处。

"课程结构"分为"国家课程"和"地方及校本课程"两大类，其中"校本课程"又包括……

这一次，我是方案的主陈述者。陈述完毕，胡教授马上要开始点评我校的方案了。我的心又弱弱地不安起来，同时也弱弱地期待起来。虽然这样的场面不是经历一次两次了，受到的"打击"也不是一次两次了，但心里还是有些弱弱的担心，弱弱的怕。

我提起笔，准备记录胡教授的每一句话，一个字都不能漏掉。

"课程结构与目标匹配，课程实施也写得不错，评价部分表述也清楚……"胡惠闵教授娓娓道来。

"不错。这个方案比较规范了，都可以铅印发行啦！"

听到胡教授给出这么高的评价，我在心里直呼：

"喔！太棒了！"

之后的那段时间，我的心久久不能平静。我不停地给自己点赞，给执笔人点赞，给校长点赞，给课改教师点赞。

当我转过头，看到执笔者张季松、总策划唐科忠校长后，我们会心地一笑。

从彼此的眼神里，从彼此的笑容中，我读出了喜悦，读出了自信。

我们知道，课程方案还存在着不足，还需要继续修订，那条路没有尽头。我们更明白，胡惠闵教授的评价更多的是给予我们鼓励，好让我们满怀信心，在课改之路上走得更远。

编制学校自己的课程方案，一路走来，充满艰辛，但也让我们感到别样的充实。从不懂到懵懂到明白，从轻视到受挫到成长到自信，我们体会到了"山重水复疑无路"的苦闷和彷徨，也品尝到了"柳暗花明又一村"的喜悦和满足。方案的诞生让大家的智慧释放得酣畅淋漓。

突然想起老舍先生《养花》中的一段话：

"有喜有忧,有笑有泪,有花有实,有香有色,既须劳动,又长见识,这就是养花的乐趣。"

我想说:

有喜有忧,有笑有泪,有花有实,有香有色,既须劳动,又长见识,这,也是课改的乐趣。

(隆化七小　周仁芳)

3.16　苦等葫芦终成瓢

第一次听说"课程方案"这个词,是在 2014 年 11 月 3 日南川区课程建设领导力培训会上,当时感觉跟这个词一样新鲜的还有"领导力"。对于我们这种边远地方的教师来说,这些词汇除了听起来新鲜以外,弄得我们是一头雾水、无法理解。

培训会后我一直处于一种迷迷糊糊的状态,一天上午,QQ 的消息声,清脆地打破了我的迷糊,那个熟悉的办公室主任的头像轻快地闪动着。点开,一份文件灵动地飘到我的电脑里;浏览,什么教育部基础教育课程改革南川实验区? 天! 30 页的文件! 叹息,来事了!

没过几天,那个魔性的电话,彻底把我拽入了课程方案的深渊。电话铃响起,显示一串魔性的数字 71432699(校长办公室电话),接起电话,"王川,你到我办公室来一下。""好。"我心里明镜似的,知道要发生什么事。几分钟后我拿着校长批示的文件,顶着一颗"空白、空白、一片空白"的脑袋,回到办公室,啪一声将文件摔在办公桌上,嘴里嘟囔着:"这叫什么事呀!"就这样不清不楚,不情不愿地开启了我校的课程方案编制之旅。

多个葫芦拼出的瓢

第二天,校长又把我叫到他的办公室,给了我一份厚厚的资料,里面是雷校长参加培训时一些学校的课改经验交流材料,有谢家湾小学、珊瑚小学、朝阳小学、四牌坊小学、开县书香小学等,资料上有很多校长勾画批注的内容。他还告诉我说,谢家湾小学那种方式,我们学不来,做不了,开县书香小学的农耕课程不适合我们,朝阳小学的德育课程值得我们借鉴,我们学生多,也要加强德育教育,要反复解读区教委 40 号文件,把我们学校的办学理念"育人为本、德育为先、特色发展、文化育人","两课"(课程建设、课堂改革)成果写进去。

由于以前从来没有听说过课程方案,对于我来说这个东西就是一个新生事物,要想编制出学校的课程方案那就只能从学习别人的方案开始。好在信息时代网络资讯丰富,"度娘"无比强大,加上手头的资料和区教委的文件支撑,不愁"编"不出我校的课程方案来。

经过反复、多次研读资料和文件,本着不能抄袭的原则,博采各家之长,在模仿和学习中,极不容易地诞生了我校的第一份课程方案《南川区隆化第二小学校课程建设规划方案》,该方案包括了:校情分析、学校课程建设目标、课程规划与实施、保障措施四个方面,其中校本课程设置了德育课程、学科课程和活动课程。

在校情分析这个版块中整理出了:

办学理念:育人为本、德育为先、特色发展、文化育人

办学目标:打造高质量、有特色的南川区级名校

育人目标:全面育人、个性发展

办学特色:打造人文书香校园、促进学生全面发展

学校精神:爱国爱校、敬业奉献、博学创新、争创一流

校　　训:立志、树人、创新、奉献

校　　风:文明、好学、团结、进取

教　　风:敬业、爱生、严格、耐心

学　　风:求实、勤奋、活泼、向上

除了这些还列了一长串荣誉称号,为什么要罗列这么多?因为在当时是颇有一些沾沾自喜的感觉,找了那么多词汇,得了那么多的荣誉,真是不容易呀。现在看来真是可笑之极,写出了那么多充满自恋情结的废话,真是了不起呀。不管怎样总算顺利地完成了任务,长长地出了一口气。

照着葫芦画出的瓢

时间来到 2015 年 10 月 18 日,距离我校课程方案第一稿诞生

的 2014 年 12 月 9 日,已经 10 个月了,在第一稿的基础上经过 10
次修改后,《南川区隆化第二小学校课程方案》已经初具雏形。

在这 10 个月间,经历了校长陈述课程方案、参加课程方案研
讨培训、多次上交课程方案、学习专家修订意见等,这个过程是无
比煎熬的,但在煎熬之中我们其实正在潜移默化地改变着,变得不
像最初时那么无知、那么手足无措。这期间也有一些小插曲,让我
列举一、二。

时间是哪一天记不清了,手机响了,一看是课改办梁川主任的
电话,其实这段时间都是不大愿意接他们的电话的,不是叫开会就
是让修改课程方案,他让我到课改办领书,是指导学校课程方案编
写的书。正在不知怎么编写方案时,书来了,急忙开车过去,10 多
分钟后《学校课程计划编制实践指南》一书就拿在了手里。梁川主
任还交代我,这本书是我们的首席专家胡惠闵、朱伟强两位教授指
导上海市课程领导力研究项目的成果,里面详细讲了怎样编制课
程方案,拿回去一定要仔细读。我心想,那是当然,这不正是我现
在急需的东西吗? 拿回学校一看,有点小失望,先看目录,寻找实
例,对不起,没有一篇完完整整的课程方案,都是分解成了各个版
块的例子,还全是中学的,是不是有点让人抓狂。细细读来,课程
方案各个版块要怎么做,比如怎样进行背景分析,分析哪些方面,
具体的例子都有了,还要什么呢? 也对,每个学校有不同的校情、
不同的历史沿革,要做课程方案不可能照抄照搬,只能是学习
借鉴。

2015 年 4 月 13 日,到隆化七小参加课改研讨会,会前课改
办郑勇主任就座位的问题苦口婆心地说了大概半个小时,但是参
会的人就是不愿往前走,就在后边不挪窝,气氛有点微妙,当时
郑勇主任的心情一定好不了。交流发言过后,开始互动交流,我
首先提了个问题:"我们常说国家课程校本化,校本课程特色化,
讨论得更多的是校本课程怎么做? 那么地方课程呢,我们应该把
地方课程置于何地? 好多学校的课程方案对这个问题要么避而
不谈,要么模模糊糊,我们应该怎么办?"郑勇主任是这样回答
的:"这个问题我们也请教过专家,专家的意见是地方课程可以
纳入校本课程由学校统筹安排。"后来我校的课程方案中课程结

构就一直按照国家课程、地方及校本课程两个维度来划分的。接下来的互动就比较热烈了,还记得有一位老师用重庆话提了个问题,问题提完后专家才说:"不好意思,我没听明白。"其他人都听懂了"上级有质量监测,到期末要用分数来考核学校,还要给学校排名,现在搞这个课程方案,影响成绩怎么办?"尖锐问题和激烈的讨论,让我看到了参与课程方案编制的老师已经在积极地思考。

就这样经过反复的培训、研讨、思考、修改,《南川区隆化第二小学校课程方案》具备了学校课程方案的六个要素:编制依据、学校课程目标、课程结构、课程实施、课程评价、课程保障,搭建起课程方案的基本框架。对比第一稿的课程方案基本上是推翻了重新编制。这里我要说说课程目标的改变,最初的目标叫学校课程建设目标,分了总目标、具体目标、阶段目标,大约用了 650 个字来描述,总目标就用了大约 100 个字;现在的目标叫课程目标,总目标共八个字"全面发展,健康成长",具体目标三条,110 个字左右;这是多大的变化呀。现在我们将学校课程结构划分为国家课程、地方及校本课程,地方及校本课程又分为品德习惯、语言表达、体育运动、艺术审美、思维创新五大门类共 23 门课程。尽管在很多方面还不够完善,经过 10 个月的磨砺,已经初见曙光。

长出葫芦做成的瓢

2015 年 10 月 23 日,西城片区课程方案编制交流会在隆化三小召开,这是我首次公开陈述我校的课程方案,没想到却遭遇了尴尬。先是学校交流发言,然后课改办老师点评指导。就在我要发言的前一刻,课改办郑勇主任讲道:"校本课程不等于校本教材,开发一门校本课程并不一定要编一本教材出来,学校要实施校本课程需要的是课程纲要,我们还没有做到这一步来。"糟糕,我们学校不久前才组织老师编了十几本校本教材,催着印刷厂赶印出来,并将这些教材拍了照片放在交流的 PPT 里,还准备重点介绍《经典诵读》,这可怎么好。改是改不了了,只好硬着头皮上,把这部分内容轻描淡写、一带而过。但是,肯定在场的所有人都听得清清楚楚,看得明明白白,真是无地自容呀。

好不容易交流会结束了，雷校长立刻给了我一个简短而明确的指示，要我回去后再次修改，改好后发给课改办梁川主任请他指导，他还亲自跟梁川主任说，请他多多指点，然后就匆匆离开，赶往安徽观摩全国小学数学赛课。这一次修改后，在梁川主任办公室他是这样跟我说的："很不错了，要素都有了，课程结构图、课程关系图画得好，课程设置表也不错，最后的课程改革网络结构图就不要了。课程设置表还可以做一点小的微调，把每周课时数列清楚。我在这上面都注明了，你拿回去改就行了，当然也可以不改，本身就已经很不错了。"听了这一席话真的是一身轻松，原来成人也像小学生一样，喜欢听表扬的。

没想到的是，雷校长回来后，居然还让改。课改办是和胡惠闵教授接触最多的，他们就是南川对课程方案理解最透的人了。梁川主任都说很不错了，怎么还让改，真是刚放下的心再一次被提了起来。雷校长说我们的方案评价部分还不够具体，特别是对学生的评价。于是又补充了用《成长档案》、《学生综合素质报告册》等，全面记录评价学生，采用质量监测、现场抽测、体质健康标准测试和综合素质评价，学校、班级成果展示，才艺展示、技能展示等多种形式进行评价。至此我校"书香教育"课程体系基本形成，课程方案才终于定型。

播种葫芦未来的瓢

学校课程方案编制经历了一年零三个月，其实我们是一边不断地修改方案一边在实施，在辛酸与痛楚中成长。郭明成老师曾开玩笑说，我自从编制课程方案以来，有点像混凝土罐车"斗大"（头大），其实这个时期早就过去了，当我听到唐文武叫赵德生（上中国象棋课的老师）吃过午饭"杀一盘"的时候，这可是我到隆化二小13年第一次听到"杀一盘"，终于明白了雷校长为什么要坚持改最后一次。就算我们的课程方案经历了初稿、校长陈述稿、陈述修改稿、交教育部稿、1月12日改、5月22日晚改、10月15日改、10月18日改、10月25日改……还是要做最后的修改。

其实，编课程方案是为了学生，修改方案也是为了学生，一直不断地修改更是为了学生，根本就不会有最后一次，现在的改就是为了撒下种子、期待未来。

我们会一直改下去……

(隆化二小 王 川)

3.17 我们的课程方案得了一等奖

"远林,咱们学校的课程方案获得了一等奖……"庞涌洪校长用电话传递着振奋人心的喜讯。挂断电话,我从椅子上跳起来,欢呼不断:"好,真好!"看着这要件齐全,结构合理,评价有效,格式规范的课程方案,那编写过程中的一幕幕往事便浮现在我眼前。

一天中午,我正在伏案赶写一份材料,突然身后传来一声熟悉的叫声:"远林,你还在忙啊?"我回头一看,原来是庞校长,我赶紧放下手中的活儿,轻声回答道:"我正在写一份材料,今天下午要交教科所。"庞校长在我旁边的椅子上落座了。"远林,我们学校已经成为国家课程中心指导的项目实验学校了,马上要做课程方案,这方案我们先自己做,然后由华东师范大学胡惠闵教授指导。"庞校长满脸兴奋,"远林,你先结合学校的实际情况,拟出初稿,然后我们再来一起来讨论。"说完,庞校长转身走出了办公室。

"天啊! 这任务太难了吧!"我自言自语道。我看见过课程这个词,但还没有听说过课程方案这个词,这怎么写呢? 突然,我灵机一动,随即在百度中输入"课程方案"这几个字,但搜索出来的哪里是什么课程方案,这任务怎么完成呢? 我陷入了迷茫之中。

艰难的任务整日困扰着我,让我寝食难安。第一天过去了没有什么思路,第二天,第三天……仍然没有什么思路,眼看离完成初稿的时间就要到了,可我心里仍然没有什么头绪,书上、网上没有什么可借鉴的东西,我真是心急如焚啊! 反复查阅资料,总算弄明白了课程方案的组成。题目该怎么写呢? 我的大脑迅速转动起来,突然灵光咋现,我们学校的核心文化不是"亮出自己的旗"吗? 题目就叫鸣玉中心校亮旗课程方案吧。写好题目,首先开始写编制依据了,"编制的依据是什么呢?"我自言自语。经过反复思考,我把国家的相关政策和学校的基本情况全都写了进去。接下来写课程目标了,我如法炮制,将学校的"会做人、会学习、会生活"的培养目标就确定为课程目标……在迷茫中，我绞尽脑汁终于完成了初稿。几天后，庞校长就召集课程部的所有成员对我写的初稿进行讨论，讨论会上课改组成员们对方案提出了很多宝贵的意见和建议，我对方案进行了第一次修改，最后将方案做成了 PPT，"大功"终于告成。

2014 年 11 月 25 日，这是一个让人难忘的日子，这天我代表学校在区教委会议室向胡惠闵、朱伟强教授陈述课程方案。这天我和庞校长早早地来到会议室并做好充分的准备，我们俩都显得胸有成竹，等所有的领导、专家就位后，我开始陈述了。我借助课件从题目讲到课程评价，陈述很清楚，很完美，我想应该会获得专家的肯定吧。胡惠闵教授开始点评了，她严肃认真地说："你们学校的课程方案得从题目改起，题目应该简洁，就叫鸣玉镇中心校课程方案；编制依据里面引用的太多，编写课程方案只需引用国家相关政策对课程进行重要论述的语句，不需要高大上的理论，编制依据中也应该有对学生需求的分析；课程目标定位不准确，把培养目标与课程目标混淆了，课程目标不是培养目标；课程结构不合理，课程类别与培养目标它不能是一一对应的关系……"听完胡教授的点评，我知道我们的课程方案从头到尾被彻底否定了，我和庞校长像霜打的茄子——蔫了。这方案得做大手术啊，真是高兴而去，败兴而归。

回到学校，庞校长立即召集课程部的所有成员在会议室研讨。在全面分析学校的办学理念、培养目标、核心文化以及师资情况后，庞校长说："我们学校的课程目标该怎么定位呢？"

"我们学校的培养目标是'会做人、会学习、会生活'，学校的课程目标就定为：知识与智慧得到积淀，能力与特长得到发展，情趣与健康得到培育吧。"何艺主任说。

"课程目标紧紧是学生的发展目标吗？"卓主任说，"我觉得还应该有教师的发展目标和学校的发展目标。"

"对，课程目标它应该是学生、教师、学校三位一体的目标。"庞校长补充道。经过激烈的碰撞，最后确定了学校的课程目标：

（一）学生发展目标：知识与智慧得到积淀，能力与特长得到发展，情趣与健康得到培育。

（二）教师发展目标：会学习、会思考、会创新，成为教育教学实践的研究者，教师专业化水平有明显提高。

（三）学校发展目标：形成完整的课程体系，建立适应学生全面发展的评价体系。教育教学质量和综合办学水平达到全区同类学校领先水平，文化品牌效应突出。办学水平、品牌特色辐射同类学校，影响全区。

根据课程目标，我们讨论了课程结构，把课程分为德育课程、学科课程和活动课程这三类。德育拓展课程着力培养学生自主养成，学科课程着力培养学生自主学习的能力，活动课程着力培养学生的自主实践能力。根据课程结构，我们绘制了一张课程分级细目表，看起来很成体系。从课程目标一直讨论到课程保障，时间从两点开始，一直持续到六点。回到家中，疲惫不堪的我根据课改组的讨论意见以及胡惠闵教授的指导，开始对课程方案进行大手术了……深夜 12 点，看着修改好的课程方案，我进入了甜蜜的梦乡。

2015 年 4 月 13 日，又是一个让人刻骨铭心的日子。这天我代表学校在南川区隆化七小向区教科所、区教委的领导陈述课程方案。陈述完毕，区教科所郑勇主任的点评掷地有声："你们的方案要件齐全了，但课程目标定位不恰当，也不具体。课程目标主要是针对学生的，不是教师，也不是学校要达成的目标。学生通过六年的学习应该达到什么程度不清楚；方案中实施部分写得过于简单，国家课程怎么校本化实施，校本课程怎么特色化实施，没有清楚的表述；评价也要基于目标去评价，主要是去评价学生。"听了郑主任的点评，我唯一的一点信心都没有了，我再一次感慨道："这方案真难做啊！这问题解决了，那问题又出来了。"在回家的路上我不断问自己："这课程方案有用吗？能提高学生的综合素质吗？能促进学校的内涵发展吗？"我开始质疑这课程方案的价值了。

不管怎么样，任务没有完成，我心头的那块石头始终不能落地，只要有空闲就会想到那还没改好的课程方案，这种想改，但又不会改的矛盾心里让我备受煎熬。终于有一天，一本《学校课程方案编制》一书给了我启发，这本书是由华东师范大学出版社出版的，正是我们的指导专家团队编写来的。我翻了又翻，读了又读，和大家一起认真研读，反复琢磨，多方请教，终于领悟了课程方案的价值,它的基本构成以及各部分的要点,有了书籍的引领和专家的现场指导,我们坚定了信心,再次踏上修改、完善课程方案的征程。

寒假刚过,春寒料峭,课程部的所有成员又聚在会议室讨论课程方案了。"课程目标主要围绕学生来说,学生通过六年的学习应该达成怎样的目标? 大家充分发表意见。"庞校长说。

"我们学校的办学理念是'天籁自鸣,玉琢成器',其核心是自鸣,就是让学生自主发展。"游兰主任激动地说。

"既然是让学生自主发展,我们结合本校学生的实际,课程目标就确定为自主学习、自主养成、自主实践吧"我补充道。

"很好! 这个课程目标和我们的培养目标,办学理念很吻合。"庞校长激动地说道。

课程目标确定了,怎么将课程结构清晰地呈现出来呢? 卓主任说:"现在我们的课程结构是用表格式来呈现的,但我觉得不是很清晰,我们可以思考用其他的方式来呈现。"

"国家课程约占 80%,地方与校本课程约占 20%,我们可不可以用圆形来表示。"教数学的何主任回答道。

"那怎么把它表示出来呢?"庞校长问道。

"国家课程在圆中占 80%,可以把每门课程的名称在圆里写出来。地方与校本课程占 20%,也可以把校本课程的名称在圆中写出来。"何主任解释道。

根据课程部成员的建议,回到家,我用圆形图将我校的国家课程和地方与校课程清晰地呈现出来,最后对课程评价进行了修改,评价既注重了过程,同时也注重了结果,评价方式也更加多样化,课程方案在反复修改中逐渐成熟了。

2015 年 6 月 25 日,这天我怀着忐忑不安的心情再次来到南川区隆化七校向胡惠闵教授作课程陈述。陈述完毕,胡慧闵教授作了精彩的点评。她激动地说:"课程目标具体,课程结构合理,课程评价有针对性,可操作,但课程实施还得修改。课程实施应该写清楚学校层面怎么做,教师层面怎么做,学生层面应该怎么学;校本课程的分类还可以改一改。"听了胡教授的点评,我终于找到了一点信心。

时间一天天过去,转眼又到期末了,放暑假的前一天,庞校长召集课程部的成员和所有的教研组长,再次讨论学校课程该怎么实施,校本课程该如何分类等问题。十几个人在闷热的会议室里,开始了热烈的讨论。

"我们学校已经构建了亮旗课堂模式,课程要有效实施,就让老师在课堂中应用模式吧。"钱主任说。

"课程要有效实施,还得围绕课程标准和教材编制学科课程纲要,对学期的课程作整体的规划。教师也需要制定课程实施的进度计划。"姚校长说道。

"课程实施,教师得精心准备好教案,教案就按照我校的四步亮旗模式来设计。"周钰萍老师一本正经地说。

……

"大家的建议很好,远林回家后认真梳理,对方案再做修改。"庞校长总结道。

我再一次对课程方案进行了修改、完善,鸣玉小学的课程方案终于在2015年秋期正式进入实施阶段。十几门校本课程供学生自由选择,孩子们真是喜不自胜,每当上选修课程的时候,同学们总是迫不及待,情趣盎然。看着这一切,庞校长笑了,我笑了,课改组的同志们笑了。

我校课程方案的编制历时一年半,开展研讨活动十余次,一路走来,一路坎坷,一路的酸甜苦辣,但此时我们无比自豪,因为我们做了一件很有意义的事情,同时我们也领略到了课程改革征途上无限美好的风光。

(鸣玉镇中心校　张远林)

3.18　百花成蜜

2016年2月27日,我校课程方案再一次交专家审阅。中午,课改办成员办忧心忡忡,食不甘味,这种既充满期待,又担心的忐忑心情持续了整整6个小时。下午3时,来自"南川区课改群"的"QQ"头像不停地摆动,打开一看,评审结果终于揭晓了。

你们做的《学校课程方案》规范,科学合理,可操作性强,对于

《学校课程方案》我还有几点小建议……

这是朱伟强教授的批复。

终于吃了一颗定心丸。为了这一刻,我们苦苦的追寻、苦苦的等待快 15 个月了。

孤掌难鸣

2014 年 12 月,我校为落实《教育部基础教育课程改革重庆市南川实验区三年工作规划》,扎实推进学校课程建设,首先成立了课程改革办公室,牵头编写课程方案,但在确定编写成员时,有的老师说:"本来的教学任务就繁重,教学压力就大,哪有时间做这做那";有的老师说:"我又没有参加过这方面的培训,课程方案是哪样听都没听说过,懂都不懂,我不做";有的老师说:"做这些明明就是管理人员的事情,关我啥子事"……编写小组成员以各种理由纷纷拒绝了。我自己也烦,有些部门成天发号施令,今天编方案,明天就出成果,况且我也是丈二和尚摸不着头脑,没有现成的模式可循,眼看距离上交材料的时间越来越近了。心想:这些材料不会一个一个地审阅的,编就编嘛。无奈之下我打开电脑开始剪切、复制、粘贴、东拼西凑,就这样"独著"了"课程方案",并上交了有关科室。

自鸣得意

没过多久,方案遭到了专家的全盘否定。专家指出:

这哪里是课程方案,既没有办学理念,也没有办学目标……

看来,凭个人的力量是绝对不行的,学校再次组织全体教师召开课程建设专题会,会上,王纯友校长语重心长地说:"我们教书是为了什么? 如果你的孩子在我们四小读书,你不希望孩子在学校获得全面发展,学得好,学得快乐吗? 我想:我们都不希望在大街上,听到有人说:我的孩子就是在四小念完的小学,结果啥子乐器都不会,足球、篮球也不会,也没有什么爱好,不知道四小教师一天做些哪样? 听到这样的话,你心里舒服不? 再说,四小又不是你我某一个人的,是我们这个团队的。俗话说:人心齐,泰山移,课程方案再难编写,也没有移一座山难吧!"校长的一番话,让会场鸦雀无声。老师们沉思着。王校长随后就问:老师们,你们的看法呢?
"王校长讲话很实在,我同意领导的观点""我也同意,校兴我荣,校
衰我耻,如果能编写出科学合理的方案那真好哟,可是我是个外
行,怎么去做吗?"有老师说。王校长听后轻言细语地说:"我晓得,
课程方案的编写是个新东西。我们没有做过,不知道怎么做,可以
上网去查,课改办就在我们隔壁,可以去找专家咨询,兄弟学校好
的做法,我们也可以借鉴嘛!……"会后,就有老师主动请缨,要求
加入方案编写小组,愿意为学校课程方案献计献策。这次会议充
实了编写团队的力量。大家对方案各个板块一项一项的讨论,逐
条逐条地修改。终于,形成了比较"满意"的方案。大家都有一种
大功告成的感觉,有的说:"我们的办学理念——现代化、高质量,
好响亮哟! 专家们肯定是全票通过""我们的方案在东城片区拿个
第一名是没有问题的!"……王校长看了方案,也不住地点头"不错
不错! 我就是说嘛! 只要大家齐心协力就没有办不成的事! 大家
辛苦了!"

当头一棒

2015 年 10 月 28 日东城片区组织了学校课程的编制研讨会,
会上,听了兄弟学校的方案陈述,我摇摇头,觉得都不怎么样。心
想:他们的方案不咋地。轮到我校陈述,我自信地走上发言台,胸
有成竹地陈述了我校方案,满以为我们的方案一定是 NO.1,没想
到,在评析会上,专家却非常不满意的说:

你们对课程的概念界定不清,办学理念、课程目标还高大上,
脱离实际,可操作性不强。课程方案是学校课程的顶层设计,是纲
领性的文件……总之,问题重重,需要从头到尾彻底修改。

谁都没有想到辛辛苦苦编写的课程方案再次被否定,这无疑
给大家当头一棒。这时,老师们都非常生气,怨声载道,"真是气
人,专家们的意见都不统一,又不早点培训,要求又不明确,不做
了!"随即,离席而去。

高人指路

工作陷入僵局,学校再次召集课改办成员开会,王校长无可奈

何地对大家说:"我晓得大家对于方案被否定感到很生气,我可以理解。但势成骑虎,这样生气也于事无补,这轮方案比前一轮有较大进步,但是,课程方案确确实实也存在许多问题,我们要树立信心,大家再辛苦辛苦,认真查找问题,按照专家指导意见再作修改……"小组成员甚觉有理,恢复了工作热情,又全身心投入了第三轮的编写工作。

"什么样的课程才是校本课程?什么样的办学理念才符合学校实际?课程具体设置该怎样办呢?课程评价又从哪些方面着手呢?校本课程如何体现学校特色?"……一个又一个的疑问让大家犯难了。俗话说:"读万卷书不如行万里路,行万里路不如阅人无数,阅人无数不如高人指路。"正在一筹莫展、无计可施之际,2015年10月,胡惠闵、朱伟强两位专家雪中送炭,对我校进行了规范化、高标准的培训、指导。下面是当时的记录:

1. 制定课程方案首先得弄清什么是课程。课程是指学校学生所应学习的学科总和及其进程和安排。广义上是指为了实现学校培养目标而规定的所有学科的总和,狭义上是指某一门学科,学校的课程是指能进入学校课程表的课程,是能够进行评价的。而如你们活动类拓展课程中主题活动课程(文明礼貌、雏鹰颁章、才艺展示、尊师爱生、祖国颂歌、体育竞赛)和日常活动课程(路队、大课间活动、班级风采、阳光体育),以及社会实践类拓展课程(走进特校、走进花山、走进德育基地、走进敬老院)就不能作为校本课程,只能作为一种活动。校本课程以活动形式开展,但不是所有的活动都是课程。

2. 你们办学理念:"现代化、高质量、有特色"这太高大上了,要展开问卷调查,了解学生需求,结合校情。这个课程方案定位要实在,要回到实际当中,回到学校的层面来做。

3. 课程实施方面:要针对前面的各类课程建议教师怎么教,学生怎么学(甚至家长如何配合),要与课程目标相匹配,结合课程类型提出具体的教、学建议。

4. 评价建议:要针对前面的各类课程建议教师怎么评价,要与课程目标相匹配,结合课程类型提出具体的评价建议,如评价内容、评价方式、评价实施要求、评价结果如何处理(与学生、家长交流)等;这里的评价说的是对学生的学习评价,而不是对教师的教学评价或课程方案评价;要强调学校内部的学习评价的目的是改进,而不是甄别选拔。

柳暗花明

经过胡惠闵、朱伟强两位专家的点拨,我们静下心来,借助网络和其他的藏书,寻找关于课程方案编写的只言片语,摘录,整理。课程方案事关学生成长,学生的需要就是我们参考、借鉴的素材。我们需要倾听全校学生的意见,于是采用了问卷调查。以下是调查问卷的部分内容。

同学们:

为科学合理编制学校课程方案,促进你的全面发展,我选择你为调查对象,真诚希望你认真填写。

你的回答对我们很重要,请你于 2015 年 11 月 5 日前交学校课改办。谢谢!

姓名_____性别_____班级_____

1. 你渴望在学校学到些什么?

2. 你最喜欢的学习哪一门学科?

3. 课堂上你最喜欢什么答问、自由阅读、老师讲解、讨论?

4. 你喜欢哪些体育活动?

问卷是 2015 年 11 月 2 日印发的,我们按不同年段,60%抽样,3 天后交卷,课改办成员马不停蹄地作分析。全面摸清校情、学情,方案的编制一切以学生的需求为出发点和归宿,我们根据《教育部关于全面深化课程改革落实立德树人根本任务的意见》(教基二〔2014〕4 号)以及《国家中长期教育改革和发展规划纲要》(2010—2020),结合学校实际,把办学理念"现代化、高质量、有特色"修改为"品行奠基,铸就快乐自信人生",把培养总目标"争创一流"修改为"品行良好、基础扎实、快乐自信",把课程目标修订为"养成良好品行,习得扎实基础,获得快乐自信"。仅仅在目标确定中,从主观臆造到调查了解、客观分析、有理有据,从虚到实,前前后后就经过了 15 次修改。在课程设置方面纠正了"泛课程化"现象,把前一轮设置的"走进花山、走进敬老院、体育艺术节"等删掉。

地方及校本课程的设置分成习惯健康类、基础拓展类、自信展示类。其中习惯健康类设置"习惯养成"和"欢乐健身"两门课程,约占总课时的5%—7%,其中"习惯养成",必修校本课程《养成教育三字经》,"欢乐健身"必修跳绳和篮球两个内容。基础拓展类设置"阅读、数学天地、科技之窗"三门课程,约占课时总量的6%,其中"阅读"必修"四小阅读",选修"识字擂台";"数学天地"必修"趣味数学",选修"奥数";"科技制作"必修"手工"。自信展示类设置"特色之窗、绘画天地"两门课程,约占课时总量的7%—9%。"特色之窗"设"足球、口风琴、葫芦丝"为必修内容;"绘画天地"设置"儿童画"为必修内容,"工笔画"为选修内容。

修订稿再次交专家审阅,学校课程方案得到了专家的认可,领导的好评,并在评选中获得好的名次。我们工作终于得到肯定,团队成员倍感欣慰,学校开始实施,可喜变化正发生着。

"上学、放学的路上,四小孩子们带上小红帽,整整齐齐,简直就是一道亮丽的风景线"附近的居民如是说。

"四小学生真有礼貌"。路人如是说。

"下课后,文明礼让,没有追打;大课间活动,孩子们自觉排好队,靠右有序进入操场,动作规范,整齐划一;"中午就餐井然秩序",隆化四小学生跟隆化一小(重庆市示范学校)学生有哪样区别吗? 区教委基教科科长罗程说。

"隆化四小的校园大,但随时随地地面都是干干净净,清清爽爽的,环境很舒服",其他兄弟学校这样评价。

我们根据课程方案打造"以球润德、以球健身、以球启智、以球育美"的足球特色学校,在1—6年级中开设了足球课程,3—6年级中开设了口风琴课程,组建了足球、口风琴俱乐部、篮球兴趣小组。在2015年秋期特举办了一系列的特色展示活动:中高年级国旗下班级风采展示、六年级班级足球联赛、五年级班级篮球联赛、三四年级班级口风琴比赛及五六年级啦啦操比赛。在南川区举办的第一届小学生足球比赛中学校获得团体第六名。学校通过践行课程方案,教师在和谐、好学的氛围中不断成长着。学校办学水平不断提升,我校2015年被命名为全国青少年校园足球特色学校,2016年1月被南川区宣传部命名为"南川区十佳书香校园"。学生获得了进步,教师得到了成长,学校获得了发展。大家心里乐滋滋的,像吃了一口新鲜的蜜。

精益求精

在实施过程中大家也发现了方案的一些不足,2016 年 2 月 24 日,召开的方案意见征集会上,同志们议论纷纷,你一言我一语,提出了许多好的建议。唐向阳老师建议把课程结构图中"工笔画"改为"国画";罗双喜老师建议把"科技制作"改为"科技与制作",并增加"手工",这才符合(渝教基二〔2012〕21 号)文件精神。夏茂晋老师建议"数学园地""阅读""书法"等课程的课时作调整。

如何更好把大家意见融入方案中呢?团队成员们又坐在了一起,虽然已是寒假了,冰天冻地的,编写团队的激情足以融化窗外厚厚的三尺白雪。大家再次仔细研读培训资料,从细节入手,激烈探讨,互相争辩。这情形至今仍历历在目。如唐向阳和罗双喜就办学理念中究竟是"快乐自信"还是"自信快乐"就在办公室争执。罗双喜认为快乐的人才自信。而唐向阳则认为充满自信的人才快乐。两人说得都有道理。团队 6 人就此进行了集体辩论,还是没有确定。于是有的在网上查询,有的拨通电话向权威专家请教……最终,根据专家建议我们还是采用"自信快乐"。大家本着精益求精的态度,就这样,有时为一个字或一句话的表述一斟酌就是半天,直到达成共识。

就这样,经过几轮几次的编写、实践、修订、完善,历时近两年的课程方案基本确定下来,以下就是修订后的地方及校本课程的设置情况:

1. 国家课程的设置

严格按照《重庆市教育委员会关于调整普通中小学课程计划的通知》(渝教基〔2012〕21 号)规定设置。一二年级设置 19 节,三四年级设置 24 节,五六年级设置 25 节。

2. 地方及校本课程的设置

按照《重庆市教育委员会关于调整普通中小学课程计划的通知》(渝教基〔2012〕21 号)要求,地方校本课程(辅助活动类课程)一二年级 7 课时,三四年级 6 课时,五六年级 5 课时。

（1）品行养成类：设置"习惯养成"课程，必修校本课程《养成教育三字经》约占总课时的 4％，1—6 年级各 1 课时。

（2）基础拓展类：约占课时总量的 3％—12％，1—2 年级各 3 课时，3—4 年级各 2 课时，5—6 年级各设 1 课时。设"阅读、数学天地、科技之窗"三门课程。其中"阅读"课程必修"四小阅读"，选修"识字擂台"；"数学天地"课程必修"趣味数学"，选修"奥数"；"科技制作"课程必修"航模"。

（3）自信快乐类：约占课时总量的 6％—8％。设"特色之窗、欢乐健身、绘画天地"三门课程，1—6 年级各 3 课时。"特色之窗"课程设"足球、口风琴、葫芦丝"为必修内容；"绘画天地"课程设"儿童画"为必修内容，"国画"为选修内容。

漫漫长路

学校课程建设是一场旅行，最美在路上……在路上，需要坚忍，既然选择了远方，就注定风雨兼程，任重道远，前面的路还在延伸。漫漫长路，我们将学习蜜蜂酿蜜的精神，坦然享受在"路上"的快乐，温暖前行。

（隆化四小　冯在易）

图书在版编目（CIP）数据

学校课程方案编制/重庆市南川区教育委员会主编.
—上海：上海三联书店，2016.
ISBN 978 - 7 - 5426 - 5538 - 7

Ⅰ.① 学…　Ⅱ.①重…　Ⅲ.①中小学—课程设置—文集
Ⅳ.①G632.3 - 53

中国版本图书馆 CIP 数据核字（2016）第 058313 号

学校课程方案编制

主　　编　重庆市南川区教育委员会

责任编辑　钱震华
装帧设计　魏　来

出版发行　上海三联书店

　　　　　（201199）中国上海市都市路 4855 号
　　　　　http://www.sjpc1932.com
　　　　　E-mail：shsanlian@yahoo.com.cn

印　　刷　上海昌鑫龙印务有限公司

版　　次　2016 年 4 月第 1 版
印　　次　2018 年 10 月第 2 次印刷
开　　本　640×960　1/16
字　　数　275 千字
印　　张　19
书　　号　ISBN 978 - 7 - 5426 - 5538 - 7/G · 1422
定　　价　48.00 元